लव
यू
ज़िन्दगी

दिशा

An imprint of
Srishti Publishers & Distributors

Srishti Publishers & Distributors
A unit of AJR Publishing LLP
212A, Peacock Lane
Shahpur Jat, New Delhi – 110 049

editorial@srishtipublishers.com

First published in Hindi by Shabd,
an imprint of Srishti Publishers & Distributors in 2025

Originally published in English by
Srishti Publishers & Distributors in 2014

Translation of Because Life is a Gift by Disha
Translated by Rajshree Bose

10 9 8 7 6 5 4 3 2 1

Printed and bound in India.

मेरी माँ को समर्पित... जो हमेशा मेरी सबसे अच्छी दोस्त और सबसे बड़ी समर्थक रही हैं... उनकी कभी ना हार मानने वाली इच्छाशक्ति और नैतिक मूल्यों के नाम... आज मैं जो कुछ भी हूँ, सब कुछ उनकी बदौलत हूँ।

मैं प्रभु की आभारी हूँ कि उन्होंने मुझे इतना प्यार और देखभाल करने वाला परिवार दिया है।

विषय सूची

आभार

उपलब्धि छोटी हो या बड़ी, किसी के परिवार, दोस्तों और ईश्वरशक्ति के समर्थन के बिना संभव नहीं है। भले ही यह पुस्तक मैंने लिखी है, लेकिन यह काम बहुत से लोगों के समर्थन के बिना संभव नहीं हो सकता था।

मेरा परिवार हमेशा मेरे लिए विशेष रहा है, हमेशा मुझे अपने सपनों को पूरा करने के लिए प्रोत्साहित करता रहा है। मेरी माँ और मामाजी मेरे जीवन की सबसे बड़ी प्रेरणा स्रोत रहे हैं।

मेरी पहली पुस्तक “माई बिलवेड’स एम बी ए प्लान” को इतना प्यार और स्नेह देने के लिए मैं अपने सभी दोस्तों, प्रशंसकों, पाठकों और आलोचकों को धन्यवाद करती हूँ। मेरे पास आने वाली समीक्षा और ईमेल मायने रखती हैं। सच कहूँ तो, मैंने कभी नहीं सोचा था कि मैं एक और पुस्तक लिखूंगी, लेकिन आप सबके समर्थन और प्रोत्साहन से यह संभव हो सका। मैं आप सभी से दोबारा रिव्यू (समीक्षा) के लिए उत्सुक हूँ।

पुस्तक में शामिल सभी लोगों के परिवारों और दोस्तों को अपना दिल खोलकर विचार व्यक्त करने के लिए और अपने जीवन के अच्छे और बुरे दिनों को मेरे साथ साझा करने के लिए विशेष धन्यवाद करती हूँ।

और अंततः जब भी मैं अपनी शब्दों पर अटक जाती थी या किसी प्रकार की दुविधा का सामना करती थी, तो ईश्वर में मेरी आस्था और विश्वास ने मुझे अतिरिक्त प्रयास करने में मदद की, जिसके लिए मैं भगवान को धन्यवाद करती हूँ।

परिचय

उस दिन हम 500 लोग ग्रेजुएट हो रहे थे। हममें से हर कोई उस डिग्री को प्राप्त करने के लिए उत्साहित था जिसके लिए हम सब ने रातें जाग कर मेहनत की थी। माता-पिता, दोस्त और जीवनसाथी इस महत्वपूर्ण घटना का हिस्सा बनने के लिए इंडियन इंस्टिट्यूट ऑफ़ मैनेजमेंट (आई आई एम) कोलकाता के पोस्ट ग्रेजुएशन समारोह का हिस्सा बनने के लिए उपस्थित थे।

जैसे ही हमारे दोस्त मंच पर आये, हमने खूब तालियाँ बजाईं। लेकिन कोई 500 लोगों के लिए ताली कैसे बजा सकता है? समारोह के बीच में तालियाँ फीकी पड़ने लगीं। तभी एक युवा लड़का मंच पर आया। अचानक हॉल में उपस्थित सभी लोग उसकी खुशी का जश्न मनाने, उसके दृढ़ संकल्प को सलाम करने और उसकी यात्रा का सम्मान करने के लिए खड़े हो गए। उसी दिन मेरी मुलाकात सुरेश से हुई। यही वह क्षण था जब इस पुस्तक का जन्म हुआ।

सुरेश इंडियन इंस्टिट्यूट ऑफ़ मैनेजमेंट से ग्रेजुएट होने वाले पहले सौ प्रतिशत दृष्टिबाधित व्यक्तियों में से हैं। हर साल करीब दो लाख उम्मीदवार आई आई एम में प्रवेश के लिए प्रतिस्पर्धा करते हैं। वास्तव में चार हजार से भी कम लोग वहाँ पहुँच पाते हैं। यह कोई साधारण उपलब्धि नहीं थी कि एक सौ प्रतिशत दृष्टिबाधित लड़का न सिर्फ प्रवेश पाने में सफल रहा, बल्कि आज इतने सारे लोगों के साथ ग्रेजुएट हो रहा था। सुरेश का हमारे बीच होना, मेरे लिए आत्मचिंतन का क्षण था। उस दिन तक, मैंने एक दिव्यांग व्यक्ति को केवल सहानुभूति की दृष्टि से देखा था। लेकिन सुरेश के दृढ़ संकल्प ने मुझे अपने विचारों पर शर्मिंदा कर दिया। यह सुरेश की चुनौतियों के बारे में नहीं, बल्कि मेरी अपनी सोच की सीमा के बारे में था। मैंने इससे पहले कभी किसी

विकलांग व्यक्ति की विकलांगता के परे उसके उज्ज्वल भविष्य के बारे में नहीं सोचा। सुरेश ने मुझे दिखाया कि अगर कोई वास्तव में जीवन में कुछ हासिल करना चाहता है, तो उसे रास्ता मिल ही जाता है।

जितना अधिक मैंने डिसेबिलिटी के बारे में शोध किया उतना ही मुझे एहसास हुआ कि मैं कितनी गलत थी। ऐसी बहुत सी बातें जिन पर मैं जीवन भर विश्वास करती रही, वे गलत थी, जो मैंने समाज से सीखी थी। इससे पहले मैंने कभी किसी दृष्टिबाधित व्यक्ति को सड़क पर देखकर यह महसूस नहीं किया था कि वह भी सपने देखता है और उन्हें पूरा करता है। इससे पहले मैंने कभी किसी व्यक्ति को उसकी विकलांगता से परे नहीं देखा था।

जैसे-जैसे मिथक दूर हुए, बहुत सारे सवाल खड़े हो गए। उस देश में जहाँ हमारी 2.1% आबादी दिव्यांग है, ऐसा क्यों है कि लगभग सभी प्रमुख सार्वजनिक संस्थान अभी भी उनकी पहुँच से बाहर हैं? ऐसा क्यों है कि हम अभी भी उन्हें अपने दफ्तरों में अपने बगल में बैठे हमारे सहकर्मियों के रूप में काम करते हुए नहीं देखते हैं? ऐसा क्यों है कि सुरेश जैसे लोगों को उनके घरों तक ही सीमित कर दिया जाता है, उन्हें अपनी नियति पर दया करने के लिए मजबूर किया जाता है? इस तरह की पक्षपात वाली सोच ने दुनिया भर में लाखों दिव्यांग लोगों के जीवन को प्रभावित किया है। सरकार उन्हें सहायता प्रदान करने में विफल रही हैं। समाज ने उन्हें अनदेखा कर दिया है।

सौभाग्य से, कुछ ऐसे ही लोग इन सब से ऊपर उठकर उसी दुनिया को जीतने में कामयाब रहे हैं, जो अपनी नियति अपने हाथों में लेने और दुनिया को गलत साबित करने के लिए तैयार रहते हैं। उन्होंने साबित कर दिया है कि कैसे दिव्यांगता कोई अभिशाप नहीं है; यह जीने का एक अलग तरीका है। यह पुस्तक इन लोगों के साथ मेरी बातचीत और उन लोगों के प्रति मेरी सराहना का परिणाम है जो बाधाओं और उनके प्रति समाज के नकारात्मक रवैये के बावजूद जोखिम लेने और अपने सपनों को पूरा करने की हिम्मत रखते हैं।

इस पुस्तक में 15 दिव्यांग लोगों की वास्तविक जीवन यात्राएं हैं – उनका जीवन, संघर्ष

और जीत। यह किताब हम सभी के लिए है क्योंकि ये कहानियाँ आत्मा की विजय, इच्छा-शक्ति और मानव आत्मा के दृढ़ संकल्प के बारे में हैं।

आप इस किताब को पढ़ें, रुकें और महसूस करें लिखे गए शब्दों को, पंक्तियों के बीच इन कहानियों के पात्रों के गुस्से, संघर्ष, आशाओं, सपनों और शक्तियों को। प्रत्येक कहानी यही संदेश देती है – कुछ भी असंभव नहीं है।

इस किताब को लिखने की यात्रा में मैं एक बेहतर इंसान बन गई हूँ। मुझे उम्मीद है कि पाठक इस पुस्तक के माध्यम से बहुत कुछ सीखेंगे और अधिक मज़बूत, सम्पन्न, प्रभावशाली एवं समृद्ध बनेंगे।

विकलांग या भिन्न रूप से सक्षम

दिव्यांगों को लेकर समाज में लगातार एक बहस चलती रहती है। 'विकलांग' शब्द अपने साथ बहुत सारे नकारात्मक अर्थ लेकर आता है। क्योंकि किसी पर विकलांग का लेबल लगाकर हम तुरंत यह मान लेते हैं कि वह व्यक्ति असक्षम, अयोग्य है। जब समाज उन्हें संबोधित करने के लिए इस शब्द का प्रयोग करता है तो अक्सर बहुत से विकलांग लोग नाराज़ हो जाते हैं। डिफरेंटली-एबल्ड (दिव्यांग) शब्द पहली बार 1980 के दशक में, हैंडीकैप्ड (विकलांगों), आदि के विकल्प के रूप में प्रस्तावित किया गया था, इस आधार पर कि यह अधिक सकारात्मक संदेश देता था और इसलिए दिव्यांग लोगों के प्रति भेदभाव को कम करता है। वे 'अलग तरह से सक्षम' (डिफरेंटली-एबल्ड) कहलाना पसंद करते थे क्योंकि, उदाहरण के लिए, यदि एक ओर, कोई अल्प दृष्टि (दृष्टिबाधित) था, तो दूसरी ओर, किसी के पास विकसित संवेदन क्षमता भी थी। भले ही कोई व्हीलचेयर पर बैठा हो, उसके लिए कल्पनाशील सोच, रचनात्मक क्षमताएं और सरलता की कोई सीमाएं नहीं थीं।

व्हीलचेयर पर बैठा व्यक्ति आज़ादी के साथ घूम नहीं सकता है, और सुनने में अक्षम व्यक्ति यह नहीं सुन सकता कि उसके आस-पास के लोग क्या चर्चा कर रहे हैं। उनके लिए चुनौतियाँ हैं, मगर अन्य असाधारण क्षमताओं से उन पर विजय प्राप्त की जा सकती है। इस पुस्तक में मैंने अपने विचारों को सीमित किए बिना या किसी के प्रति अपनी राय को पूर्वाग्रह ग्रस्त किए बिना, दोनों शब्दों का एक साथ उपयोग किया है। यह शब्द किसी की भावनाओं को ठेस पहुंचाने के लिए नहीं, इन बहादुर लोगों की मनोस्थिति एवं जज़्बा पाठकों तक पहुँचाने के लिए हैं।

साईं प्रसाद विश्वनाथन

सपने देखते हुए, आशा करते हुए और विश्वास करते हुए जीवन का जश्न मनाएं

'हैंडीकैप' वह नहीं जिसके साथ आप पैदा होते हैं;
यह वही है जो आप बनना चाहते हैं।
जीवन बाधाओं से भरी एक यात्रा है;
जब तक आप यहाँ हैं, इसका अधिकतम लाभ उठाएं।

जब एक युवा लड़के को विशेष चिकित्सा ज़रूरतों के कारण स्कूल से निकाल दिया जाता है, तो क्या वह कभी दुनिया के लीडिंग बी-स्कूलों में से एक – इंडियन स्कूल ऑफ़ बिज़नेस (आई एस बी) – से ग्रेजुएट होने के बारे में सोचता है? जब उसे अपने घर में घूमना मुश्किल लगता है और सीढ़ियों से डर लगता है, तो क्या वह अकेले किसी नए देश में जाने का सपना देख सकता है? जब ज़िन्दगी उसी लड़के को व्हीलचेयर तक सीमित कर देती है, तो क्या वह कभी 14,000 फीट से स्काई डाइविंग के बारे में सोच सकता है? क्या उनके सपने उनके दिल के किसी अंधेरे कोने में दबे रह जाते हैं या फिर वह उन्हें पूरा करने की चुनौती उठाता है?

साईं ने न केवल दिव्यांगता के बारे में मेरे अंदर जमी हुई गहरी जड़ों को हिलाया बल्कि हमारी रूढ़िवादिता और मिथकों को भी मिटा दिया है। उन्होंने यह भी साबित कर दिया है कि चाहे कुछ भी हो, हर व्यक्ति अपने लिए चुने गए विकल्पों के आधार पर अपने भाग्य का स्वामी या गुलाम हो सकता है। साई एक परिवर्तन निर्माता है, वह कई प्रतिष्ठित पुरस्कारों और सम्मानों का प्राप्तकर्ता है।

आई एस बी के इस पूर्व छात्र के लिए स्वतंत्रता के साथ स्कूटर चलाना उनका पहला लक्ष्य था। साईं ने स्काईडाइविंग में अपना हाथ आज़माया तो मानो उनके पंख फैल गए। उनके पास मास्टर्स डिग्री है, एक विदेशी विश्वविद्यालय और अपनी माँ के सहयोग से दिव्यांगों के लिए जागरूकता पैदा करने का काम करते हैं , जिसके लिए उन्हें सराहा गया है।

साईं प्रसाद की अदम्य भावना और आत्मविश्वास ने पूरी दुनिया का ध्यान खींचा है। साईं अंधेरे में एक पथ प्रदर्शक हैं, निराश लोगों के जीवन में आशा की किरण हैं। समय कितना भी कठिन क्यों न हो, साईं हार मानने से इनकार करते हैं। 'सहस्र' के माध्यम से वह अपने जैसे कई अन्य लोगों के जीवन को छूना चाहते हैं।

यह अजेय युवा की कहानी है, साई प्रसाद विश्वनाथन की कहानी।

साई प्रसाद का जन्म 1984 में तमिलनाडु में हुआ था। 13 दिन के साई का अनियमित रीढ़ की हड्डी के कारण ऑपरेशन करना पड़ा। इस सर्जरी के दौरान डॉक्टरों की लापरवाही से उनके शरीर का निचला आधा हिस्सा निष्क्रिय हो गया था। बच्चे का पूरा भविष्य अब व्हीलचेयर में आ गया।

जहाँ जश्न मनाया जाना था, वहाँ साईं के परिवार के लिए सन्नाटा पसरा हुआ था। एक युवा लड़की के लिए मातृत्व उसके जीवन का सबसे सुखद चरण होता है। लेकिन साई की माँ को डॉक्टर इसका मतलब समझा रहे थे। डॉक्टरों की एक टीम उन्हें मेडिकल शब्दजाल समझा रही थी, और बता रही थी कि उनका नवजात बच्चा अपने शरीर के निचले आधे हिस्से में कुछ भी महसूस नहीं कर पाएगा। आस-पास के सभी लोगों ने उसे ऐसे बच्चे के भविष्य और उसके पालन-पोषण की निरर्थकता के बारे में हतोत्साहित करने की कोशिश की।

लेकिन साई के माता-पिता ने अपने बच्चे का पालन-पोषण अन्य सभी माता-पिता की तरह दृढ़ संकल्प से किया। उन्होंने निर्णय लिया कि वे समाज के रवैये से परेशान नहीं होंगे और इसके लिए उन्होंने हैदराबाद जाने का निर्णय किया - एक नई जगह जहाँ उन्हें कोई नहीं जानता था और जहाँ उन्हें सहानुभूति और दया का सामना नहीं करना पड़ता।

साईं के पिता पहले दिन से ही साईं को उन लोगों की छाया से दूर रखना चाहते थे जो उन पर दया करते थे। उन्होंने महसूस किया कि कुछ समस्याएं ऐसी थीं जिन्हें सामूहिक रूप से हल नहीं किया जा सकता था,जिन्हें परिवार बेहतर सुलझा सकता है। एक नए शहर में, अजनबियों के बीच, परिवार ने एक दिव्यांग बच्चे के साथ नए सिरे से जीवन शुरू किया।

किन्तु यह तो उनके संघर्ष की शुरुआत थी। साईं की बीमारी बढ़ने लगी। जब उनके माता-पिता ने उन्हें स्कूल में भर्ती कराया, तो साईं की हालत बिगड़ गई। यहाँ तक कि उन्हें वॉशरूम जाने में भी दिक्कत होती थी और वह अक्सर अपने मूत्राशय और मल त्याग (यूरिन ब्लैडर प्रॉब्लम) को नियंत्रित करने में असमर्थ रहते थे। अन्य बच्चों के माता-पिता ने उनके बच्चों के साथ उसके पढ़ने पर आपत्ति जताई। वे चिंतित थे कि कहीं साईं के होने से कक्षा में संक्रमण (इन्फ़ेक्शन) न फैल जाए।

साईं पढ़ाई-लिखाई से एक प्रतिभाशाली बच्चा था, इसलिए स्कूल इस प्रतिभाशाली लड़के को बरकरार रखना चाहता था। लेकिन जब स्कूल अधिकारियों को अन्य अभिभावकों की प्रतिक्रिया का डर हुआ, तो उन्होंने अंततः साईं के माता-पिता से उसे दूसरे स्कूल में ले जाने के लिए कहा। अगले तीन साल में साईं ने तीन स्कूल बदले।

हर बार जब उन्हें किसी नए स्कूल में दाखिला मिलता था, तो उन्हें नए माहौल और अपने आस-पास के नए लोगों के साथ तालमेल बिठाने में समय लगता था। लेकिन जल्द ही अन्य माता-पिता की शिकायतों का वही पुराना पैटर्न सामने आता,और हर बार, साईं को स्कूल छात्र सूची से बाहर कर दिया जाता था।

उन सभी वर्षों में, परिवार का समर्थन बेहद महत्वपूर्ण था। बदलते स्कूलों और नए वातावरण में तालमेल बिठाने के बीच, बच्चे के लिए एकमात्र स्थिर चीज़ उसके माता-पिता का अटूट और निस्वार्थ प्यार था। स्कूल में चाहे कुछ भी हुआ हो, घर के लाड और प्यार ने नन्हें साईं की हर कमी की भरपाई कर दी। उसके माता-पिता उसमें आत्मविश्वास जगाते रहे, यह सुनिश्चित करते रहे कि वह कभी भी खुद को किसी से हीन महसूस न करे। उनके पिता उनकी अध्ययन दिनचर्या की योजना बनाते थे, उन्हें प्रेरक कहानियाँ पढ़ाते थे और उन्हें व्यस्त रखते थे। घर के सभी कामों के बीच,उनकी

माँ उन्हें हर दिन स्कूल छोड़ने और लेने जाती थीं और उनकी दैनिक गतिविधियों में मदद करती थीं। यदि यह निस्वार्थ प्रेम न होता और माता-पिता की प्रतिबद्धता न होती, तो साईं शायद वह नहीं होते जो वह आज हैं।

पुस्तक के लिए अपने शोध के दौरान, मैं ऐसे कई माता-पिता से मिली जो अज्ञात डर के कारण अपने बच्चे को अपने घरों तक ही सीमित रखते हैं। ऐसा कर वे न केवल अपने बच्चे के साथ अन्याय कर रहे हैं बल्कि गलत धारणाओं को भी मज़बूत कर रहे हैं कि विकलांग लोग पर्याप्त सक्षम नहीं होते हैं। साईं के माता-पिता ने साईं को इतने अपरंपरागत, प्रेमपूर्ण और निर्भीक तरीके से बड़ा करके वास्तव में समाज के लिए एक महान उदाहरण स्थापित किया है।

साईं को एहसास हुआ कि अगर उन्हें सफल होना है, तो उन्हें शिक्षा में आगे बढ़ना होगा। इससे उन्हें बाकी सभी सीमाओं की भरपाई करने में मदद मिलेगी। तब से, साईं साल दर साल अपनी कक्षा में टॉप करने लगे। इससे स्कूल का उनके प्रति रवैया बदल गया। स्कूल टॉपर छात्र को जाने नहीं देना चाहता था। अब साईं को स्कूल बदलने की ज़रुरत नहीं पड़ती थी। साईं ने भी इस बात की परवाह न करने का संकल्प लिया कि दुनिया उनके बारे में क्या सोचती है। वह क्लास में अलग बैठने लगे और सिर्फ अपनी किताबों और पढ़ाई पर ध्यान देने लगे।

जैसे-जैसे साईं को उत्कृष्ट (एक्सीलेंट) ग्रेड मिलने लगे, अन्य छात्रों ने उससे दोस्ती करना शुरू कर दिया। पहली बार, उनके सहपाठियों ने उन्हें उनकी विकलांगता के बजाय उनकी क्षमता के लिए पहचानना शुरू किया। पहली बार, लोगों ने उन्हें सही कारणों से जाना और पहली बार,सहानुभूति सम्मान में बदल गई।

जब ऐसा लग रहा था कि आखिरकार साईं के लिए चीज़ें ठीक हो रही थी, तभी एक और दुर्घटना ने उनके जीवन की दिशा और भी बदतर कर दी।

साईं ने एक लोहे की कील पर पैर रख दिया और वह उनके बाएं पैर में घुस गई। लेकिन चूँकि उनके पैर में कोई संवेदना नहीं थी, इसलिए उन्हें कोई दर्द महसूस नहीं हुआ और वह बेखबर स्कूल में इधर-उधर घूमते रहे। जब वह घर आए, तभी उनकी माँ ने खून और कील देखी और तुरंत उन्हें नज़दीकी डॉक्टर के पास ले गईं। कील तो

निकाल ली गई, लेकिन सेप्टिक घाव ने उन्हें और अधिक विकलांग बना दिया। उस चिकित्सीय स्थिति में, घाव को ठीक होने में काफी समय लगता है। उनका यह घाव कभी भर ही नहीं पाया।

किसी भी दवा से मदद नहीं मिली। साईं के पूरे पैर में इन्फेक्शन हो गया और यह संक्रमण उनके पूरे शरीर में फैल गया। साईं को बार-बार बुखार आ रहा था और वह पूरी तरह से व्हीलचेयर पर ही थे। हालाँकि तब तक साईं कठिनाई के साथ चल सकते थे ,लेकिन इस हादसे ने उनको ज़िन्दगी भर के लिए पूरी तरह से अपंग बना दिया। फिर भी उनकी आत्मा ने हार मानने से इनकार कर दिया। प्रत्येक कठिन परिस्थिति ने उन्हें डटकर सामना करने के लिए और भी दृढ़ बना दिया।

हाई स्कूल में अपने शानदार शैक्षणिक प्रदर्शन के लिए साईं को आंध्र प्रदेश के मुख्यमंत्री से प्रतिभा छात्रवृत्ति और स्वर्ण पदक मिला। वर्ष 2002 में साईं ने चैतन्य भारती इंस्टीट्यूट ऑफ टेक्नोलॉजी में इलेक्ट्रिकल इंजीनियरिंग में दाखिला लिया। भले ही कॉलेज उनके घर से सिर्फ पांच किलोमीटर दूर था, लेकिन साईं के लिए वहाँ आना-जाना आसान नहीं था।

उनकी माँ उन्हें कॉलेज छोड़ने और लेने जाती थी। लेकिन ऐसा करना उनके लिए लगातार मुश्किल होता जा रहा था क्योंकि उन्हें घर की हर चीज़ का ध्यान रखना पड़ता था। तभी साईं ने स्कूटर चलाना सीखने का फैसला किया। इससे उन्हें आज़ादी का पहला स्वाद मिला।

"मुझे अब भी याद है मैं कितना खुश था कि पहली बार मैं स्वतंत्र हो सका। यह मेरे जीवन का एक अहम पड़ाव था। मेरा कॉलेज प्रशासन भी बेहद मददगार था।"

साईं की शैक्षणिक प्रतिभा जारी रही और उन्होंने हर परीक्षा में टॉप किया। सहायक माहौल के साथ साईं को ऐसा महसूस हुआ कि वह भी अपनी सीमाओं के परे सोच सकते थे। उन्होंने अपनी इंजीनियरिंग पूरी करने के बाद एक महारत्न पी एस यू, नेशनल थर्मल पावर कॉरपोरेशन (एन टी पी सी) में जाने का सपना देखा था। लेकिन ज़िन्दगी का सफर उनके लिए कभी आसान नहीं रहा।

एनटीपीसी की एक औद्योगिक यात्रा के दौरान साईं को पहली बार अपने कठिन भविष्य की वास्तविकता का सामना करना पड़ा। एनटीपीसी का संयंत्र किसी दिव्यांग व्यक्ति के लिए बिल्कुल भी सुलभ नहीं था। ग्रेजुएट स्तर की पढ़ाई के बाद जिस स्वप्निल कंपनी में जाना उनका सपना था, वह अब एक दूर का सपना ही लगने लगा। अपनी तमाम खूबियों और क्षमताओं के बावजूद, उन्हें एहसास हुआ कि जब उन्हें एक दिन के लिए भी घूमना-फिरना मुश्किल लगा, तो वे वहाँ कैसे काम कर सकते थे? भले ही उनका अकादमिक परफॉरमेंस कितना भी अच्छा हो और अगर साईं खुद किसी तरह प्रबंधन (मैनेज) कर भी सके, फिर भी क्या कंपनी उनकी सीमाओं से परे देख उन्हें नौकरी देगी? क्या वह स्वयं ऐसी कंपनी में नौकरी करना चाहेंगे? उस क्षण, उन्हें अपना भविष्य अनिश्चित लग रहा था। पहली बार, साईं को डर लगा कि अपनी प्रतिभा के बावजूद भी उन्हें कभी उपयुक्त नौकरी नहीं मिलेगी। उन्होंने फैसला किया कि वह अपने करियर की सारी योजनाएं भूल जाएंगे। वह कैंपस प्लेसमेंट के लिए आने वाली प्रत्येक कंपनी के लिए आवेदन करेंगे। नौकरी पाना एक विकल्प के बजाय आवश्यकताओं का विषय बन गया।

साईं ने कॉलेज अधिकारियों से अपनी आशंकाओं पर चर्चा की। वह चाहते थे कि निष्पक्षता से साक्षात्कार किया जाए और साक्षात्कार के बाद ही अपनी विकलांगता का खुलासा किया जाए। कॉलेज ने उनकी परेशानी को समझा और जब इन्फोसिस भर्ती (रिक्रूटमेंट) के लिए कैंपस में आई, तो कॉलेज प्लेसमेंट कमेटी ने जानबूझकर साईं का इंटरव्यू लंच के बाद रखा। जब साक्षात्कारकर्ता दोपहर के भोजन के लिए बाहर गए थे, तो साईं को साक्षात्कार कक्षा में चुपचाप ले जाया गया ताकि उनके आने से पहले साईं को उस कमरे में पहुंचा दिया जाए।

साक्षात्कारकर्ताओं को साई के दिव्यांगता का तब ही पता चला जब उनका साक्षात्कार समाप्त हुआ और वह कमरे से बाहर जाने के लिए मुड़े। तब तक साई साक्षात्कारकर्ताओं पर अद्भुत प्रभाव छोड़ चुका था और उसका सिलेक्शन हो चुका था।

इन्फोसिस में शामिल होने वाले नए लोग इन्फोसिस के मैसूर परिसर में प्रारंभिक प्रशिक्षण से गुज़रते हैं। उनके माता-पिता उन्हें हैदराबाद के बाहर कहीं भी भेजने से डरते थे। इन्फोसिस के कई बार अनुरोध करने के बावजूद, साईं के माता पिता

उन्हें मैसूर प्रशिक्षण पर भेजने के लिए सहमत नहीं हुए। इसके बजाय, कम्पनी ने उनके प्रवास को आरामदायक बनाने के लिए सर्वोत्तम बुनियादी ढांचे का वादा किया। हालाँकि, साईं के माता-पिता को संदेह था, लेकिन उन्होंने साईं का साथ दिया। साईं की जिंदगी में इन्फोसिस सबसे बड़ा टर्निंग प्वाइंट साबित हुआ।

इन्फोसिस परिसर ने वास्तव में उन्हें जीवन में पहली बार स्वतंत्र महसूस कराया। इन्फोसिस परिसर सक्षम था और साईं को घूमने-फिरने के लिए किसी भी तरह की मदद की ज़रूरत नहीं थी। यह उनके लिए एक बड़ा रहस्योद्घाटन था कि यदि बुनियादी ढांचा अच्छा हो तो जीवन कितना बेहतर हो सकता था। साईं की यह इच्छा थी कि उसे वह जगह कभी न छोड़नी पड़े। उनके शब्दकोश में एक नया शब्द जोड़ा गया: सुगम्यता (एक्सेसिबिलिटी)।

प्रशिक्षण के बाद हैदराबाद वापस आकर, साईं ने सुगम्यता पर अधिक शोध करना शुरू कर दिया। तब उन्हें पहली बार पता चला कि कैसे विदेश में बुनियादी ढांचे ने कई विकलांग लोगों को सम्मान और स्वतंत्रता का जीवन जीने में मदद की। इस बारे में जागरूकता ने उन्हें विदेश जाने की लालसा पैदा कर दी।

साईं को लगा कि इन्फोसिस शायद उन्हें कभी किसी असाइनमेंट पर विदेश नहीं भेजेगा। ऐसे में उनके लिए विदेश जाने का एकमात्र विकल्प यही था कि वह आगे की पढ़ाई के लिए जाएं। साई ने इंजीनियरिंग में मास्टर डिग्री के लिए विभिन्न विश्वविद्यालयों में आवेदन किया। उन्हें विस्कॉन्सिन विश्वविद्यालय में भाग लेने के लिए एक शोध छात्रवृत्ति प्राप्त हुई।

उन्हें इस बात का ज़रा भी अहसास नहीं था कि भले ही वह स्वतंत्र होना सीख रहे थे, उनके आस-पास के लोग, विशेषकर उनके माता-पिता, अभी भी महसूस करते थे कि वह अपने दम पर प्रबंधन नहीं कर सकते। उन्होंने यह नहीं देखा था कि सही बुनियादी ढांचे ने उनके बच्चे के जीवन में क्या बदलाव लाया है और इसलिए वे झिझक रहे थे।

आखिरकार साईं ने अपने माता-पिता की यूनिवर्सिटी काउंसिल से बात करवाई और उन्हें इंटरनेट के माध्यम से विदेश में उपलब्ध सुविधाएं दिखाईं। अपने परिवार से दूर, ऐसे देश में जहाँ दुनिया की सबसे ठंडी सर्दियाँ थीं, साईं फले-फूले। उन्होंने पाया

कि हवाई अड्डे से लेकर सार्वजनिक बसों तक, कक्षाओं से लेकर उनके छात्रावास तक, सभी स्थानों पर दिव्यांगों की ज़रूरतों को ध्यान में रखा गया था।

> "इससे मुझे परेशानी हुई कि भारत में दिव्यांगों की मदद करने के बजाय, उन्हें बताया जाता है कि उनकी स्थिति उनके पिछले जीवन के पापों और 'कर्मों' के कारण है। भारत में मेरे जैसे कई लोग हैं जिन्हें यह भी पता नहीं है कि सिर्फ बेहतर सुविधाओं से उनके जीवन की गुणवत्ता कैसे बदल सकती है।"

साईं दिव्यांग-अनुकूल बुनियादी ढांचे के महत्व के बारे में जागरूकता पैदा करना चाहते थे। उन्होंने अमेरिका में बुनियादी ढांचे को प्रदर्शित करने वाले वीडियो बनाए, हालाँकि भारत के लोगों का उन पर ज़्यादा ध्यान नहीं गया। तभी उन्होंने निर्णय लिया कि उन्हें कुछ अलग करने की ज़रूरत है, कुछ ऐसा जिससे दुनिया का ध्यान आकर्षित हो।

2008 में साईं ने आसमान छू लिया और 14,000 फीट से स्काइडाइविंग करने का फैसला किया; एक ऐसी उपलब्धि जिसे पूरी तरह से सामान्य लोग भी आज़माने से झिझकते हैं। साईं के लिए चुनौती उड़ान की नहीं बल्कि उतरने की थी। साईं कैसे अपने पैरों पर खड़े हो सकते थे? उनके पैरों को बांधना होगा और किसी भी दुर्घटना से बचने के लिए उन्हें पर्याप्त गद्दे के साथ अपनी पीठ के बल उतरना होगा। कहना आसान है करना मुश्किल! क्या यह जोखिम लेने लायक था? यदि वह असफल हो गए तो क्या होगा?

साईं ने प्रदर्शित किया कि यदि सही अवसर और समर्थन दिया जाए, तो एक बच्चा भी, जिसके लिए बस में चढ़ना, सीढ़ियां चढ़ना या बिना सहारे के स्कूल पहुँचना एक चुनौती थी, चमत्कार कर सकता है।

इस बार उनकी आवाज़ पर ध्यान दिया गया। 14,000 फीट से स्काइडाइविंग करने वाले पहले दिव्यांग भारतीय होने के नाते, साईं का नाम लिम्का बुक ऑफ रिकॉर्ड्स में दर्ज किया गया था। अचानक लोगों को एहसास हुआ कि अगर सही बुनियादी ढांचा

उपलब्ध कराया जाए, तो ऐसा कोई अज्ञात क्षेत्र नहीं होगा जहाँ कोई दिव्यांग व्यक्ति न जा सके। चेन्नई में एबिलिटी फाउंडेशन ने उनकी असाधारण उपलब्धि के लिए उन्हें सम्मानित करने के लिए भारत बुलाया। भारतीय अखबारों ने उनके इस साहसिक कारनामे को छापा। साईं को सुना गया; उनका मिशन पूरा हुआ। यह उनके जीवन के अगले चरण की शुरुआत थी।

केविनकेयर पुरस्कार समारोह में एक बातचीत के दौरान, साईं ने कई एम बी ए स्नातकों से मुलाकात की और घर वापस आने के अवसरों पर चर्चा की। इस मुलाकात ने उन्हें भारत वापस आने और अपने देश के विकास में योगदान देने के लिए आश्वस्त किया। उन्होंने इंडियन स्कूल ऑफ बिज़नेस के प्रमुख पी जी पी कार्यक्रम के लिए आवेदन किया।

आई एस बी के पी जी पी कार्यक्रम के लिए दो वर्ष का न्यूनतम अनुभव आवश्यक था। लेकिन साईं के पास सिर्फ एक साल का ही अनुभव था। जब उन्होंने प्रवेश परिषद से बात की, तो उन्होंने उनकी प्रोफाइल का मूल्यांकन किया और उनके मामले को अपवाद के रूप में मनाने का निर्णय लिया। साक्षात्कार के बाद उनका आवेदन स्वीकार कर लिया गया। साईं अप्रैल 2010 में आई एस बी में शामिल हुए।

> "एक छात्र के रूप में भारत के सबसे प्रतिष्ठित संस्थानों में से एक के द्वार में प्रवेश करना मेरे लिए गर्व का क्षण था।"

अपनी पढ़ाई के दौरान, साईं को एक बार उनके स्कूल ने छात्रों के साथ अपने अनुभव साझा करने और उन्हें बड़े सपने देखने के लिए प्रेरित करने के लिए आमंत्रित किया गया। साईं अपने जूनियर्स के बीच इतने लोकप्रिय थे कि स्कूल को अंतिम उपस्थित लोगों की संख्या को सीमित करने के लिए 100 रुपये का मामूली शुल्क लेना पड़ा। एकत्रित धन का उपयोग स्कूल द्वारा ज़रूरतमंदों के लिए पहली पूर्व छात्रवृत्ति स्थापित करने के लिए किया गया। तभी साईं ने इसे एक पूर्ण सामाजिक उद्यम में बदलने के बारे में सोचा। उन्होंने आई एस बी में अपने एक प्रोफेसर, जो सामाजिक न्याय मंत्रालय के सलाहकार थे, के साथ इस विकल्प की स्केलेबिलिटी पर चर्चा की।

प्रोफेसर ने साईं को इस कार्यालय को ग्रामीण क्षेत्र तक विस्तारित करने की सलाह दी, जहाँ जागरूकता की कमी थी।

एक नई शुरुआत की गई और इस उद्यम का नाम सहस्र फाउंडेशन रखा गया। सहस्र कार्यक्रम में छात्र कार्यशालाओं के लिए मामूली प्रवेश शुल्क का भुगतान करते हैं, जहाँ कैरियर योजना के बारे में व्यावहारिक जानकारी के साथ, साईं कई प्रेरणादायक कहानियों और नेतृत्व के उदाहरण उद्धृत करते हैं। अब तक, विभिन्न कॉलेज और विश्वविद्यालय परिसरों में 20,000 से अधिक छात्र इस कार्यक्रम में भाग ले चुके हैं। सहस्र ने $100,000 से अधिक की कमाई की है। साईं ने इस पैसे का उपयोग ज़रूरतमंद छात्रों के लिए छात्रवृत्ति में किया है और युवा नेताओं की एक टीम बनाई है जो दूसरों तक संदेश पहुँचाते हैं। कार्यशालाएँ कहानी कहने के रूप में आयोजित की जाती हैं, जिसमें न केवल सफलता की कहानियों पर ध्यान केंद्रित किया जाता है, बल्कि सफलता और उसे लिखने पर भी ध्यान दिया जाता है।

> "जब मैं सी बी आई टी में गया, तो मैं आईआईटी या अन्य शीर्ष कॉलेजों में नहीं पहुँच पाया। लेकिन ज़िन्दगी यहीं नहीं रुकी। मैंने अपनी सफलता पर हंगामा खड़ा करने के बजाय, मेरे पास जो भी अवसर थे, उनका सर्वोत्तम उपयोग करने का निर्णय लिया। यह कहानी मेरे एन टी पी सी सपने की भी थी। मैं अपनी कार्यशालाओं के माध्यम से छात्रों को ऐसे ही व्यावहारिक संदेश देता हूँ। हम ऐसी कहानियाँ बताते हैं जिनमें केंद्रीय पात्र वह होता है जिससे हर कोई किसी न किसी तरह से जुड़ सकता है।"

साईं देश में गरीबों के साथ-साथ शारीरिक रूप से अक्षम लोगों के लिए रोज़गार को प्रोत्साहित करने और बढ़ावा देने के लिए भी काम करते हैं।

> "मैं शारीरिक रूप से अक्षम लोगों के लिए रोज़गार को बढ़ावा देना चाहता हूँ। यदि आप ध्यान दें, तो ऐसे बहुत से स्थान हैं जहाँ दिव्यांगों को आसानी से रोज़गार मिल सकता है। उदाहरण के लिए, चौराहे

> पर ट्रैफिक पुलिसकर्मी का काम पूरी तरह से सांकेतिक भाषा का है। उसे किसी अन्य तरीके से ज़्यादा संवाद की ज़रूरत नहीं है। हालाँकि, दैनिक शोर और उच्च जोखिम डेसीबल का स्तर उसे उच्च रक्तचाप और तनाव का शिकार बना देता है। क्या हम उस काम में किसी बधिर व्यक्ति को नियुक्त नहीं कर सकते? वह लगातार शोर से कम से कम परेशान होगा और काम में अपना सर्वश्रेष्ठ देने में सक्षम होगा। इसी तरह, उन सभी नौकरियों में जहाँ विशुद्ध रूप से डेटा एंट्री का काम किया जाता है, क्या हम ऐसे लोगों को काम पर नहीं रख सकते जो सुन नहीं सकते या व्हीलचेयर तक ही सीमित हैं?"

साईं ने प्रासंगिक सवाल उठाए हैं जो हम सभी से जवाब मांग रहे हैं। वास्तव में, साईं के विचारों ने मुझे एक ब्यूटी पार्लर की याद दिला दी, जहाँ मैं एक बार गई थी। वहाँ एक लड़की दृष्टिबाधित (नेत्रहीन) थी, लेकिन वह दुल्हन को तैयार करने में व्यस्त थी। मेरी पहली प्रतिक्रिया यह थी कि यह आख़िर कैसे संभव हुआ? लेकिन उचित प्रशिक्षण और समर्थन ने लड़की को अपनी कमज़ोरी के बावजूद पार्लर में ऐसे ग्राहकों को संभालने में माहिर बना दिया था। अगर मैंने उसे अपनी आँखों से नहीं देखा होता तो मुझे कभी इस पर विश्वास नहीं होता।

ऐसी लगभग 40,000 नौकरियां हैं जहाँ दिव्यांगों को उपयोगी ढंग से नियोजित किया जा सकता है। हाल के दिनों में, हमने देखा है कि के एफ सी जैसे बड़े संस्थान दृष्टिबाधित लोगों को रोज़गार देते हैं। तो सवाल यह नहीं है कि क्या वे ऐसा कर सकते हैं। सवाल यह है कि हम उनका समर्थन कैसे करते हैं।

दिव्यांग समुदाय के प्रति समाज और कॉरपोरेट्स की धारणाओं को बदलने के लिए साईं का दृष्टिकोण, विशेष रूप से रोज़गार के क्षेत्रों में, हार्वर्ड बिज़नेस रिव्यू में 'द सॉल्यूशन रिवोल्यूशन' नाम से प्रकाशित किया गया है। साईं कुछ गैर सरकारी संगठनों के साथ परामर्श विश्वविद्यालयों पर भी काम करते हैं, ताकि उनके परिवार के बुनियादी ढांचे को दिव्यांगों के अनुकूल बनाया जा सके।

आई एस बी से ग्रेजुएट होने के दिन, विश्वविद्यालय ने उनके लिए मंच को सुलभ बनाने के सभी प्रयास किए। उन्होंने उन्हें कभी भी बहिष्कृत महसूस नहीं होने दिया। साईं अन्य विश्वविद्यालयों को भी यही कमान सौंपना चाहते हैं।

संस्थागत निकायों के छोटे-छोटे प्रयास दिव्यांगों की मदद में काफी सहयोग कर सकते हैं। एसएसबी को दिव्यांगों की जरूरतों के प्रति उसकी संवेदनशीलता के लिए बधाई। न केवल इन छोटी-छोटी चीज़ों की सराहना करने के लिए, बल्कि इन्हें आगे बढ़ाने का भी प्रयास करने के लिए साईं को धन्यवाद, ताकि किसी और को उन बाधाओं का सामना न करना पड़े जो उन्हें करना पड़ा।

हाल में, साईं ने जलवायु परिवर्तन और पर्यावरण संरक्षण के लिए भी काम किया है। उत्तरी-दक्षिणी ध्रुवों को पार करने वाले पहले व्यक्ति रॉबर्ट स्वयं उनके पास आए। साईं को 2041 अंटार्कटिक युवा राजदूत कार्यक्रम के तीन सदस्यों में से एक के रूप में चुना गया था। कार्यक्रम युवा नेताओं को अंटार्कटिका का पता लगाने और महाद्वीप के नाजुक और बदलते पारिस्थितिकी तंत्र का प्रत्यक्ष ज्ञान प्राप्त करने का मौका प्रदान करता है। इससे भी अधिक महत्वपूर्ण बात यह है कि बीस दिवसीय अभियान में अस्सी युवा पुरुषों और महिलाओं की पूरी टीम में साईं ही एकमात्र दिव्यांग व्यक्ति थे।

> "मैं उत्साहित और घबराया हुआ था, और सोच रहा था कि क्या मैं चरम मौसम की स्थिति में प्रबंधन कर पाऊँगा। लेकिन जीवन का आनंद लेने के दृढ़ संकल्प ने मुझे यह कदम उठाने के लिए प्रेरित किया।"

2010 में साईं को समाज के प्रति उनके योगदान के लिए हेलेन केलर रोल मॉडल पर्सन ऑफ द ईयर का पुरस्कार मिला। इसके बाद आई एस बी टॉर्चबियरर पुरस्कार मिला। साईं के भाषणों को TEDx जैसे प्रमुख मंचों पर बहुत अच्छी प्रतिक्रिया मिली है। उन्हें भारत के लोकप्रिय टीवी कार्यक्रम सत्यमेव जयते के एपिसोड में भी दिखाया गया था। आमिर खान द्वारा होस्ट किए गए इस शो को पूरे देश से ज़बरदस्त प्रतिक्रिया मिली।

लेकिन साईं के जीवन और सहस्र की वास्तविक सफलता सीमाओं से परे है। सहस्र को कैलिफोर्निया विश्वविद्यालय, बर्कले द्वारा आयोजित वैश्विक सामाजिक उद्यम प्रतियोगिता में प्रस्तुत शीर्ष दस व्यावसायिक योजनाओं में से एक के रूप में मान्यता दी गई है। व्हार्टन और केलॉग ने संयुक्त रूप से सहस्र के काम की एक रिपोर्ट जारी की है। इसे समाज के समावेशी विकास के लिए एक स्थायी स्कूल बस मॉडल के रूप में प्रचारित किया है।

> "यह काम मेरे लिए महत्वपूर्ण है क्योंकि हमारे काम का मूल्य मेरे जाने के बाद भी कई लोगों के दिलों में रहेगा। अगर मेरे प्रयोग कुछ ज़िन्दगियों को प्रभावित कर सकते हैं तो मुझे खुशी होगी।"

साईं ने हाल ही में अपनी उद्यमशीलता यात्रा को आगे बढ़ाने के लिए डेलॉइट में प्रौद्योगिकी जोखिम सलाहकार के रूप में अपनी नौकरी छोड़ दी है। किसी भी अन्य चीज़ से बढ़कर, साईं ने दुनिया को दिखाया है कि एक व्यक्ति किस चीज़ पर विजय पाने में सक्षम है। साईं अपने दम पर विदेश में पढ़ाई और स्काइडाइविंग कर सका। सहस्र के लिए साईं का उत्साह और समर्पण वास्तव में प्रेरणादायक है।

उनकी विचार प्रक्रिया कई लोगों को सामान्य से परे सोचने के लिए प्रेरित करती है। उनका लेखन एक वास्तविक प्रेरणा है और उनका दृढ़ संकल्प और सकारात्मक दृष्टिकोण दिव्यांग समुदाय के लिए आशा जगाता है। साईं के पास न केवल जीवन में एक दृष्टिकोण और एक मिशन है, बल्कि वह उन्हें कैसे क्रियान्वित करेंगे इसकी ठोस योजना भी है। वह अपने जैसे लाखों दिव्यांग देशवासियों के प्रति देश की विचारधारा को बदलना चाहते हैं।

साईं एक ऐसे व्यक्ति हैं जिन्होंने मेरी आत्मा को छू लिया है और आने वाले वर्षों में वह मेरे आदर्श रहेंगे। अंदर की ज्वाला बुझने न पाए; उसे प्रज्वलित करें ताकि यह आपके आस-पास की दुनिया को रोशन कर सके। क्योंकि जीवन विकल्पों के बारे में है, न कि क्या हो सकता था।

साईं से happy.blissful@gmail.com पर संपर्क किया जा सकता है।

हृदयेश्वर सिंह भाटी
(3 सितम्बर 2002 - 15 जून 2021)

शह और मात जीवन!

मैं इस बात पर विचार कर सकता हूँ कि जीवन ने क्या दिया है;
और यह पूछता रह सकता हूँ कि मैं ही क्यों?
या मैं अपने भाग्य की ज़िम्मेदारी ले सकता हूं;
और खुद बना सकता हूँ अपना भविष्य।

हममें से प्रत्येक व्यक्ति किसी न किसी रूप में प्रभावशाली है। भगवान के पास नियंत्रण और संतुलन बनाने के अपने तरीके हैं। मनुष्य होने के कारण, हम केवल जीवन के नकारात्मक पक्ष पर ध्यान केंद्रित करते हैं और यह हमारे लिए जीवन को कठिन बनाता है। लेकिन इस प्रतिभाशाली बालक से मिलने के बाद जीवन के प्रति मेरा दृष्टिकोण बदल गया, जो एक वैश्विक प्रेरणा के रूप में उभरा है और सही मायने में दिव्यांगता की दुनिया में एक महान मील का पत्थर है। 'एक चमत्कारी लड़का', 'देश का सबसे कम उम्र का पेटेंट धारक', 'भारत का स्टीफन हॉकिंग', इसकी प्रतिभा से जुड़े वाक्यांश हैं।

वह वास्तव में भारत का गौरव है। इससे भी अधिक आश्चर्यजनक बात यह है कि इन्होंने केवल दस साल की उम्र में यह सब हासिल किया है! मेरा दिल हृदयेश्वर के प्रति दुखी है और मैं भगवान से पूछती हूँ कि वह छोटे बच्चे को ठीक क्यों नहीं कर सकते। हृदयेश्वर ने साबित कर दिया है कि दिव्यांगता को ठीक नहीं किया जा सकता है, लेकिन उसे हटाया जा सकता है। क्योंकि हृदयेश्वर ने जीवन पर विजय प्राप्त कर ली है और उसे नियंत्रित कर लिया है!

साक्षात्कार के लिए मैंने हृदयेश्वर के पिता श्री सरोवर भाटी को फोन किया। श्री

भाटी चिंतित थे। क्या मैं उनके बेटे की विकलांगता का व्यवसायीकरण अपने लाभ के लिए करना चाहती हूँ? उन्होंने मुझसे पूछा, किताब लिखने के मेरे कारण क्या हैं? यह साक्षात्कार तभी आगे बढ़ता है जब मैं उन्हें अपने इरादे का अर्थ समझाती हूँ।

हार्दिक या हृदयेश्वर सिंह भाटी का जन्म सितंबर 2002 में जयपुर में हुआ था। हार्दिक चार साल के थे जब उनके माता-पिता ने पहली बार देखा कि उनके बच्चे को सीढ़ियाँ चढ़ने में समस्या हो रही है। हालाँकि बच्चे ने कभी अपने माता-पिता से शिकायत नहीं की। जब समस्या बनी रही और उनके द्वारा बनाए गए किसी भी घरेलू उपचार ने काम नहीं किया, तो वे उसे एक हड्डी रोग विशेषज्ञ के पास ले गए। अखिल भारतीय आयुर्विज्ञान संस्थान के डॉक्टरों ने पुष्टि की कि यह डचेन मस्कुलर डिस्ट्रॉफी का मामला था। मस्कुलर डिस्ट्रॉफी (एमडी) मांसपेशियों की बीमारियों का एक समूह है जो मस्कुलोस्केलेटल सिस्टम को कमज़ोर कर देता है और व्यक्ति के कार्यों में बाधा उत्पन्न करता है। इसका असर फेफड़ों और शरीर के अन्य महत्वपूर्ण अंगों पर भी पड़ता है और दुर्भाग्य से, जैसे-जैसे व्यक्ति की उम्र बढ़ती है, यह बदतर हो जाता है।

हार्दिक के माता-पिता व्याकुल और सदमे में थे। उन्होंने कई डॉक्टरों से परामर्श किया लेकिन प्रत्येक ने उन्हें बताया कि यह बीमारी लाइलाज है। बच्चा जो भी दवा ले, उसके अपने दुष्प्रभाव होंगे। उन्हें यह भी बताया गया कि उम्र के साथ समस्या बदतर होती जाएगी। उन्हें नहीं पता था कि उन्हें हार्दिक को इस बारे में बताना चाहिए या नहीं। वे अपने बच्चे को यह बताने का साहस कैसे जुटा सकते थे कि जल्द ही वह चलने में सक्षम नहीं होगा, कि जल्द ही वह व्हीलचेयर तक सीमित हो जाएगा, और जल्द ही वह सहानुभूति का पात्र बन जाएगा?

हार्दिक अपने माता-पिता से कहीं अधिक बहादुर था। उसे आभास हो गया था कि कुछ गड़बड़ है। लेकिन अपने स्वास्थ्य के मुद्दों से ज़्यादा , वह अपने माता-पिता के उदास चेहरों को लेकर चिंतित था। कई बार वह चलते-चलते अचानक गिर जाता था और अपने माता-पिता के चेहरे को दुखी देखता था।

वह अपने आप उठने की कोशिश करता था। वह कभी रोता नहीं था, बल्कि

अपने चेहरे पर एक बड़ी मुस्कान रखता था और अपने माता-पिता को समझाता था कि यह सब बड़े होने का हिस्सा है।

जैसे-जैसे समय बीतता गया, उसके शरीर का संचालन सीमित हो गया। उसके माता-पिता को उसकी गतिविधियों पर प्रतिबंध लगाने, उसे बाहर नहीं खेलने के लिए और कभी-कभी समस्या बढ़ने पर चलने से भी मना करने का सख्त फैसला लेना पड़ा। एक ओर, वे उसे किसी भी चोट से बचने के लिए हर संभव प्रयास कर रहे थे। दूसरी ओर, उनका दिल बेहद दुखी था।

हार्दिक भी अपनी स्थिति को समझने और स्वीकार करने लगा। लेकिन उसने अपना जीवन पूरी तरह जीने की उम्मीद कभी नहीं खोई। उसके माता-पिता के लिए सबसे बड़ी सांत्वना यह थी कि हार्दिक हमेशा मुस्कुराता रहता था। हार्दिक के पास दृढ़ इच्छाशक्ति थी और जितनी अधिक उसकी शारीरिक शक्तियां खत्म होती गईं, खुशी से जीने की उसकी इच्छा उतनी ही मज़बूत होती गई। उसके सकारात्मक रवैये ने उन्हें आगे बढ़ने में मदद की।

जैसा कि उसके माता-पिता ने मुझे बताया, हार्दिक एक विशेष बच्चा है:

> "अक्सर वह ऐसे सवाल पूछता था जिनके जवाब हमारे पास भी नहीं होते थे। उस के पास चीज़ों को देखने का एक अलग तरीका था। वह यह नहीं देखता कि समस्या क्या है, बल्कि यह देखता कि इससे क्या अवसर मिला है।"

समय के साथ, विकार की जटिलताएँ बढ़ती गईं। हार्दिक अब चल नहीं पा रहा था। उसके माता-पिता उसे मुख्यधारा (मेनस्ट्रीम) स्कूल से निकालकर एक विशेष स्कूल में दाखिला दिलाना चाहते थे। लेकिन हार्दिक को ये नहीं चाहिए था। उसे कोई भी 'विशेष' या अलग व्यवहार किए जाने से नफरत थी। यह पूछे जाने पर कि वह कैसे संभालेंगे, हार्दिक ने अपने पिता से कहा कि वह अपना रास्ता खोज लेंगे या कोई रास्ता निकाल लेंगे।

उस समय से एक असाधारण नवोन्मेषी (इनोवेटिव फ्रेम) मानसिकता वाले लड़के

का जन्म हुआ। उसने अपनी गतिशीलता आवश्यकताओं का कार्यभार संभाला। उसने अपनी लोकोमोटिव ज़रूरतों के अनुरूप अपनी टॉयलेट सीट, व्हीलचेयर और यहाँ तक कि अपने पिता की कार भी डिज़ाइन की। जब भी उसके सामने कोई बाधा आती तो वह उससे बचने के उपाय सोचता। यह तो जो आने वाला था उसकी एक झलक मात्र थी, हार्दिक जल्द ही दुनिया भर में मशहूर हो जाएगा।

हार्दिक ने साझा किये अपने विचार:

> "मैं यह देखकर परेशान था कि मेरे होमटाउन जयपुर को छोड़ दें तो भारत में बहुत अधिक विशेषता अनुकूलित व्हीलचेयर उपलब्ध नहीं थी। मैंने इंटरनेट पर शोध किया और ऐसे तरीके खोजे जिनसे मैं अपनी आवश्यकताओं के अनुसार इसे डिज़ाइन कर सकूं।
>
> "मैं घर पर बंधन में नहीं रहना चाहता था। एक निश्चित उम्र तक, मेरे पिता मुझे अपनी बाहों में उठाते थे और कार में बैठते थे। लेकिन मैं कब तक उन पर निर्भर रह सकता था? निश्चित रूप से यह आने वाले वर्षों में टिकाऊ नहीं होगा। चूंकि मैं ज्यादा हिलता डुलता नहीं था इसलिए मेरा शरीर भारी हो रहा था। इसलिए मैंने अपने पिता से एक ऐसी कार खरीदने का अनुरोध किया जिसमें रैंप एंट्री लगी हो। लेकिन वहाँ भी मुझे फिर निराशा हाथ लगी। ऐसा कोई नहीं था जो शारीरिक रूप से विकलांग व्यक्ति की विशेष ज़रूरतों को पूरा करता हो। एक दिन मैंने अपने पिता से कुछ गाड़ियों की टेस्ट ड्राइव करने को कहा और फिर ईको को फाइनल किया, जिसमें रैंप लगाने की क्षमता थी। इसलिए जब मैं स्कूल जाता था तो कोई कार में रैंप जोड़ देता था। मैं अपने पिता द्वारा मुझे उठाए बिना कार में बैठ सकता था। इससे मुझे और अधिक अच्छा अनुभव हुआ। मैंने रैंप अटैचमेंट को स्वचालित बनाने के लिए और अधिक शोध किया ताकि मैं स्वतंत्र रूप से घूम सकूं।"

हार्दिक ने जो किया वह उनकी उम्र को देखते हुए कोई साधारण उपलब्धि नहीं थी। उसकी परिपक्वता और परिस्थितियों से विवश होने से इंकार उसे अलग कर देता है। लेकिन हार्दिक के बारे में सबसे अच्छी बात यह है कि जब वह कुछ नया करते हैं और आविष्कार करते हैं तो कभी भी सिर्फ अपने बारे में नहीं सोचते हैं। हार्दिक ने अपने माता-पिता से कहा कि वे उनके अनुकूलित डिज़ाइन अन्य विकलांग लोगों के साथ साझा करें। उनके प्रयासों से जो सामने आया वह एक कम लागत वाला व्हीलचेयर सुलभ गतिशीलता वाहन और विकलांग समुदाय के लिए पहुँच में आसानी के लिए रैंप के साथ मारुति की ईको कार का एक संशोधित संस्करण था।

हार्दिक के जीवन का एक सपना दुनिया को आपदा मुक्त बनाना है। दस साल के बच्चे को इतनी परिपक्वता से बात करते हुए सुनकर मुझे आश्चर्य हुआ।

"प्रकृति जो करती है वह हमारे नियंत्रण से परे है। लेकिन आपदाओं को, उनके द्वारा होने वाले नुकसान को कम करने के लिए प्रबंधित किया जा सकता है। आज हम इतनी ऊंची इमारत बना रहे हैं जहाँ साधारण आग लगने पर भी बचना नामुमकिन है; मैं इसे बदलना चाहता हूँ। मुझे आशा है कि हम वैश्वीकरण की अपनी इच्छा में कम लालची हो जाएंगे। आज के खतरे कल आपदा होंगे, और आपदाएं न केवल मारती हैं, बल्कि सिखाती भी हैं। आपदा हमें सिखाती है कि उपेक्षा करने पर एक चिंगारी पूरे घर को जला सकती है। पृथ्वी सूर्य एक ग्रह नहीं, बल्कि हमारा घर है और हमारा कल का अस्तित्व हमारी आज की तैयारियों पर निर्भर करता है।आइए प्रकृति माँ के धैर्य की बहुत अधिक परीक्षा न लें। इसके बजाय,आइए हम उसे अच्छी तरह से जानें और उसकी देखभाल करें।' उनकी विचारधाराएं मुझे बैठकर सोचने पर मजबूर करती हैं।'

हार्दिक को प्रतिदिन सुबह 5 बजे उठना पड़ता है क्योंकि उसे स्कूल के लिए तैयार होने में थोड़ा समय लगता है। जब हार्दिक स्कूल जाता है तो उसकी कुर्सी के पीछे एक बोतल लगी होती है जिसमें वह अपना मूत्राशय खाली कर देता है। अन्यथा, अगर उसे शौचालय का उपयोग करना है तो उसे किसी को बताना होगा। सोते समय उसके दोनों पैरों को बिस्तर के दोनों सिरों पर सहारा लेना पड़ता है। पार करने के लिए बाधाएं हैं

लेकिन हार्दिक हममें से अधिकांश लोगों की तुलना में अधिक हंसमुख और जीवंत है। सुनहरे दिल वाला, हार्दिक निश्चित रूप से भगवान का अपना बच्चा है।

इसमें कोई आश्चर्य नहीं कि उसके माता-पिता को लगता है कि हार्दिक जैसा बच्चा होने से उन्हें बेहतर इंसान बनने में मदद मिली है।

उसके पिता हमें बताते हैं,

"पहले, मुझे अक्सर गुस्सा आता था। लेकिन हार्दिक ने कुछ ऐसा कहा जिसने मुझे हमेशा के लिए बदल दिया। उसने कहा, 'गुस्सा भी एक विकलांगता है, मैं अपनी पर काबू नहीं पा सकता। आप भाग्यशाली हैं कि आप इन पर काबू पा सकते हैं।"

किसने सोचा होगा कि दस साल का बच्चा भी इतने गहरे विचार को समझ पाएगा, इसे इतने स्पष्ट तरीके से व्यक्त करना तो दूर की बात है? जब लोग उसकी ओर देखते और सहानुभूति व्यक्त करते, तो हार्दिक अपने माता-पिता से कहता,

"मैं एक सेलिब्रिटी हूँ। इसलिए लोग मेरी ओर देख रहे हैं।"

बेशक, उस समय उसे नहीं पता था कि उसे जल्द ही ऐसा बनना है।

उसकी प्रसिद्धि और सफलता उसके दोस्तों के साथ खेलने की इच्छा से निकले, उसके एक अन्य आविष्कार से आई। अपनी शारीरिक सीमाओं के कारण, वह केवल घर के अंदर ही खेल सकता था। उसके दोस्त उसके साथ खेलने के लिए घर आते थे। एक दिन वह अपने पिता के साथ शतरंज खेल रहा था तभी उसके चार दोस्त आए ये और उससे पूछा कि क्या वे उनके साथ खेल सकते हैं। उसके पिता ने उनके अनुरोध को यह कहते हुए खारिज कर दिया कि शतरंज केवल दो खिलाड़ियों के लिए है। लेकिन हार्दिक आश्वस्त नहीं था। उसने इंटरनेट पर एक शतरंज का खेल खोजा जिसमें छह खिलाड़ी शामिल हो सकते हैं। लेकिन कोई नहीं मिला। मासूम बच्चे ने अपने पिता से पूछा कि क्या वे मिलकर उसका डिज़ाइन बना सकते हैं।

हार्दिक की आंखों में देखकर, उसके पिता को तुरंत पता चल गया कि हार्दिक गंभीर है।

अगले कुछ महीनों में, हार्दिक ने इसकी अवधारणा तैयार की। गणित शिक्षक होने के नाते उनके पिता ने उन्हें इस तरह के खेल को डिज़ाइन करने के लिए संभावित

ज्यामितीय संयोजनों (जोमेट्रिकल कॉम्बिनेशन) में मदद की। प्रारंभ में, दोनों ने सोचा कि एक षट्भुज काम करेगा। लेकिन फिर केंद्र से क्रॉस ओवर परेशान करने वाला था। उस समय, हार्दिक एक सच्चे आविष्कारक की तरह मौके पर पहुँचे और टिप्पणी की,

"क्यों न एक वृत्त पर समान डिज़ाइन आज़माया जाए?"

यही वह क्षण था जब गोलाकार शतरंज का जन्म हुआ। महीनों के शोध के बाद, हार्दिक ने छह खिलाड़ियों के लिए सफलतापूर्वक शतरंज डिज़ाइन किया था।

इस शानदार उपलब्धि पर किसी का भी ध्यान नहीं गया होता तो केवल हार्दिक के दोस्त और परिवार इस नए गेम को खेलकर संतुष्ट होकर अपना जीवन बिता सकते थे। लेकिन उनके एक दोस्त के पिता ने, जो कि एक अखबार के संपादक भी थे, उन्होंने सुझाव दिया कि हार्दिक अपने खेल को दुनिया के साथ साझा करें और इसके लिए एक पेटेंट दायर करें। हार्दिक इस खेल को दूसरों के साथ साझा करने के लिए बहुत इच्छुक था। हार्दिक के पिता ने हार्दिक के नाम पर पेटेंट के लिए आवेदन किया।

कुछ ही महीनों में हार्दिक ने मीडिया का ध्यान खींचा और सुपरस्टार बन गया। उसकी उल्लेखनीय उपलब्धि के लिए उसे कई पुरस्कारों से सम्मानित किया गया। मीडियाकर्मी उसका साक्षात्कार लेने के लिए उसके घर पर उमड़ पड़े, और यह उचित भी था। आखिरकार, हार्दिक भारत का सबसे कम उम्र का पेटेंट धारक और दुनिया का सबसे कम उम्र का दिव्यांग पेटेंट धारक बन गया था। यह निश्चित ही देश के लिए एक गौरव की बात थी।

हार्दिक को कई सम्मेलनों में आमंत्रित किया गया है और उसे कई पुरस्कार प्रदान किए गए हैं। ऐसी ही एक प्रेस कॉन्फ्रेंस में, हार्दिक ने साठ खिलाड़ियों के लिए शतरंज का खेल बनाने का वादा किया। यह पूछे जाने पर कि साठ खिलाड़ियों वाले शतरंज के खेल का क्या फायदा, उसने जवाब दिया कि हम राष्ट्रीय और अंतरराष्ट्रीय शतरंज चैंपियनशिप और टूर्नामेंट आयोजित कर सकते हैं, जहाँ कई देशों के कई खिलाड़ी एक साथ खेल सकते हैं। क्लब हाउस इस खेल से खूब कारोबार करेंगे।

उसने कहा कि यह दिव्यांगों के साथ-साथ वृद्ध लोगों के लिए भी वरदान साबित हो सकता है। हार्दिक ने कहा कि शतरंज का आविष्कार भारत में हुआ और यह भारत

का गौरव है। इन नवोन्वेषी (इनोवेटिव) बोर्डों के माध्यम से इसका विस्तार किये जाने की आवश्यकता थी। हार्दिक के जवाब ने दर्शकों को मंत्रमुग्ध कर दिया।

अपने सपने को हकीकत में बदलने के लिए हार्दिक ने कड़ी मेहनत की। कुछ महीनों बाद हार्दिक ने अपना वादा पूरा किया। उसने बारह खिलाड़ियों के लिए और साठखिलाड़ियों के लिए एक पेटेंट दायर किया। इन नवोन्मेषी (इनोवेटिव) गोलाकार शतरंज वेरिएंट की खूबी यह है कि नियम मौजूदा शतरंज पर आधारित हैं और बोर्ड में अधिक अनुप्रयोग और उपयोगिता है। वह एक महान बालक प्रतिभावान व्यक्ति है और उसके नाम पहले से ही तीन पेटेंट हैं।

हार्दिक अन्य तरीकों से भी समाज की सेवा करता है। वह अपने स्कूल में गरीब बच्चों को पढ़ाता है। स्कूल में प्रतियोगिताएं जीतने पर उसे जो भी पुरस्कार राशि मिलती है, उससे वह इन बच्चों के लिए कुछ न कुछ खरीदता है।

जैसे ही मैं उसके बारे में सुनती हूँ, मैं विनम्र हो जाती हूँ। हममें से कितने लोग, जिनके जीवन में बहुत सारी खुशियाँ हैं, कुछ करना तो दूर, इस तरह सोच भी सकते हैं? हार्दिक के माता-पिता, परिवार, दोस्त और रिश्तेदार सभी को उस पर गर्व है। दिल्ली पब्लिक स्कूल, जयपुर उसे वह सभी बुनियादी ढांचागत सहायता देता है जिसकी उसे आवश्यकता होती है। हार्दिक ने अपनी ओर से कभी भी अपनी समस्याओं को बहाना नहीं बनने दिया। मुझे उम्मीद है, हार्दिक की कहानी न केवल दिव्यांग समुदाय के लिए प्रेरणा बनेगी बल्कि मुख्यधारा के स्कूलों को दिव्यांगों के प्रति अधिक स्वीकार्य, खुला और देखभाल करने वाला बनाएगी, ताकि कई और हार्दिक आगे आएं।

हार्दिक ने अपनी माँ को भी नौकरी करने के लिए प्रोत्साहित किया है।

वह कहती हैं:

“मैं अंग्रेजी साहित्य में पी. एच. डी. हूँ। हार्दिक मुझसे कहता है कि मैं अपनी शिक्षा बेकार न करूं, बल्कि अपना ज्ञान दुनिया के साथ साझा करूं।”

हार्दिक इस बात से भली भांति परिचित है कि तकनीक उसे कैसे सशक्त बना सकती है और जीवन की बेहतर गुणवत्ता प्रदान कर सकती है। हार्दिक गैजेट का शौकीन है। उसका घर एक टेक्नोलॉजी स्टोर हाउस है। नवीनतम फोन हैंडसेट से लेकर

एक्स-बॉक्स और विंडोज 8 तक, हार्दिक को प्रौद्योगिकी की दुनिया में नवीनतम घटनाओं से अवगत रहना पसंद है। वह फ्लिपकार्ट से चीजें ऑर्डर करता है और उसके फेसबुक पेज पर उसे फॉलो करने वाली मशहूर हस्तियों की एक सूची है। हार्दिक अब अपने शतरंज बोर्ड को एंड्रॉइड प्लेटफॉर्म पर बदलना चाहता है। वह लोगों को एक्स-बॉक्स और प्ले-स्टेशन पर अपना गेम खेलते हुए देखना चाहता है।

स्पष्ट है, वह विकलांग नहीं बल्कि विशेष रूप से गुणी बच्चा है। वह जीवन के हर पल को जी रहा है और दुनिया भर के लोगों के लिए प्रेरणा-स्रोत है। लोग उन पर वृत्तचित्र बनाने की योजना बना रहे हैं और फिल्म निर्माता उन्हें गर्मियों की छुट्टियों में शामिल करने के लिए कतार में लगे हुए हैं। हार्दिक ने शायद ये सब हासिल कर लिया है। लेकिन उसके माता-पिता के लिए डर हमेशा बना रहता है। हार्दिक के स्कूल जाने से लेकर घर लौटने तक वे डरे रहते हैं कि क्या उसने अच्छा किया, क्या उसे कोई कठिनाई हुई; ऐसे विचार उनके दिमाग में लगातार चलते रहते हैं। लेकिन सबसे बड़ी चिंता हार्दिक के भविष्य की है, जब वे उसकी देखभाल करने के लिए आसपास नहीं होंगे।

इस तरह के सवाल और डर ऐसे कई बच्चों के माता-पिता को परेशान करते हैं। किसी के जीवन में माता-पिता के प्यार और देखभाल की जगह कोई नहीं ले सकता और जब कोई नियति द्वारा सीमित और बाधित होता है, तो परिवार का समर्थन सबसे बड़ा कारण होता है जो उसे आगे बढ़ा सकता है। मुझे उम्मीद है कि समाज मदद के लिए हाथ बढ़ाने के लिए एक साथ आएगा।

हार्दिक जीवंत और आशावादी है। वह न केवल अपनी चुनौतियों से उबरने का प्रयास करता है, बल्कि दूसरों को भी उसे बाहर आने में मदद करता है। जब वह अपनी लिखी एक पंक्ति उद्धृत करता है तो वह मेरी आत्मा को छू जाता है,

“एकमात्र विकलांगता आत्म-सम्मान न होना है। जो लोग चल नहीं सकते वे अपने दृष्टिकोण से उड़ सकते हैं। मैं चल नहीं सकता, लेकिन मैं आज उड़ रहा हूँ।”

जैसे-जैसे दिन आगे बढ़ता है, मैं उसे अपनी दिनचर्या करते हुए देखती हूँ। शाम के समय, हार्दिक थक जाता है और उसके दोस्त आ जाते हैं। हमने तय किया कि बच्चों को खेलने दिया जाए और इंटरव्यू खत्म किया जाए।

हार्दिक के पिता कहते हैं,

"हम बस यही आशा करते हैं कि इस कहानी को पढ़ने वाला प्रत्येक व्यक्ति हमारे बेटे के लिए प्रार्थना करे और किसी की प्रार्थना सुनी जाए। चमत्कार हो सकते हैं और हम आशान्वित हैं।"

हमें पूरी उम्मीद है कि कहीं न कहीं कोई चमत्कार होगा और हार्दिक को दुनिया का सर्वश्रेष्ठ स्थान मिलेगा। हार्दिक ने मुझे एक महत्वपूर्ण सबक सिखाया है - यह जीवन की गुणवत्ता है, न कि पृथ्वी पर बिताए गए दिन जो मायने रखते हैं।

दिव्यांगता और शिक्षा

साईं को एक के बाद एक स्कूल छोड़ने के लिए मजबूर किया गया। दूसरी ओर, हार्दिक को अपने अल्मा मेटर में सबसे अच्छी बुनियादी ढांचागत (इंफ्रास्ट्रक्टर) सुविधा प्राप्त हुई। यह दिव्यांगों के संदर्भ में शिक्षा के मुद्दों और महत्व पर एक महत्वपूर्ण सवाल खड़ा करता है।

भारत में लगभग 70% दिव्यांग लोगों का कभी भी स्कूलों में नामांकन नहीं हुआ है। शेष 30% में से केवल 9% अंततः अपनी माध्यमिक और उच्च शिक्षा पूरी करते हैं। दिव्यांग व्यक्ति अधिनियम विधेयक, 1995 में स्पष्ट रूप से कहा गया है कि सभी दिव्यांग लोगों को 18 वर्ष की आयु तक मुफ्त शिक्षा सुनिश्चित करना, केंद्र और राज्य सरकार दोनों की ज़िम्मेदारी है। 1974 में दिव्यांग बच्चों के लिए 100% एकीकृत शिक्षा की योजना की शुरुआत की गई थी। गंभीर रूप से विकलांगों के लिए फीस, किताबें, स्टेशनरी, वर्दी, यात्रा भत्ते, एस्कॉर्ट्स भत्ते और हॉस्टल में रहने वालों के लिए भोजन और आवास शुल्क के वित्तीय 100% सहायता की व्यवस्था की गई थी। लेकिन दुर्भाग्य से, ऐसे सभी कानून केवल कागज़ों पर ही रह गए हैं। इनके क्रियान्वयन पर ज्यादा ध्यान नहीं दिया गया है। कानून आसानी से बनाये जाते हैं और भुला दिये जाते हैं।

सुलभ स्कूलों की कमी, कई स्कूलों द्वारा ऐसे बच्चों को प्रवेश देने से इंकार करना, इन बच्चों को संभालने के लिए शिक्षकों के प्रशिक्षण में कमी, कठोर पाठ्यक्रम और मूल्यांकन के स्पष्ट तरीके दिव्यांग बच्चों की शिक्षा के लिए बड़ी बाधाएं हैं।

मैं ऐसे माता-पिता से भी मिली हूँ जिन्हे ये आपत्ति हैं कि उनके सामान्य बच्चे 'विकलांग' बच्चे के साथ पढ़े। मुझे अक्सर आश्चर्य होता है कि इस तरह के रवैये वाले ये माता-पिता अपने बच्चों में कौन से मूल्य विकसित कर रहे हैं। कौन सी बड़ी बाधा है – दिव्यांग बच्चों की अक्षमता (अयोग्यता), या उनके प्रति समाज की संवेदनशीलता, उदासीनता?

इस बात पर बहस चल रही है कि क्या दिव्यांग बच्चों को विशेष स्कूलों में भेजा जाना चाहिए या उन्हें मुख्यधारा की शिक्षा में शामिल करने के प्रयास किए जाने चाहिए। मेरा वोट बाद वाले को जाता है। अन्यथा ये बच्चे कभी उसी समाज का हिस्सा कैसे बनेंगे? आपके और मेरे जैसे लोग अपने दैनिक जीवन में इन बच्चों के साथ कैसे बातचीत करेंगे और उन्हें हममे से एक की तरह स्वीकार कैसे करेंगे? दुर्भाग्य से, यह देखते हुए कि अभी तक मुख्यधारा के स्कूलों में कवरेज 5% से कम है, आगे का रास्ता लंबा दिख रहा है।

कई लोगों ने कहा है कि ऐसे बच्चे मेनस्ट्रीम स्कूलों का हिस्सा बनने में सक्षम नहीं हैं और विशेष ध्यान देने योग्य हैं। लेकिन इस विषय पर मैंने जो थोड़ा सा शोध किया है, उसने साबित कर दिया है कि हमें विशेष स्कूलों की नहीं, बल्कि हमारी शिक्षण पद्धति में अधिक लचीलेपन की आवश्यकता है। एडवांस टेक्नोलॉजी के साथ, चीज़ों को बहुत सरल और आसान बनाया जा सकता है। एक दृष्टिबाधित (नेत्रहीन) बच्चा सीख सकता है यदि उसकी किताबें ब्रेल संगत हों। JAWS जैसे सॉफ़्टवेयर के साथ, सभी अध्ययन सामग्री को कंप्यूटर के माध्यम से पढ़ाया जा सकता है। एक श्रवण बाधित बच्चे को अपनी शिक्षा पूरी करने में सक्षम (योग्य) होने के लिए एक सांकेतिक भाषा के दुभाषिया की आवश्यकता होती है। शारीरिक रूप से अयोग्य व्यक्ति को स्कूलों में आरक्षण या कोटा की नहीं, बल्कि अधिक सुलभ स्कूल भवनों की आवश्यकता है। दिव्यांग लोगों के लिए यह महत्वपूर्ण है कि उन्हें मैनस्ट्रीम की नौकरी के अवसरों की ओर जोड़ने के लिए अधिक कौशल-आधारित उच्च शिक्षा और प्रशिक्षण दिया जाए। दिव्यांगों के लिए शैक्षिक प्रणाली को, विशेषकर उच्च शिक्षा को रोज़गारोन्मुखी और अधिक लचीला बनाने की आवश्यकता है। सवाल यह है कि क्या हम सचमुच बदलाव लाना चाहते हैं?

यदि उद्देश्य ईमानदारी से दिव्यांगों को समाज के साथ एकीकृत करना है, तो पहला कदम शैक्षणिक संस्थानों के माध्यम से उठाना होगा। तो सवाल यह नहीं है कि क्यों, बल्कि कैसे?

विनोद रावत

बाधाओं से परे

एक तूफ़ान आया और मेरी खुशियाँ छीन गया;
एक दुआ आई और मुझे दूसरा मौका दिया।
मैं तूफान पर रोया और आशीर्वाद को गले लगाया।
जीवन की धुन पर, मैं आनंदपूर्वक नृत्य करता हूँ।

पहले पल में, विनोद भीड़ में किसी भी अन्य व्यक्ति की तरह दिखते हैं। आप उनकी दिव्यांगता पर ध्यान देने में असफल रहते हैं। उनसे पहली ही बार बात करके मुझे लगा जैसे मैं उन्हें वर्षों से जानती हूँ। उनकी आवाज़ की गर्माहट लाखों दिलों को आसानी से छू सकती है। मुझे एक दृढ़ इच्छाशक्ति वाला, मुस्कुराता हुआ व्यक्ति मिला; एक आदमी जिसकी कहानी दर्दनाक है और मुझे आने वाले कई दिनों तक परेशान करती है। बाईस वर्षों तक बैसाखी के सहारे जीवन जीने से किसी को भी जीवन का आनंद लेने की इच्छा खत्म हो सकती है। उनकी कहानी, कई उन सड़क पर पल रहे बच्चों की कहानी है जिन्हें हम देखते हैं, लेकिन शायद ही कभी उनके बारे में सोचते हैं।

विनोद ने अपने अस्तित्व को वास्तव में सार्थक और प्रेरणादायक बनाने के लिए सभी बाधाओं से परे जाकर काम किया है। विनोद की शारीरिक दिव्यांगता उनके सपनों को जीतने में कोई बाधा नहीं बनी। एम टी वी से लद्दाख तक का सफर वाकई जादुई रहा है।

यह आदमी, गरीबी से लड़ना, समाज से लड़ना, नशीली दवाओं से लड़ना, विकलांगता से लड़ना; इन बाधाओं से परे उठ गया है। विनोद ने साबित कर दिया कि कैसे कुछ लोगों के हौसलों को कभी नहीं तोड़ा जा सकता।

उनकी क्षमता और कभी हार न मानने वाले जज़्बे की विभिन्न संगठनों और प्रतिष्ठित हस्तियों ने सराहना की है, जिसमें टेलीविजन शो एम टी वी रोडीज़ के रणविजय सिंह भी शामिल हैं।

विनोद एक प्रतियोगी थे।

उनकी यात्रा यह दर्शाती है कि जब समय कठिन हो, तो आप हौसले से पार पा लेंगे और बेहतर दिन देखने के लिए जीवित रहेंगे। सबसे महत्वपूर्ण बात यह है कि कैसे हम अपने भीतर के राक्षसों से (डरावनी नकारात्मक विचारों) उनके अस्तित्व को नकार कर नहीं, बल्कि उन्हें स्वीकार करके और चुनौती देकर निपट सकते हैं। विनोद की कहानी इसलिए खास नहीं क्योंकि उन्होंने इतना कुछ हासिल किया, बल्कि इसलिए विशेष है क्योंकि बहुत कम लोगों में अपनी असफलताओं को इतनी स्पष्टता और ईमानदारी से साझा करने का साहस होता है; क्योंकि जीवन के सबसे कठिन घंटों में ही मनुष्य के चरित्र की ताकत की असली परीक्षा होती है।

विनोद रावत छह साल के थे जब उन्हें एक ट्रक ने टक्कर मार दी थी। उनके एक पैर में काफी चोट लगी थी। डॉक्टरों ने उसके इलाज के लिए 25,000 रु.खर्च का अनुमान लगाया। विनोद का परिवार पूरी तरह से आर्थिक संकट में था और पैसों का इंतज़ाम नहीं कर पा रहा था। आखिरकार इलाज में देरी के कारण विनोद का एक अंग ख़राब हो गया। आखिरकार जब पैसों का इंतज़ाम हुआ, तब तक बहुत देर हो चुकी थी। छह महीने में छह ऑपरेशन के बाद विनोद को अपना पैर खोना पड़ा।

> "आस -पास सब लोग ठीक हो कर चले जाते थे, पर मैं वहीं था। मैंने देखा कि मेरे आस-पास के लोग ठीक हो रहे हैं और घर लौट रहे हैं। लेकिन मेरे लिए कुछ भी नहीं बदला।"

कई ऑपरेशनों के कारण, उनका पैर एक मानक कृत्रिम (आर्टिफिशियल) अंग लगाने के लिए अनुपयुक्त हो गया था। तभी विनोद के लिए असली संघर्ष शुरू हुआ। परिवार का सबसे बड़ा बेटा, उसे एक परिसंपत्ति के रूप में देखे जाने से अचानक एक दायित्व के रूप में देखा जाने लगा।

उन्हें अपने ही दोस्तों ने बहिष्कृत कर दिया। स्कूल में, उसके दोस्त उसे अजीब नामों से बुलाते थे, उसका मज़ाक उड़ाते थे और उसकी बैसाखी छीन लेते थे। वह बच्चों को खेलते देखता था और खेलना भी चाहता था। लेकिन उस की शारीरिक विकलांगता से ज्यादा लोगों का रवैया उन्हें मारता था। वह बच्चा स्वीकृति के लिए तरस गया। एक समय के बाद, वह खुद को एक बेकार व्यक्ति के रूप में देखने लगा और पढ़ाई में उसकी रुचि खत्म हो गई। वह निराश हो गया, घर छोड़कर सड़कों पर सोने लगा। अपनी जीविका चलाने के लिए उसने चाकू बेचना शुरू कर दिया और तभी वह बुरी संगत में पड़ गया। वह हिंसा और नशीली दवाओं में लिप्त होने लगा।

यहाँ तक कि उसे कई बार जेल भी जाना पड़ा।

> "वे मेरे जीवन के सबसे काले दिन थे। मुझे केवल नफरत, ईर्ष्या और गुस्सा महसूस हुआ।"

जब विनोद ने मुझे अपनी कहानी सुनाई, मेरी आँखें नम हो गईं। मुझे यह सोचकर डर लगा कि एक छोटे बच्चे के लिए ये अनुभव कितने भयावह रहे होंगे। मुझे आश्चर्य हुआ कि विनोद इस सब से कैसे बाहर निकले और आज वह इस मुकाम तक पहुँचे।

विनोद की अंतरात्मा ने उसे खुद को सुधारने के लिए प्रेरित किया। विनोद उस बुरी संगत से बाहर निकलना चाहते थे जिसमें वह फंस गए थे। लेकिन उसे कोई उम्मीद नहीं मिली। उसके लिए आगे देखने लायक कुछ भी नहीं था। गलत रास्ते पर जाना आसान है; लेकिन सही रास्ते पर वापस आना मुश्किल है।

कहते हैं, जहाँ चाह, वहाँ राह। जब आप अपनी मदद नहीं कर सकते, तो भगवान पर भरोसा रखें। वह आपको कठिन समय से निकलने में मदद करेंगे। विनोद के लिए भगवान एक अजनबी के रूप में आए। और तब से विनोद ने कभी पीछे मुड़कर नहीं देखा। यहाँ के आगे की कहानी किसी चमत्कार से कम नहीं है।

सन 1994 की एक शाम की घटना थी। विनोद सड़क पर सो रहे थे तभी एक आदमी उनके पास आया और उनसे बात करने लगा। उन्होंने विनोद से कहा,

"यीशु आपसे प्यार करते हैं। कृपया अपने सभी बुरे कार्य बंद करें।"

विनोद ने पलटकर पूछा,

> "जब मैं संकट के समय से गुज़र रहा हूँ, तो यीशु कहाँ हैं? यदि यीशु का अस्तित्व है, तो वह मुझे इस नरक से बाहर क्यों नहीं निकालते? मैं एक अच्छी जिंदगी जीना चाहता हूँ। अगर मैं सड़कों पर रहूँगा तो या तो किसी को मार डालूंगा या मारा जाऊंगा।"

विनोद इतने मज़बूत थे कि वह अपनी कमियों को किसी भी अजनबी के सामने कबूल कर सकते थे। वह अजनबी उसके जीवन में ऐसा देवदूत बनकर आया था, जिसकी विनोद को बहुत आवश्यकता थी। उन्होंने विनोद से वादा किया कि वह जल्द ही विनोद की मदद के लिए वापस आएगा।

कुछ दिनों बाद, वह व्यक्ति वापस लौटा। अपने शब्दों के अनुरूप, वह विनोद को बॉम्बे टीन चैलेंज नामक ईसाई मिशनरियों द्वारा संचालित एक पुनर्वास केंद्र में ले गया, जहाँ सड़क पर रहने वाले दिव्यांग बच्चों, नशा करने वालों और कूड़ा बीनने वालों को पढ़ाया जाता है और उनका पुनर्वास किया जाता है। आरम्भ में यह जगह विनोद को असहज लगी पर बाद में जल्द ही यह जगह पसंद आ गई। अनुशासित वातावरण ने उन्हें अपने क्रोध पर नियंत्रण रखना सिखाया। धीरे-धीरे उनकी मुस्कान लौट आई और उन्होंने आत्म-नियंत्रण सीख लिया।

> "मुझे एहसास हुआ कि कितनी बार हम अपने आत्म-मूल्य की भावना को दूसरों के हमारे साथ व्यवहार करने के तरीके से आँकते है। मैं सोचने लगा कि ऐसा क्यों है कि मैं उन लोगों की परवाह करता हूँ जो मेरी परवाह नहीं करते और इस प्रक्रिया में, उन लोगों को चोट पहुंचाता हूँ जो मेरी परवाह करते हैं।"

शुरुआत में विनोद को पुनर्वास केंद्र की सफाई का काम दिया गया था। इसके बाद, केंद्र के निदेशक ने विनोद की आँखों में चमक देखी और उसे पास के एक छात्र

विद्यालय में भर्ती करा दिया। दिन में विनोद केंद्र पर काम करते थे। रात को वह स्कूल चले जाते थे।

> “ज़िन्दगी से सभी चाकू (बुरी आदतें) चले गए और उनकी जगह पियानो और गिटार (अच्छी आदतें) ने ले ली। जीवन अब धुनों से भरा था। मैंने सारी हिंसा पीछे छोड़ दी थी।”

ईसाई मिशनरी होने के कारण पुनर्वास केंद्र ने उन्हें बाइबल पढ़ने की आदत हुई। विनोद अक्सर वेश्याओं के बच्चों के पास पहुँच जाते थे और बच्चों को बाइबल पढ़कर सुनाते थे। वह उनके साथ अपने अनुभव साझा करने की कोशिश करते थे। ताकि वे अच्छा जीवन जीने और बुरी संगत में न पड़ने के लिए प्रेरित हो। विनोद की ज़िन्दगी पटरी पर लौट ही रही थी कि अचानक एक बुरी खबर ने सब कुछ पटरी से उतार दिया। उनके पिता का निधन हो गया था।

अचानक उनके पूरे परिवार की ज़िम्मेदारी उनके कंधों पर आ गई। उनकी चार बहनें और दो भाई थे। विनोद ने स्कूल छोड़ दिया और मैकडॉनल्ड्स में पार्ट टाइम काम करने लगे। सुबह उन्होंने पुनर्वास केंद्र में और शाम को मैकडॉनल्ड्स में काम किया। उन्होंने जो कुछ भी कमाया, घर चलाने के लिए अपनी माँ को दे दिया।

विनोद की यह कहानी मुझे भावुक कर देती है। जीवन सचमुच कठोर हो सकता है। मेरे दिल में अनगिनत भावनाएँ दौड़ती हैं और विनोद अपनी भावनाओं पर काबू करते हुए कहानी जारी रखते हैं।

1997 तक विनोद के पास कोई कृत्रिम अंग नहीं था। उन्होंने एक पाने की आशा भी खो दी थी। उस दिन तक, जब तक किसी ने उन्हें जयपुर फुट के बारे में बताया। जयपुर फुट, जिसे जयपुर लेग के नाम से भी जाना जाता है, घुटने के नीचे से अपंग लोगों के लिए रबर आधारित कृत्रिम पैर है। जयपुर में भगवान महावीर विकलांग सहायता समिति दिव्यांग लोगों के लिए अनुकूलित अंग बनाती है और उन्हें निशुल्क लगाती भी है।

डॉक्टर ने उन्हें सकारात्मक प्रतिक्रिया दी। जिस गति से उन्होंने ऐसा किया वह

प्रशंसा के योग्य है। उन्होंने सुबह विनोद का सटीक माप लिया और उसी शाम अंग को फिट कर दिया।

> “मैंने खुद को आईने में देखा और कहा, यहीं से जीवन की नई शुरुआत करनी है।”

वह विनोद के जीवन का दूसरा महत्वपूर्ण मोड़ था। बाईस साल बैसाखी के सहारे बिताने के बाद आखिरकार वह अपने पैरों पर खड़े हो सके। अपनी बैसाखियाँ खत्म होने पर विनोद को एक नई दुनिया मिल गई। उन्हें समाज में अपने लिए एक नया सम्मान मिला। वह बेहतर जीवन जीने में सक्षम थे। विकलांग कहलाने वाले विनोद को सुन्दर कहा जाने लगा। उन्होंने वो काम किए जो वो हमेशा से करना चाहते थे। मोटरबाइक उनका जुनून था। अब वह घुड़सवारी करते थे, पर्वतारोहण शिविरों में जाते थे और तरक्की भी करते थे।

यह एक नया विनोद था जिसे कोई नहीं जानता था - जोश से भरा हुआ। उनकी नई महत्वाकांक्षाओं का सम्मान करते हुए, पुनर्वास केंद्र के निदेशक ने उन्हें नेतृत्व प्रशिक्षण के लिए पुर्तगाल भेजने का फैसला किया।

> “यह मेरी पहली उड़ान थी। मैं सातवें आसमान पर था; अपने आप पर गर्व था। सड़कों पर सोने के सफर से लेकर अब मैं दूसरों की मदद के लिए खुद ही पहल कर रहा था। मदद के ज़रिये मुझे धन्यवाद प्रदान किया गया, मैं वह सब कुछ हासिल कर सका जो मैंने किया। मुझे आशा थी कि मैं दूसरों की उसी तरह मदद कर पाऊंगा जिस तरह उस दिन एक अजनबी ने मेरी मदद की थी। जिस तरह से किसी ने मुझे सड़कों से उठाया, मैं अन्य सड़क के बच्चों के जीवन को छूना चाहता था।”

प्रशिक्षण के बाद, विनोद ने केंद्र में बड़ी जिम्मेदारी संभाली। आखिरकार 2005 में विनोद ने केंद्र से बाहर जाने का फैसला किया।

> “अब मैं दुनिया को अपने दम पर संभाल सकता था और मुझे पुनर्वास केंद्र पर निर्भर नहीं रहना था। उन्होंने अपना काम कर दिया था। अब

> मेरे लिए अपना काम करने का समय था। वहाँ और भी कई विनोद थे जो शायद मुझसे ज़ादा ज़रूरतमंद थे। उन्हें मौका मिलना चाहिए; जिसके लिए मुझे बाहर जाना होगा।"

केंद्र छोड़ने के बाद विनोद बेरोज़गार हो गए और सोच रहे थे कि आजीविका के लिए क्या किया जाए। किस्मत ने उनका साथ दिया। एक दिन चलते-चलते विनोद को सड़क पर भारी भीड़ दिखी। एम टी वी रोडीज़ के ऑडिशन चल रहे थे। लेकिन विनोद को उस समय यह नहीं पता था कि एम टीवी रोडीज़ क्या है। उन्हें बस इतना पता था कि डिस्प्ले में एक बाइक थी और जो इस प्रतियोगिता में विजयी होगा उसे यह पीली बाइक दी जानी थी।

विनोद को हमेशा से ही बाइक का शौक था। जब उन्होंने बाइक देखी, तो उन्होंने खुद से कहा कि निश्चित रूप से एक कोशिश करेंगे और लाइन में शामिल हो गए। लगभग तीन घंटे तक लाइन में खड़े रहने के बाद, कोई बाहर आया और कहा कि ऑडिशन खत्म हो गया और वे सभी वापस जा सकते हैं। वह निराश होकर वापस लौट गए। जब वह आगे बढ़ रहे थे तो कैमरामैन उनके पास आया और कहा कि वह सचिन तेंदुलकर जैसे दिखते हैं। विनोद ने मज़ाक में कहा कि यह बिल्कुल उल्टा है और सचिन उनके जैसे दिखते हैं। उनके आत्मविश्वास और हाज़िरजवाबी से प्रभावित होकर उन्होंने विनोद को अंदर जाकर अपना संदर्भ (रेफेरेंस) देने के लिए कहा। विनोद ने ऑडिशन दिया और घर आ गए।

शाम को विनोद के पास वी जे अनुष्का का फोन आया। उसने उससे पूछा कि क्या उसने अपना ई मेल चेक किया है। विनोद ने कुछ पेशेवर राइडर्स को देखा था जो ऑडिशन के लिए वहाँ आए थे और इसलिए उन्हें ज़्यादा उम्मीद नहीं थी। लेकिन उनका कॉल निश्चित रूप से उत्साहवर्धक था। उसने उससे कहा,

> "जब वी जे अनुष्का खुद मुझे कॉल कर रही हैं तो मैं अपना ईमेल चेक करने में अपना समय क्यों बर्बाद करूं? मुझे बताओ कि मैं अगले दौर के लिए कहाँ आऊं।"

शो के दौरान विनोद ने मेज़बान रघु और राजीव को अपनी विकलांगता के बारे में तब तक नहीं बताया जब तक कि एक समय पर वे गलती से बाइक चलाने के उनके अजीब तरीके के लिए उन पर चिल्लाने लगे। कृत्रिम अंग की वजह से उन्होंने अलग अंदाज में बाइक चलाई। जब उसने दोनों को अपने कृत्रिम अंग के बारे में बताया तो वे चौंक गए। जब उसने उन्हें अपनी कहानी बताई, तो उन्होंने उससे पूछा कि अगर वे पुलिस को बुलाएंगे तो क्या वह भाग जाएगा। विनोद ने उनसे कहा,

> "मैं डरता था, लेकिन अब पुलिस से नहीं डरता। मैंने अपना अंधकारमय अतीत बहुत पीछे छोड़ दिया है।"

दिव्यांगता के बावजूद विनोद ने शो में बहुत अच्छा प्रदर्शन किया। वह वोट से बाहर होने वाले अंतिम लोगों में से एक थे। इतने करीब आने के बाद जब उन्हें घर जाना पड़ा तो वह दुखी हो गए। लेकिन शो में अपनी उपलब्धि का सम्मान करने के लिए, रघु ने उन्हें बाइक की चाबी दी। विनोद बहुत खुश थे।

इसके बाद, विनोद ने भारतीय क्रिकेट टीम के कप्तान एम एस धोनी के साथ एम टी वी के लिए कुछ विज्ञापन और दैनिक भास्कर के लिए एक विज्ञापन किया।

> "उन दिनों जब मैं सड़क पर निकलता था तो लोग मुझे पहचान लेते थे और मेरा ऑटोग्राफ लेने के लिए मेरे पास आ जाते थे।"

उस साल विनोद की शादी हुई। उसकी पत्नी एक एन जी ओ में काम करती थी। वहीं पर मुलाकात हुई। कई बार मिलने के बाद उन्होंने शादी करने का निर्णय लिया। जब विनोद शादी की बात करने लड़की के घर पहुंचे, तो उनकी माँ गुस्से में थी। उनकी बेटी बिल्कुल 'सामान्य' थी। उनकी बेटी को एक 'विकलांग' लड़के से शादी क्यों करनी चाहिए? प्यार का उनके लिए कोई मतलब नहीं था। सहमति लेने के लिए विनोद को उन्हें बहुत समझाने की जरूरत पड़ी।

इस बीच, विनोद ने उत्साही बाइकर्स के क्लब बुलेट क्लब में आवेदन किया। लेकिन उनकी दिव्यांगता का हवाला देकर उन्हें रिजेक्ट कर दिया गया। क्लब ने कहा कि वे एक दिव्यांग व्यक्ति के साथ जोखिम नहीं लेना चाहते। इस घटना ने विनोद को

दिव्यांग लोगों की ज़रूरतों के प्रति और भी संवेदनशील बना दिया। उन्हें एहसास हुआ कि दिव्यांग लोगों के सपने तो होते हैं, लेकिन लोगों को उनकी क्षमताओं पर बहुत कम भरोसा होता है। उन्होंने इसके बारे में कुछ करने का फैसला किया और जल्द ही दिव्यांग लोगों के लिए अपना खुद का बाइकर्स क्लब बनाया।

समूह ने बाइक से कई स्थानों का भ्रमण किया। लेकिन लद्दाख जाने का सपना अभी भी अधूरा था। 2011 में लद्दाख में बादल फटा था जिससे पूरा इलाका तबाह हो गया था। क्षेत्र के मुख्य शहर लेह सहित 71 कस्बे और गाँव क्षतिग्रस्त हो गए। इस घटना से नौ हज़ार से अधिक लोग प्रभावित हुए। पर्यटक के रूप में लद्दाख जाने वाले अन्य यात्रियों के विपरीत, विनोद एक सामाजिक उद्देश्य के लिए यात्रा करना चाहते थे। विनोद ने फैसला किया कि वह एक बाइक रैली के माध्यम से चैरिटी संग्रह अभियान चलाएंगे और बाढ़ पीड़ितों के लिए धन इकट्ठा करने की कोशिश करेंगे। वह लद्दाख में क्षतिग्रस्त मकानों का पुनर्निर्माण करना चाहते थे।

प्रत्येक मकान की लागत लगभग तीन लाख होगी। उन्होंने रैली की फंडिंग के लिए कई कॉरपोरेट घरानों से संपर्क किया लेकिन कोई भी यह मानने को तैयार नहीं था कि एक दिव्यांग व्यक्ति बाइक पर लद्दाख की यात्रा कर पाएगा। सभी ने विनोद के अभियान का समर्थन करने या उसका हिस्सा बनने से इनकार कर दिया।

एक जानी-मानी प्रीमियम बाइक कंपनी शुरू में इस यात्रा को प्रायोजित करने के लिए सहमत हुई| लेकिन बाद में पीछे हट गई। किसी ने नहीं सोचा था कि यह संभव है, लेकिन विनोद जानते थे कि उन्हें यह करना ही होगा। यात्रा के लिए पैसे जुटाने के लिए उन्होंने अपनी सोने की चेन बेच दी। सौभाग्य से, एक अंतरराष्ट्रीय गैर सरकारी संगठन हैबिटेट फॉर मानवता अंतिम क्षण में आगे आई और इस पहल को प्रायोजित करने के लिए सहमत हुई।

उनके साथ जाने वाले साहसी व्यक्तियों की एक टीम प्राप्त करना अनुमान से कहीं अधिक कठिन साबित हुआ। लद्दाख के लेह जाना हर बाइकर का सपना होता है। लेकिन ये सफर चुनौतियों से भरा है। निम्न दाब, निम्न तापमान तथा मूलभूत सुविधाओं की कमी की समस्याएँ हैं। यहाँ तक कि सबसे योग्य यात्रियों को भी इसका सामना

करना कठिन लगता है। इसलिए जब उन्होंने अपने क्लब के सदस्यों को यह विचार प्रस्तावित किया, तो बहुत से लोग आगे नहीं आए। विनोद के पास पाँच लोगों की प्रारंभिक टीम थी, जिनमें से अंतिम केवल तीन ही अभियान पर गए। विनोद अपने सह-बाइकर्स में से एक मनोज मेहता को कैसे मनाने में कामयाब रहे, इसकी कहानी अपने आप में दिलचस्प है। विनोद उनके सुझाव लेने के लिए और समान विचारधारा वाले लोगों को खोजने की उम्मीद में जयपुर कृत्रिम अंग केंद्र का दौरा कर रहे थे। उनकी मुलाकात मनोज से हुई जिसने हाल ही में अपने दोनों पैर खो दिए थे और कृत्रिम अंगों के लिए केंद्र में आए थे। जब मनोज और विनोद केंद्र में अपनी बारी का इंतजार कर रहे थे, तो उन्होंने बातचीत शुरू कर दी।

मनोज एक किसान थे। उन्होंने विनोद से कहा कि उनकी जिंदगी खत्म हो गई है। जब विनोद ने उन्हें प्रेरित करने की कोशिश की, तो मनोज ने उन्हें यह कहते हुए छिड़क दिया कि उपदेश देना बहुत आसान है, लेकिन केवल वही व्यक्ति जो ऐसी गंभीर परिस्थितियों से गुजरा है, वह दर्द को समझ और सराह सकता है। तभी विनोद ने अपनी ज़िन्दगी की कहानी मनोज के साथ साझा की। मनोज को एहसास हुआ कि विनोद उनके जैसा है और तब उन्हें उनकी बातों की गहराई समझ में आई।

विनोद ने उनसे पूछा कि क्या वह लद्दाख यात्रा का हिस्सा बनना चाहते हैं। पहले तो मनोज को लगा कि विनोद उनसे मज़ाक कर रहे थे। बिना पैर वाला कोई व्यक्ति ऐसे ऊबड़-खाबड़ इलाके में गाड़ी चलाना तो दूर, उसके बारे में सोच भी कैसे सकता है? मनोज को अपनी जीविका कमाने के लिए इधर-उधर घूमना भी मुश्किल हो गया था और यहाँ एक पागल व्यक्ति था जो उसे अपने साथ लद्दाख चलने के लिए कह रहा था। विनोद ने उनकी दुविधा को समझा और अपना पूरा समर्थन देने और यहाँ तक कि उन्हें इसके लिए प्रशिक्षित करने का वादा किया।

मनोज अनिच्छा से सहमत हो गये। विनोद की आँखों में कुछ तो था जिससे मनोज को लगा कि यह उनका मौका हो सकता है।

विनोद ने अगले दस दिनों तक मनोज को प्रशिक्षित करने में अपना दिल और आत्मा लगा दी।

> "मेरे लिए, यह सिर्फ किसी को कृत्रिम अंगों के साथ बाइक चलाने का प्रशिक्षण देना नहीं था। शारीरिक प्रशिक्षण से अधिक, इसका मतलब मानसिक बाधाओं - उस से डर और उसकी पीड़ा - पर काबू पाना था। निर्भयता और दृढ़ संकल्प की भावना की विजय हुई। हम विजयी हुए।"

आखिरकार, तीनों बाइकर्स ने 30 जुलाई 2011 को मुंबई से अपनी यात्रा शुरू की। विनोद और मनोज के साथ संतोष धूमल भी थे। संतोष को पोलियो हो गया था। तीनों को अपनी बाइक पर भोजन, स्पेयर पार्ट्स, कपड़े और एयर पंप ले जाना था। प्रत्येक बाइकर ने करीब 110 किलो वजन उठाया। यात्रा रोमांच से भरपूर थी। एक के बाद एक बाधा उत्पन्न हुई और रोहतांग दर्रा सबसे घातक स्थानों में से एक बन गया।

> "मै हमेशा सोचता रहा कि मनोज कैसे मैनेज करें। हमारे कृत्रिम अंग अक्सर बर्फ में फंस जाते थे। अपने पिछले अभियानों में मैंने ऐसे कई समूह देखे थे जहाँ सवारों के बीच कोई अनुशासन नहीं था। मैं चाहता था कि मेरी टीम बिलकुल अलग हो। मैंने एक नियम निर्धारित किया। स्थिति कुछ भी हो, एक बाइक खराब हो जाए तो सभी रुक जायेंगे।
>
> "एकता और विश्वास हमारी प्रमुख ताकत बनने जा रहे थे। मैंने अपनी टीम को निर्देश दिया कि चाहे कुछ भी हो, हम सभी को एक साथ आगे बढ़ना होगा। यदि हम सफल होंगे तो एक साथ। यदि हम असफल होंगे तो भी एक साथ। और इस तरह हमने सभी बाधाओं पर काबू पा लिया।
>
> "रोहतांग पास करने के बाद, हमारा दिल गर्व और सम्मान से भर गया।"

टीम अंततः 13 अगस्त 2011 को लद्दाख पहुँची। लद्दाख में, उन्होंने दुनिया के सबसे ऊंचे मोटर योग्य दर्रे खारदुंग ला की यात्रा की।

> "हमारे अंग अकड़ गए और उंगलियां सूज गईं। लेकिन हमारा निश्चय दृढ़ था।"

अंतत:पहुँच कर उनहोंने भारतीय ध्वज फहराया और सेना के साथ राष्ट्रगान गाया। बाद में जब सेना के जवानों को टीम के साहसी जज़्बे के बारे में पता चला तो वर्दीधारियों ने उनकी उपलब्धियों के लिए उसे सलाम किया।

सेना के जवानों की मदद से, वे लद्दाख में घरों का पुनर्निर्माण करने में जुट गए। श्रद्धांजलि के रूप में, 15 अगस्त 2011 को ध्वजारोहण समारोह के दौरान, मंत्री ने घोषणा की, कि विनोद ध्वज फहराएंगे।

> "वह मेरे लिए सबसे बड़ा सम्मान, सबसे बड़ा पुरस्कार था।"
> (That was the biggest honour, the biggest award for me.)

क्या परिवर्तन!

चाकुओं से हमला करने वाले व्यक्ति से लेकर तबाह हुए परिवारों को नए सिरे से जीवन शुरू करने में मदद करने वाले व्यक्ति तक! यह उतना ही उस अवसर के बारे में है जो जीवन ने उसे दिया, जितना कि उस बारे में है कि उन्होंने उस अवसर से क्या बनाया।

पदकों की बात करते हुए, मैं विनोद से उन्हें मिले पुरस्कारों के बारे में पूछती हूँ। वह स्पष्टता से उत्तर देते हैं,

> "मुझे बहुत सारे पुरस्कार मिले हैं। लेकिन समारोह के बाद पुरस्कार देने वाले वही लोग आपको पहचानने से भी इनकार कर देते हैं।"

कई कॉर्पोरेट संस्थान सिर्फ इसलिए पुरस्कार देते हैं ताकि वे अपना सी एस आर दायित्वों को पूरा कर सकें। ऐसे पुरस्कार न तो प्राप्तकर्ता और न ही देने वाले के लिए कोई महत्व रखते हैं। यदि सम्मान की सही भावना से नहीं दिया गया तो पुरस्कारों का कोई मतलब नहीं है। दिव्यांगों को सहानुभूति नहीं बल्कि सम्मान की ज़रुरत है।

विनोद ने तब से कई अन्य पर्वत चोटियों पर विजय प्राप्त की है। वह मुंबई मैराथन में भी भाग ले रहे हैं। रैली में कई हाई प्रोफाइल लोग उनसे मिलते हैं और उन्हें समर्थन देने का वादा करते हैं। लेकिन मैराथन खत्म होते ही सब भूल जाते हैं।

विनोद फिलहाल एक इवेंट मैनेजमेंट कंपनी में काम कर रहे हैं। संगठन लोगों को स्वस्थ और अच्छे जीवन के लिए प्रेरित करने के लिए प्रेरक कार्यशालाएं आयोजित करने की दिशा में काम करता है। विनोद ने कई प्रेरक भाषण दिए हैं और लोगों को संकटपूर्ण परिस्थितियों से बाहर आने में मदद करने के लिए परामर्श सत्र आयोजित किए हैं।

> "जीवन में मेरा आदर्श यह है कि मैं जहाँ भी जाऊं, जब भी लोग मुझसे मिलें, मैं उन्हें जीवन के बारे में अच्छा महसूस करें और उन्हें एहसास दिलाएं कि यह पूरी तरह से जीने लायक है।"

सड़कों से उठाकर, गरीबी और अंततः अपनी दिव्यांगता से लड़ते हुए, विनोद राख से उठे हैं; एक आदमी जिसकी कहानी सराहना की हकदार है, जिसकी ताकत सम्मान की हकदार है। निश्चित रूप से, यदि जीवन में दर्द है, तो उपचार भी है। यदि निराशा है तो आशा भी है। कुरूपता है तो सुंदरता भी है। विचार यह है कि 'जीवन' नामक उपहार को कभी न छोड़ें।

विनोद से vinodrawat301@gmail.com पर संपर्क किया जा सकता है।

विकलांगता और पालन-पोषण

खलील जिब्रान ने कहा, "आप वे धनुष हैं जिनसे आपके बच्चे जीवित तीर के रूप में निकलते हैं।"

हम जो कुछ भी हैं वह हमारे माता-पिता द्वारा हममें दिए गए मूल्यों का परिणाम है। घर पर ही हम सबसे पहले बोलना सीखते हैं और हमारे माता-पिता ही हमें पहला कदम उठाने में मदद करते हैं। घर पर ही हमारे चरित्र का निर्माण होता है।

दिव्यांग व्यक्ति के जीवन में परिवार, विशेषकर माता-पिता, सबसे महत्वपूर्ण भूमिका निभाते हैं। जब एक दिव्यांग व्यक्ति को आलोचना, नकारात्मकता, सामाजिक और ढांचागत बाधाओं का सामना करना पड़ता है, तो घर का माहौल या तो उसे आगे बढ़ने के लिए प्रेरित करता है, या उसे और नीचे खींचता है। जबकि इस पुस्तक में कुछ लोग पारिवारिक प्रेम के लिए तरसते थे और अपने बचपन का एक बड़ा हिस्सा अजनबियों के बीच बिताते थे, कई अन्य लोगों के माता-पिता ऐसे थे जो अपने बच्चों के पीछे पूरी मज़बूती से खड़े थे, और अपने बच्चे को याद दिलाते थे कि वह विशेष, दिव्यांग है - विकलांग नहीं।

साईं के माता-पिता ने अपने बच्चे को नकारात्मकता के बोझ से दूर रखने के लिए एक अलग शहर में जाने का एक सूचित विकल्प चुना। हार्दिक के पिता उस युवा लड़के के लिए पिता कम, दोस्त अधिक हैं। जॉर्ज और सुरेश के माता-पिता को अपने बच्चे के सपनों पर विश्वास था और उन्होंने दृश्य हानि की सीमाओं से परे देखने का साहस किया।

पुस्तक के लिए अपने शोध के दौरान, मैं ऐसे माता-पिता से भी मिली, जिन्हें लगा कि उनके दिव्यांग बच्चे के लिए सब कुछ खो गया है। उन्होंने अपने बच्चे को स्कूल में भेजने से इनकार कर दिया और अपने बच्चे के भविष्य के बारे में बात करने

से इनकार कर दिया। हालाँकि बहुत से माता-पिता इस बात से चिंतित थे कि एक दिन जब उनका बच्चा दुनिया में अकेला होगा तो उसका क्या होगा, लेकिन अधिकांश को यह नहीं पता था कि इसके बारे में क्या किया जाए। एक गरीब महिला और एक बोलने में अक्षम लड़के की माँ ने अपने ही बेटे को भीख माँगने पर मजबूर कर दिया था। उसने यह सोचा था कि उसके बेटे का भविष्य कैसा होगा। उसे वह अपने बेटे के लिए जीने का तरीका कहती थी। शिक्षा के महत्व पर उसे सलाह देने और लड़के की पूरी स्कूली शिक्षा को प्रायोजित करने का वादा करने के मेरे प्रयासों के बावजूद, उसने अपना फैसला बदलने से इनकार कर दिया।

दिव्यांग व्यक्ति के माता-पिता को अपने बच्चे को उसके जुनून की खोज करने के लिए प्रोत्साहित करने की आवश्यकता है। जब किसी दिव्यांग बच्चे के पालन-पोषण की बात आती है, तो माता-पिता को अपने बच्चों के लिए सर्वश्रेष्ठ खोजने के नवीन तरीकों पर ध्यान देने की आवश्यकता है। उन्हें अपने बच्चों की भावनात्मक ज़रूरतों को कैसे संभालना है, इसके बारे में संवेदनशील होने की ज़रूरत है। इससे भी महत्वपूर्ण बात यह है कि एक दिव्यांग बच्चे के माता-पिता के रूप में उन्हें सकारात्मक बने रहने के लिए सचेत प्रयास करने की आवश्यकता है। यह उनका प्रभाव और मूल्य ही हैं जो एक बच्चे के दिमाग में बाकी सभी चीज़ों पर भारी पड़ते हैं।

सुरेश रेड्डी

भविष्य का दृष्टिकोण

मैं दुनिया को देख नहीं सकता लेकिन महसूस कर सकता हूँ;
कृपया मुझे भी अपने जैसा ही समझें।
मेरे अपने डर और असुरक्षा हैं;
मेरे भी अपने सपने हैं।

हममें से कितने लोग सुबह उठकर भगवान को धन्यवाद देते हैं कि उन्होंने हमें खूबसूरत दुनिया देखने का मौका दिया? हम में से अधिकांश लोग अपनी दृष्टि की शक्ति को हल्के में लेते हैं, है ना? लेकिन क्या होता है जब एक तेरह साल का लड़का अचानक अपनी आँखों की रोशनी खो देता है? एक दिन तो वह देख पाता है लेकिन अगले ही दिन उसका जीवन अंधकार में डूब जाता है। अल्प पारिवारिक आय वाले किसान का बेटा होने से कठिनाईयाँ और भी बढ़ जाती हैं। क्या वह बैठकर अपने भाग्य को कोसता है? या क्या वह सभी बाधाओं को चुनौती देकर सपने देखने का साहस करता है? सुरेश ने चुनौतियों भरा रास्ता चुना। उन्होंने एक बड़ा सपना देखा, और उसे पूरा करने का साहस किया। उन्होंने कलकत्ता के एलीट भारतीय प्रबंधन संस्थान में प्रवेश पाने वाले पहले 100% दृष्टिबाधित (दृष्टिहीन) व्यक्ति बनकर इतिहास रच दिया।

यह उनके जीवन के प्रति दृष्टिकोण की कहानी है - आशा, दृढ़ संकल्प और कड़ी मेहनत की कहानी है। ये कहानी सुरेश रेड्डी की है।

सुरेश रेड्डी का जन्म और पालन-पोषण आंध्र प्रदेश के एक छोटे से गाँव में हुआ। उनके पिता एक किसान थे और उनके परिवार की मासिक आय बहुत कम थी। सब कुछ ठीक चल रहा था, लेकिन सुरेश दुर्घटनावश एक इमारत के ऊपर से गिर गए और

लगभग छह महीने के भीतर उनकी आंखों की रोशनी पूरी तरह से चली गई। युवा लड़के ने अचानक देखा कि उसकी दुनिया उजड़ गई है। उन्हें अपनी पढ़ाई छोड़नी पड़ी। वे उनके परिवार के लिए सबसे अंधकारमय समय था।

> "मुझे अपने घर में घूमने में भी डर लगता था। मैं हर चीज़ के लिए अपने माता-पिता पर निर्भर हो गया था। मैं निराश हो गया था और जीवन से मेरा विश्वास उठ गया था। मैं एक वर्ष से अधिक समय तक अपने भाग्य पर विचार करता रहा। जैसे कि यह पर्याप्त नहीं था, अचानक मेरे बहुत से परिजनों ने मुझसे दूरी बनाना शुरू कर दिया। ऐसा लग रहा था कि जीवन कोई आशा नहीं दे रहा है। मैं खुद से पूछता रहा 'मैं ही क्यों?', 'अब क्या?' लेकिन कोई जवाब नहीं मिला।'

सुरेश ने अचानक देखा कि लोगों का रवैया उनके प्रति बदल गया है।

> "समाज कभी भी दृष्टिबाधित व्यक्ति को स्वीकार नहीं करता। यह आपके प्रति सहानुभूति रखता है, आपको हतोत्साहित करना है और यहाँ तक कि आपको घर पर रहने की सलाह भी देता है। अगर हम अपनी सीमाओं के बावजूद भी जीवन में आगे बढ़ना चाहते हैं तो लोग हमें प्रोत्साहित करने के बजाय हमेशा पीछे खींचने की कोशिश करते हैं। मैं और मेरे माता-पिता कठिन समय से गुज़र रहे थे और जब भी हम आगे बढ़ने की कोशिश करते थे, तो यह सारी सहानुभूति हमें पीछे खींचती थी।"

जीवन के उस पड़ाव पर भी सुरेश को अपने परिवार की चिंता सता रही थी। भले ही उसके सामने जीवन भर का अन्धकार था, लेकिन वह इस तथ्य को नज़रअंदाज़ नहीं कर सका कि वह अपने परिवार के लिए भविष्य का कमाने वाला था। तो इससे कोई फर्क नहीं पड़ता कि सुरेश किस दौर से गुज़रा था, उसे न केवल अपने लिए, बल्कि अपने परिवार के लिए भी आगे बढ़ना था।

"पर कब तक मेरा परिवार ऐसे रह सकता था? मैं देख सकता था कि उनकी ख़ुशी वापस पाने का एकमात्र तरीका यह था कि पहले मैं अपनी निराशा से लड़ूँ और खुद खुश रहूँ। मुझे एहसास हुआ कि आंसुओं से खाली पेट नहीं भरेंगे। चुनौतियों में फंसना आसान था। लेकिन कुछ भी हो, यह केवल मेरे लिए चीज़ों को कठिन बना रहा था। मुझे इस नये जीवन का अर्थ खोजना था। जब मेरे सारे आँसू सूख गए, तो मैंने उठने और जीवन को दूसरा मौका देने का फैसला किया। मैंने फिर से जीने का फैसला किया। मैंने खुद से कहा कि मैंने दृष्टि खो दी है, लेकिन उम्मीद नहीं।"

उस समय सुरेश आने वाली चुनौतियों से बेखबर थे। सबसे बड़ा झटका तब लगा जब उन्होंने अपनी पढ़ाई फिर से शुरू करने का फैसला किया। उन्हें मैनस्ट्रीम स्कूलों ने प्रवेश देने से मना कर दिया। जब उनके माता-पिता ने उनके लिए एक विशेष स्कूल खोलने की कोशिश की, तो उन्हें एहसास हुआ कि आंध्र प्रदेश में बहुत कम तेलुगु माध्यम के स्कूल थे जो दृष्टिबाधित लोगों को पढ़ा सकते थे। सुरेश ने बेंगलुरु जाने के बारे में सोचा, जहाँ दृष्टिबाधित लोगों के लिए अंग्रेजी माध्यम के स्कूल थे। लेकिन उनके माता-पिता झिझक रहे थे। वे उसे इतनी दूर अकेले कैसे जाने दे सकते थे, जबकि वे अच्छी तरह जानते थे कि वह अकेले सड़क भी पार नहीं कर पाएगा? सुरेश ने किसी तरह उन्हें आश्वस्त किया कि शिक्षा उनके भविष्य के लिए बहुत महत्वपूर्ण है। अंततः वे उसकी आकांक्षाओं के आगे झुक गये।

सुरेश बैंगलोर चले गए और दृष्टिबाधित बच्चों के लिए एक स्कूल में शामिल हो गए और नेत्रहीन लोगों के लिए बने छात्रावास में रहने लगे।

वह उनके लिए चुनौतीपूर्ण समय था। उन्हें अपने माता-पिता के समर्थन और प्यार की ज़रूरत थी लेकिन इसके बजाय उन्हें अचानक अकेलापन और एक नए वातावरण का सामना करना पड़ा। उन्हें डर था कि अगर उन्होंने पढ़ाई नहीं की और अच्छे ग्रेड नहीं लाए, तो वह बोझ बन जाएंगे और हालात बिगड़ जाएंगे। जब भी ऐसे विचार उन पर हावी होने की कोशिश करते, तो सुरेश खुद से कहते:

> "मुझे पहले अपनी रोटी के बारे में सोचना है और बाद में बाकी सब चीज़ों के बारे में।"

स्कूली शिक्षा समाप्त होने के बाद, सुरेश वाणिज्य स्ट्रीम लेना चाहते थे। लेकिन उन्हें कड़े सरकारी दिशानिर्देशों का हवाला देते हुए प्रवेश देने से मना कर दिया गया, दृष्टि बाधित व्यक्तियों के लिए उन विषयों पर प्रतिबंध लगाया गया था। उन्हें विज्ञान और वाणिज्य का अध्ययन करने से हतोत्साहित किया गया। इसके बजाय, शिक्षा प्रणाली उन्हें सामाजिक विज्ञान लेने के लिए मजबूर कर रही थी। सुरेश ने वाणिज्य लेने का निश्चय किया था लेकिन उन्हें बैंगलोर में वाणिज्य पढ़ने का मौका नहीं मिला। सौभाग्य से, आंध्र प्रदेश के स्कूलों ने उन्हें वाणिज्य पढ़ने की अनुमति दी। इस कारण सुरेश को फिर से अपना ठिकाना बदलना पड़ा।

लेकिन यह एकमात्र चुनौती नहीं थी जिसका सुरेश को सामना करना पड़ा। दसवीं कक्षा तक, सुरेश औपचारिक ब्रेल मुद्रित पाठ्यपुस्तकों पर निर्भर थे। लेकिन दसवीं कक्षा के बाद कॉमर्स स्ट्रीम के लिए ऐसी कोई पाठ्य पुस्तकें नहीं थीं। साथ ही उस स्तर तक, स्कूल की दृष्टिबाधित लोगों को ऑडियो पुस्तकें उपलब्ध कराने की कानूनी ज़िम्मेदारी है। लेकिन अगर वे आगे बढ़ना चाहें, तो उन्हें स्वयं प्रबंधन करना होगा। और कैसे? शायद ये नीतियां बनाने वाले ही बता सकते हैं।

सौभाग्य से, सुरेश के दोस्त बहुत मददगार थे। सुरेश ने कक्षा में मीनिंग समझने के लिए एक वॉकमैन और रेडियो खरीदा। उन्होंने इसे अपने दोस्तों को दे दिया, जो उनके लिए किताबों के महत्वपूर्ण हिस्से रिकॉर्ड करते थे, जिन्हें सुरेश प्ले करके सीखते थे। अपने समर्पण और दोस्तों के भरपूर समर्थन की बदौलत उन्होंने पहले प्रयास में ही साठ प्रतिशत अंकों के साथ दसवीं कक्षा उत्तीर्ण की।

बारहवीं कक्षा की परीक्षा और अपने कॉलेज सत्र की शुरुआत के बीच अपने खाली समय में, सुरेश समय बर्बाद नहीं करना चाहते थे। तभी उन्होंने कंप्यूटर चलाना सीखा। सन 2000 में, कंप्यूटर लोकप्रिय हो रहे थे। कंप्यूटर रीडिंग सॉफ्टवेयर 'JAWS' की मदद से, सुरेश ने कंप्यूटर के उपयोग में महारत हासिल कर ली। यह उनके लिए एक बड़ी उपलब्धि थी क्योंकि उनके बहुत दोस्त भी अभी कंप्यूटर चलाना

नहीं जानते थे। ऐसा कर पाना उनके लिए एक बड़ी उपलब्धि और प्रेरणा थी। पीछे मुड़कर देखने पर, आज के समय में कंप्यूटर के महत्व को देखते हुए, यह सुरेश के सबसे अच्छे निर्णयों में से एक साबित हुआ।

सुरेश ने अपनी प्रथम सूची में एक और उपलब्धि जोड़ ली थी। वह पहले नेत्रहीन व्यक्ति थे जिन्हें बैचलर डिग्री के लिए बिज़नेस कोर्स में प्रवेश दिया गया था। इस प्रवेश को सुरक्षित करने में सक्षम होने के लिए सुरेश ने व्यक्तिगत रूप से मानव संसाधन विकास मंत्रालय में लोगों से मुलाकात की और उन्होंने सुरेश को पाठ्यक्रम का अध्ययन करने के लिए प्रोत्साहित किया। उन्होंने उन्हें ग्रेड में छूट की भी पेशकश की। उस छूट को कोई भी ख़ुशी से स्वीकार कर सकता था। लेकिन सुरेश ने विनम्रता से मना कर दिया।

> "मैंने उनसे कहा कि मुझे एक मौका दीजिए। मुझे आरक्षण या छूट की जरूरत नहीं थी।'

कॉलेज में सुरेश को सामान्य छात्रों के साथ पढ़ना पड़ता था। परिवर्तन कठिन था। जबकि अन्य लोग आसानी से समझ जाते कि शिक्षक बोर्ड पर क्या लिख रहे थे, सुरेश को संघर्ष करना पड़ता था। लेकिन उन्होंने कभी उम्मीद नहीं खोई।

वह कक्षाओं में जाते रहे। सुरेश को विश्वास था कि ध्यान से सुनने से, प्रोफेसर जो पढ़ा रहे थे, उसका कम से कम आधा ज्ञान वो समझ पाएँगे। शेष आधा वह अपने दोस्तों की मदद से खुद ही सीख सकेंगे। प्रारंभ में प्रोफेसरों को भी अपनी कक्षा में किसी दृष्टिबाधित व्यक्ति को रखने पर संदेह था। सुरेश को खुद को साबित करने के लिए हर वक़्त संघर्ष करना पड़ा। लेकिन वह खुद से कहते रहे कि उन्हें सपने देखने का पूरा अधिकार है और इसमें कोई बाधा नहीं आनी चाहिए।

सौभाग्य से, उन्हें अच्छे दोस्त मिले जो उनकी प्रगति में मदद करने के लिए तैयार थे। कॉलेज में हर दोस्त जो किसी न किसी विषय में मास्टर डिग्री हासिल कर रहा था, उसने उनकी मदद करने के लिए अतिरिक्त प्रयास किए। वह अक्सर उनसे बहुत सारे सवाल पूछते थे। उन्हें लगा कि सुरेश को पढ़ाना उनके लिए भी सीखने का एक अद्भुत अनुभव था।

अपनी पिछली सभी लड़ाइयों की तरह, सुरेश ने इसमें भी जीत हासिल की। न केवल वह अच्छे अंकों से उत्तीर्ण हुए, बल्कि सुरेश की सफलता ने उनके जैसे कई अन्य लोगों के लिए भी प्रवेश द्वार खोल दिए। कॉलेज ऐसे छात्रों के लिए अधिक ग्रहणशील बन गए।

इस पूरे समय में, सुरेश के माता-पिता उनके सबसे बड़े समर्थक थे। उनके निस्वार्थ प्रेम ने उन्हें आगे बढ़ाया। कई बार जब वह उदास महसूस करते तो वह उनके और उनके प्यार के बारे में सोचते। वह अपने शिक्षकों और दोस्तों से अनुरोध करते थे कि वे उन्हें प्रेरक कहानियाँ सुनाएं जिससे उन्हें दृढ़ रहने में मदद मिले।

उनके लिए पहली नौकरी पाना भी आसान नहीं था। अधिकांश कंपनियों ने उन्हें बस यह बताया कि उनके पास दृष्टिबाधित व्यक्ति के रोज़गार के लिए कोई नीति नहीं है। ऐसे समय में जब कंपनियां अपनी प्री-प्लेसमेंट बातचीत में समान अवसर और विविधता के सिद्धांतों की बात करती हैं, ऐसी प्रतिक्रिया अप्रत्याशित थीं।

आखिरकार सुरेश को कैटलिस्ट नामक कंपनी में नौकरी मिल गई। शुरू में उनकी योग्यताओं और क्षमताओं के बारे में अनिश्चित होने के कारण, उन्हें कॉन्ट्रैक्ट पर काम पर रखा गया। उनसे कहा गया कि यदि वह एक वर्ष तक अच्छा प्रदर्शन करेंगे, तो ही वे उसे स्थायी कर्मचारी (परमानेंट एम्प्लॉई) के रूप में शामिल करेंगे। उनका काम मुख्य रूप से दस्तावेज़ीकरण, कर्मचारी सर्वेक्षण करना और डेटा प्रबंधन करना था। एक साल के बाद, सुरेश को नौकरी मिल गई। उनके स्थान पर कोई अन्य व्यक्ति होता तो प्रसन्न होता। लेकिन सुरेश के सपने बड़े थे और उन्होंने कंपनी में शामिल न होने का फैसला किया।

> "मुझे काम पसंद आया लेकिन मैं पूरे साल मेरे प्रति कंपनी के पक्षपात के बारे में चिंतित रहा। मुझे ऐसा लग रहा था मानो हर मिनट मेरी विकलांगता का आकलन किया जा रहा हो। मैं ऐसी जगह काम नहीं करना चाहता था जहाँ मेरे साथ सामान्य और अच्छा व्यवहार न हो। मैं एक गरिमापूर्ण और सम्मानजनक अस्तित्व चाहता था। ऐसा महसूस नहीं होना चाहिए कि दूसरा व्यक्ति आपको नौकरी देकर आप पर एहसान कर रहा है।"

सुरेश ने दो अन्य कंपनियों के साथ काम किया। उनमें से एक विप्रो थी, जहाँ वह अपने कार्यकाल के अधिकांश समय में एक स्टार परफॉर्मर थे। लेकिन जब चीज़ें सही होने लगीं, तो सुरेश ने फैसला किया कि अब कुछ नया करने का समय आ गया है।

सुरेश को पहली बार 2005 में आईआईएम के बारे में पता चला और उन्होंने आगे पढ़ने का फैसला किया। उन्होंने खुद को सबसे प्रतिस्पर्धी परीक्षाओं में से एक, कैट की तैयारी में लगा दिया और यह कोई आसान काम नहीं था।

एक ओर, अधिकांश अध्यनन सामग्री हार्ड कॉपी के रूप में दी जाती और सुरेश को इसे ई-प्रारूप में बदलने के लिए संघर्ष करना पड़ता। इसका मतलब समय की भारी बरबादी थी, वह कीमती समय जो अन्य छात्र अपनी तैयारी के लिए उपयोग करते थे। कब उन्हें किताबें मिलती थी और कब वह वास्तव में उनका उपयोग कर पाते थे, इसमें हमेशा एक समय अंतराल होता था। ऊपर से कागज़ की गुणवत्ता के आधार पर, ऑप्टिकल कैरेक्टर रेकग्निशन सॉफ्टवेयर कभी भी सौ प्रतिशत सटीक नहीं था।

> "यह एक ऐसी किताब पढ़ने जैसा था जिसके बारे में मानो आपको पहले से ही पता हो कि वह केवल 80 प्रतिशत ही सही थी।"

शिक्षक जो पढ़ा रहे थे, उसे समझने के लिए सुरेश अपने सहपाठियों की मदद लेते थे। उनके स्वयंसेवक आगे आए, स्क्राइब बने। लेकिन बहुत कुछ उनके और स्क्राइब के बीच संवाद पर निर्भर था। स्क्राइब की ओर से एक छोटी सी गलत व्याख्या या एक छोटा सा संचार अंतराल सुरेश का भविष्य बना या बिगाड़ सकता था।

डेटा से जुड़े प्रश्नों पर काम करना सबसे कठिन था जो ग्राफ़ और चार्ट से भरे हुए थे। स्क्राइब उसके हाथ पर ग्राफ बनाने की कोशिश करता। सुरेश ड्राइंग की दिशा को समझने की कोशिश करते थे और उन्हें पूरे डायग्राम को समझने के लिए लेखक की समझ पर बहुत अधिक निर्भर रहना पड़ता था। और तो और, नीति लेखक को मित्र या रिश्तेदार होने की अनुमति नहीं देती थी और उनकी शैक्षणिक योग्यता उम्मीदवार की तुलना में कम होनी चाहिए।

बाधाएँ बहुत थीं, लेकिन सुरेश का लक्ष्य केवल एक ही था। सुरेश का मानना था कि सफल होने की क्षमता उनके अंदर है।

> "मुझे हमेशा विश्वास है कि यदि आप चाहें तो अपना रास्ता खोज ही लेंगे।"

स्क्राइब की मदद से सुरेश कैट के लिए अपीयर हुए, लेकिन आई आई एम में जाने के लिए उन की परसेंटेज कम थी, हालाँकि उन्हें अन्य बी-स्कूलों में प्रवेश मिल गया होता। लेकिन सुरेश सर्वश्रेष्ठ के अलावा कुछ नहीं चाहते थे। उनका खुद पर विश्वास उन्हें प्रेरित करता रहा।

> "यदि आप किसी को बताते हैं कि आप XYZ बी-स्कूल से हैं, तो लोग ध्यान नहीं देते हैं। आप भीड़ में किसी भी अन्य व्यक्ति की तरह ही हैं। लेकिन अगर आप उन्हें बताते हैं कि आप आई आई एम से हैं, तो लोग अधिक नहीं तो कम से कम एक सेकंड के लिए आपकी ओर देखते हैं। यह वह एक सेकंड, गौरव का वह एक क्षण है जिसे मैंने कभी नहीं छोड़ा। यह मेरे लिए कोई विकल्प नहीं था। रातों की नींद और बहुत कड़ी मेहनत ने अंततः मेरे लिए मार्ग प्रशस्त किया। आखिरकार मुझे अच्छा परसेंटाइल मिला और मैंने आई आई एम कलकत्ता में अपना इंटरव्यू पास कर लिया।"

ज़बरदस्त आशावाद और एक अनुकरणीय रवैया सुरेश को उनके लक्ष्य तक ले गया।

यदि आप सोचते हैं कि बाधाएं हैं, तो रास्ते भी हैं। यदि आप सोचते हैं कि कोई रास्ता नहीं है, तो आपको कोई रास्ता नहीं मिलेगा। सुरेश सिर्फ एक इंसान है और उनकी अपनी कुंठाएं (फ्रस्ट्रेशन्स) हैं। लेकिन इनका उसकी शारीरिक कमियों से कोई लेना-देना नहीं है। वह किसी अन्य की तुलना में दोगुनी मेहनत करता है। यह उनकी अपने प्रति कमिटमेंट है।

उस समय तक, आई आई एम कलकत्ता में 100% दृष्टिबाधित छात्र की सहायता के लिए प्रॉपर इंफ्रास्ट्रक्चर नहीं था। पहले कुछ कार्यकाल में, सुरेश ने सभी विभागों के शिक्षकों से मुलाकात की और उन्हें ई-पुस्तकों की आवश्यकता के बारे में जागरूक

किया। संस्थान ने जल्द ही इसे अनुकूलित कर लिया। सुरेश के लिए उनकी सभी पठन सामग्री को एक ऑनलाइन प्रारूप (फॉर्मेट) में परिवर्तित करने के लिए एक स्कैन की व्यवस्था की गई, जिससे सुरेश JAWS सॉफ्टवेयर के माध्यम से सुन सकते थे, एक स्पर्श अपनाने वाली किट की व्यवस्था की गई, जिस से सुरेश को ग्राफ, तालिकाओं आदि की कल्पना करने में मदद प्राप्त हो - आई आई एम कलकत्ता बेहद सहायक था।

अपनी ओर से, सुरेश ने कभी भी किसी परीक्षा या असाइनमेंट में अंधेपन का बहाना नहीं बनाया। वह प्रेसेंटेशन्स ग्रुप टॉक्स में भाग लेते और अपने मूल्यांकन के लिए कक्षा प्रेसेंटेशन्स देते। परीक्षा से एक सप्ताह पहले, वह अपनी परीक्षा लिखने के लिए नियुक्त व्यक्ति के साथ बैठ उसे समझते और अपनी ज़रुरत समझाते।

लेकिन इस अत्यधिक प्रतिस्पर्धी दुनिया में, सुरेश को कठिन समय का सामना करना पड़ा। ऐसे कई उदाहरण हैं जब उनके आस-पास के सहकर्मी अपनी पढ़ाई में बहुत व्यस्त थे और सुरेश को खुद ही मैनेज करना पड़ा। ऐसे भी दिन थे जब वह छात्रावास में अकेले रह जाते थे, जब अन्य लोग पार्टी करते थे, जब उनके सहकर्मी उनकी क्षमताओं को कम आंकते थे, जबकि उनके मित्र पुस्तक में महत्वपूर्ण बिंदुओं को चिह्नित कर सकते थे, दोबारा पढ़ सकते थे। विशेषकर परीक्षाओं के दौरान, सुरेश को एक बार में ही सब कुछ सुनना और समझना पड़ता था। वह परीक्षा से पहले सरसरी तौर पर और केवल महत्वपूर्ण बिंदुओं को अच्छे से नहीं पढ़ सकते थे।

हम अच्छी तरह से जानते हैं कि परीक्षा का दबाव युवा छात्रों पर क्या प्रभाव डालता है। शास्त्रियों पर निर्भरता के कारण दृष्टिबाधित व्यक्ति के संदर्भ में यह और भी बदतर हो जाता है। सुरेश को एक घटना याद आती है जब उनका एक स्क्राइब उन्हें एक केस स्टडी दो बार पढ़ कर नहीं सुनाना चाहता था। सुरेश की उससे झड़प हो गई और सहायक ने खाली आंसर शीट जमा कर दी। सौभाग्य से, उसके प्रोफेसर उसे अच्छी तरह से जानते थे और समझ नहीं पा रहे थे कि उन्होंने खाली उत्तर पुस्तिका क्यों जमा की थी। आखिरकार, बातें सुनकर उन्होंने न केवल सहायक को फटकार लगाई बल्कि सुरेश को दूसरा मौका भी दिया।

सुरेश को उस परीक्षा में 'ए' मिला।

एक अन्य चौंकाने वाली घटना में, सुरेश को हावड़ा रेलवे स्टेशन पर लूट लिया गया था। मानो आगमन पर लूट लिया जाना एक कठिन परीक्षा के लिए पर्याप्त नहीं था, तो सुरेश को प्लेटफॉर्म से केवल पचास मीटर की दूरी पर स्थित एक सरकारी रेलवे पुलिस बूथ तक पहुंचाने के लिए एक घंटे तक लोगों से मदद मांगने की कोशिश करनी पड़ी।

> "दो आदमी मुझे प्रीपेड टैक्सी बूथ तक रास्ता ढूंढने में मदद करने के बहाने आगे आए। उन्होंने मेरा मोबाइल फोन छीन लिया और मेरा बैग छीनने की कोशिश की। मैं मदद के लिए चिल्लाया लेकिन कोई आगे नहीं आया। मैं रोया और पास खड़े एक आदमी से विनती की। लेकिन उसने कहा कि वह व्यस्त है और चला गया। मदद के लिए एक घंटे तक गुहार लगाने के बाद और मैं घबरा के इधर-उधर गया और निकटतम रेलवे पूछताछ बूथ पाया। मैंने मदद के लिए दरवाज़ा खटखटाया। एक आदमी बाहर आया और मुझे निकटतम रेलवे पुलिस बूथ तक ले गया।

मुझे बताया गया कि चूंकि घटना स्टेशन भवन के बाहर हुई थी, इसलिए यह उनके अधिकार क्षेत्र में नहीं आता। मुझे नज़दीकी पुलिस स्टेशन में शिकायत दर्ज करानी होगी। मैंने उनसे अनुरोध किया कि कोई मुझे फ़ोन उधार दे ताकि मैं आई आई एम कैंपस में किसी से सम्पर्क कर सकूं, पर मेरे इस अनुरोध पर भी ध्यान नहीं दिया गया।

लगभग दो घंटे के बाद, सौभाग्य से सुरेश को रेलवे स्टेशन पर एक कॉलेज का जूनियर मिला जिसने सुरेश को आगे की परेशानी से बचा लिया।

उस दिन स्टेशन पर मौजूद अन्य लोग सुरेश की तुलना में सामाजिक रूप से अधिक दृष्टिबाधित लग रहे थे। वे देख सकते थे, लेकिन सुरेश का दर्द नहीं देख सके। वे सुन सकते थे, लेकिन मदद के लिए उसकी गुहार नहीं सुन सके। इस तरह की घटनाएं भारतीय समाज में गिरते नैतिक मूल्यों पर एक बड़ा सवालिया निशान लगाती हैं। यह

हमारी आत्मा, हमारे विवेक की मृत्यु जैसी प्रतीत होती है।

6 अप्रैल 2013 को सुरेश को अंततः आई आई एम कलकत्ता से अपना ग्रेजुएट प्रमाणपत्र प्राप्त हुआ। पूरे हॉल ने ज़ोरदार तालियां बजाईं और उस व्यक्ति का सम्मान किया जिसने इतना कुछ हासिल किया। साहस, दृढ़ संकल्प और आशावाद का प्रतीक - मंच पर गौरवान्वित सुरेश चल रहा था।

अंध विद्यालय में उनके सभी साथी छात्रों ने स्कूल में ही पढ़ाई छोड़ दी थी। वह पोस्ट-ग्रेजुएशन पूरा करने वाले एकमात्र व्यक्ति थे और वह भी आई आई एम कलकत्ता से।

> "मैं बहुत अच्छा महसूस कर रहा था और खुद पर गर्व महसूस कर रहा था। जब एक दृष्टिबाधित व्यक्ति शैक्षणिक माहौल में जाता है, तो उसे कई चुनौतियों का सामना करना पड़ता है। लंबे समय में,आत्म-दया में डूबे रहने का अभ्यास किसी व्यक्ति को शैक्षणिक गतिविधियों में मदद नहीं करता है। इससे वातावरण में शत्रुता की तीव्रता में भी परिवर्तन नहीं आता है। इसके विपरीत, यह एक रवैये की समस्या है जो पहले से मौजूद भौतिक और पर्यावरणीय बाधाओं को बढ़ाती है।

टेक्नोलॉजी और उनके दोस्तों के समर्थन ने अब तक उनकी मदद की है। लेकिन बड़े पैमाने पर समाज को भी उनके जैसे प्रतिभाशाली व्यक्ति का स्वागत करने की ज़रूरत है। दुर्भाग्य से, बहुत से लोग ऐसा करते नहीं दिख रहे हैं। ऐसे समय में जब कॉरपोरेट अपनी सामाजिक ज़िम्मेदारियों और कार्यालय विविधता के बारे में बात करते हैं, कई लोगों ने उनका साक्षात्कार (इंटरव्यू) भी नहीं लिया। यहाँ तक कि जिन लोगों ने उन्हें शॉर्टलिस्ट किया था, उन्होंने भी अपनी लाचार नीतियों (लेम पॉलिसी) का हवाला देते हुए उनकी उम्मीदवारी को खारिज कर दिया। सुरेश को महिंद्रा समूह में नौकरी मिल गई, लेकिन इससे पहले कई कॉर्पोरेट संस्थाओं ने उनकी दिव्यांगता के कारण उनका साक्षात्कार लेने से भी इनकार कर दिया था।

मैं पूछती हूँ, ऐसा क्यों होना चाहिए? क्या सुरेश ने अन्य लोगों की तरह ही CAT परीक्षा उत्तीर्ण नहीं की है? क्या उन्होंने उन्हीं पुस्तकों का अध्ययन नहीं किया

है? यदि कॉलेज ने उन्हें पर्याप्त सक्षम पाया, तो कंपनियां उसकी क्षमताओं के प्रति आंखें क्यों मूंद रही हैं? क्या हमें दिव्यांग लोगों को रोजगार देने और ऐसा माहौल बनाने पर ध्यान नहीं देना चाहिए जहाँ वे फल-फूल सकें?

आज सुरेश एक नई यात्रा की शुरुआत पर हैं और रास्ते में कई नई बाधाओं का सामना करने की संभावना है। लेकिन एक चीज़ जो नहीं बदलेगी वो है उनका अपनी क्षमताओं पर भरोसा।

सुरेश दिव्यांगों के प्रति लोगों का नज़रिया बदलना चाहते हैं।

> "मैं लोगों से अनुरोध करता हूँ कि वे हमारे साथ समान व्यवहार करें और हमें उनकी दुनिया का हिस्सा बनने का मौका दें। लोगों की सहानुभूति को सम्मान की भावना में बदलने की ज़रूरत है। अगर मैं किसी तरह ऐसा करने में सक्षम हूँ, तो दुनिया छोड़ने पर मुझे शांति मिलेगी।"

दुर्भाग्य से, इस दुनिया में बदलने के लिए सबसे कठिन चीज़ लोगों का रवैया है। सुरेश की कहानी मुझे एक और व्यक्ति की याद दिलाती है जिसे महाराष्ट्र सरकार के कृषि विभाग में केवल इसलिए नौकरी देने से इनकार कर दिया गया था क्योंकि वह कलर ब्लाइंड था। ऐसे समय में जब वास्तव में केवल पैंतीस पदों में से पांच के लिए ही पूर्ण दृष्टि की आवश्यकता थी। जब उन्होंने अदालत में अपील की तब जाकर उन्हें नौकरी दी गई।

सुरेश की विकलांगता से अधिक, यह हमारे समाज की मानसिकता है जो स्वीकार्यता से परे है। हम सहानुभूति रखना जानते हैं, लेकिन मदद करना नहीं। अब समय आ गया है कि हम अंदर देखें। आत्मा को मरने मत दें; सुरेश के संघर्ष को व्यर्थ न जाने दें।

सुरेश से sureshji2013@email.iimcal.ac.in पर संपर्क किया जा सकता है।

जॉर्ज अब्राहम

नज़र या नज़रिया

क्योंकि मेरे लिए मेरी विकलांगता मायने नहीं रखती;
बल्कि इसके प्रति आपका दृष्टिकोण मायने रखता है।
मैं सिर्फ नई चुनौतियों की तलाश नहीं करूंगा ,
मै अपना जीवन पूरी तरह जिऊंगा।

एक दस महीने के लड़के को मेनिनजाइटिस हो जाता है, जिससे उसकी आंखों की रोशनी चली जाती है। हालाँकि यह उन्हें एक गौरवान्वित स्टीफ़न यन, एक उत्साही क्रिकेट प्रशंसक, एक खेल प्रेमी, एक टेलीविज़न धारावाहिक के निर्माता और नेत्रहीन लोगों के लिए पहले विश्वकप के आयोजक बनने से कोई नहीं रोक पाता है। एक ऐसे व्यक्ति, जिनके मन की दृष्टि हमारी आँखों से ज्यादा देख सकती है; जॉर्ज अब्राहम एक ऐसे व्यक्ति हैं जिनकी प्यारी मुस्कान उनकी आंतरिक संतुष्टि और शांति को दर्शाती है। जॉर्ज एक ऐसे इंसान हैं जो इस बात से परेशान नहीं होते कि उनके पास क्या नहीं है। 55 वर्ष की आयु में जब कई लोग सेवानिवृत्ति की योजना बनाते हैं, वह एक किशोर की तरह सक्रियता और जुनून के साथ आगे क्या करना है, इस बारे में सोच रहे हैं, संगीत कक्षाओं में भाग ले रहे हैं और गायन की परीक्षा दे रहे हैं। उनकी सीमा आकाश से परे है।

मैं जॉर्ज का साक्षात्कार लेने के लिए उनके कार्यालय पहुँची। जब मैं वहाँ उनसे मिलने का इंतज़ार कर रही थी, तब मेरा ध्यान कंप्यूटर कक्ष की ओर चला गया। वहाँ कई लोग हेडफोन लगाकर कंप्यूटर पर काम कर रहे थे। कुछ क्षण उन्हें देखने के

बाद मुझे ये समझ आया कि वो लोग नेत्रहीन थे। बाद में मुझे पता चला कि ये लोग SCORE फाउंडेशन के लिए हेल्पडेस्क चला रहे हैं।

जॉर्ज अपने कमरे से बाहर आए और उन्होंने मुझसे हाथ मिलाया। मैं हैरान थी, क्योंकि यद्यपि वह मुझे नहीं देख सकते, फिर भी वह अपना हाथ ठीक उसी ओर बढ़ाते हैं जहाँ मैं खड़ी थी। जब मैं उनके पीछे-पीछे उनके कमरे में गई, तो मैंने देखा कि वह कमरा ट्रॉफियों से भरा हुआ था, और कमरे की दीवारें क्रिकेट मैचों की तस्वीरों से भरी हुई थीं। उनमें से कई तस्वीरों में मैंने जॉर्ज को देखा।

जब जॉर्ज का जन्म हुआ तब जॉर्ज के माता-पिता लंदन में काम कर रहे थे। जब जॉर्ज दस महीने के थे, तो मेनिनजाइटिस संक्रमण ने उसकी रेटिना को प्रभावित किया। इसका उनकी दृष्टि पर गंभीर प्रभाव पड़ा। इसका पता बहुत बाद में चला जब उस बच्चे ने चलना शुरू किया और वो चीज़ों से टकराने लगा। उनके माता-पिता को पता चला कि उनका बच्चा स्थायी रूप से दृष्टिबाधित है और केवल आंशिक रूप से ही देख सकता है। सबसे बुरी बात यह थी कि जॉर्ज का अंधापन उम्र के साथ बढ़ता जा रहा था।

जॉर्ज के माता-पिता बेहद सकारात्मक थे। उन्होंने वास्तविकता को स्वीकार किया और जॉर्ज के अंधेपन को अपने बच्चे की सफलता में बाधा नहीं बनने देने का फैसला किया।

उन्होंने जॉर्ज से नियमित स्कूल जाने पर ज़ोर दिया। उनकी माँ स्कूल की किताबों से पाठ पढ़ कर उन्हें सुनाती थी और उनके पिता गणित में उनकी सहायता करते थे। उन्होंने जॉर्ज में आत्मविश्वास जगाया और यह आत्मविश्वास ही आगे चलकर उनकी सबसे बड़ी ताकत बना। उन्होंने हमेशा उसे अपनी प्रतिभा, अपनी पढ़ाई पर ध्यान केंद्रित करने, पाठ्येतर गतिविधियों में भाग लेने और सामान्य जीवन जीने के लिए प्रोत्साहित किया। जब जॉर्ज दो वर्ष के थे, तब अंततः परिवार भारत वापस आ गया। जब जॉर्ज पाँच वर्ष के थे तब उनके छोटे भाई का जन्म हुआ।

जॉर्ज के पिता एक सिविल इंजीनियर थे और उन्हें नौकरी के लिए अक्सर दूर-दराज़ के इलाकों की यात्रा करनी पड़ती थी। उनके पिता नहीं चाहते थे कि उनके लगातार तबादलों का असर जॉर्ज की पढ़ाई पर पड़े। इसलिए जॉर्ज के परिवार ने यह

निर्णय लिया कि जॉर्ज कुछ वर्षों के लिए दिल्ली में अपनी मौसी के पास रह कर पढ़ेंगे। बाद में, वह अपने परिवार के साथ रहने के लिए कर्नाटक के हुबली चले गए।

अपने सामने आने वाली चुनौतियों के बारे में बात करते हुए जॉर्ज बताते हैं कि सबसे बड़ी चुनौती यह थी कि वह ठीक से पढ़ नहीं पाते थे। लेकिन उन चुनौतियों के बारे में बात करने से ज़्यादा जिनका उन्हें सामना करना पड़ा, वह उन अवसरों पर चर्चा करना चाहते हैं जो उनके पास थे।

> "मेरी खराब दृष्टि के कारण, मुझे किताब को पढ़ने के लिए बहुत करीब रखना पड़ा। लेकिन मेरे दोस्त मददगार थे। वे अपने नोट्स साझा करते, समूह अध्ययन की व्यवस्था करते और मुझे प्रोत्साहित करते। मैं नाटक, खेल और संगीत में सक्रिय रूप से शामिल था। मैं 100 मीटर दौड़ में सबसे तेज धावक भी था।"

जॉर्ज को बचपन से ही क्रिकेट का शौक था। वह बल्लेबाज़ी नहीं कर सके, लेकिन उन्होंने बहुत अच्छी गेंदबाज़ी की। वह बहुत तेज़ गेंदबाज़ थे। वह बल्लेबाज़ को स्पष्ट रूप से नहीं देख सकते थे लेकिन धुंधली छवि बना सकते थे। इस समय ऑस्ट्रेलिया के दो सबसे तेज गेंदबाज़ डेनिस लिली और जेफ़ थॉमसन उनके आदर्श थे। जॉर्ज ने उठते, बैठते और सोते केवल क्रिकेट खेलने का सपना देखा। उनके दोस्त अक्सर मज़ाक करते थे कि उनके गेंदबाज़ी आक्रमण का सामना करने वाला कोई भी बल्लेबाज़ या तो पवेलियन लौट जाएगा या घायल हो जाएगा। जॉर्ज गेंदबाज़ी करते और मैदान पर दूसरा फील्डर उन्हें कवर करता।

अपने बचपन के दिनों को याद करते हुए जॉर्ज का चेहरा खिल उठा। एक सकारात्मक वातावरण कभी-कभी असंभव को भी संभव बना सकता है। माता-पिता का प्यार और शिक्षकों और दोस्तों का समर्थन किसी के प्रेरणा स्तर में चमत्कार कर सकता है।

स्कूल से उत्तीर्ण होने के समय जॉर्ज को सर्वश्रेष्ठ ऑलराउंडर छात्र घोषित किया गया था। उन्हें दिल्ली विश्वविद्यालय के सेंट स्टीफ़न कॉलेज में प्रवेश मिल गया। दिल्ली में यह उनका दूसरा कार्यकाल था। उन्हें नए दोस्त बनाने में खूब आनंद आता था

और वह संगीत, वाद-विवाद और नाटकीयता में भाग लेते थे। चूँकि वह कॉलेज के छात्रावास (हॉस्टल) में रहते थे, उनके मित्रों का एक बड़ा समूह बन गया था।

> "बाद में, मुझे एहसास हुआ कि दोस्तों का यह समूह मेरी प्रमुख शक्तियों में से एक था और अब भी है। मैं अब भी उनमें से अधिकांश के संपर्क में हूँ। और मुझे पक्का विश्वास है कि कुछ बहुत करीबी दोस्त हैं जो मेरे सबसे बुरे समय में भी मेरे साथ खड़े रहेंगे। मेरा मानना है कि यह मेरे जीवन की सबसे बड़ी कमाई है।"

गणित के प्रति जॉर्ज के प्रेम ने उन्हें संचालन और अनुसंधान में मास्टर डिग्री करने के लिए प्रेरित किया। आंशिक रूप से दृष्टिहीन होने के बावजूद उन्होंने अपनी दिव्यांगता को कभी बहाना नहीं बनने दिया। वह किताबें रिकॉर्ड करते और उन्हें सुनते; वह अपनी पढ़ाई पूरी करने के लिए कई घंटे अतिरिक्त लगाते थे।

जॉर्ज के लिए एक बड़ा झटका उनकी माँ का निधन था। जॉर्ज उस समय मास्टर की पढ़ाई कर रहे थे, जब उनकी माँ के 43वें जन्मदिन की पूर्व संध्या पर उनकी माँ कैंसर से पीड़ित हो चली गई। उनका निधन जॉर्ज के जीवन का सबसे निचला बिंदु था। उनके निधन के बाद उनके पिता केरल में बिल्कुल अकेले रह गए थे। उनका भाई भी आसपास नहीं था क्योंकि वह दूसरे शहर में पढ़ रहा था। जॉर्ज अपने पिता के पास रहने के लिए केरल चले गए और एक उपयुक्त नौकरी की तलाश करने लगे।

यह कहना आसान था लेकिन करना आसान नहीं था। लोग आशंकित थे और उन्हें एक सक्षम व्यक्ति के रूप में नहीं देख पा रहे थे। लोग घर आते, उनके चेहरे पर चापलूसी भरी बातें कहते और समर्थन का वादा करते। लेकिन कोई भी उनके पास वापस नहीं आता। कभी-कभी आगंतुक कमरे में उनकी उपस्थिति को पूरी तरह से नज़रअंदाज़ कर देते थे और उनके पिता को अनचाहे सुझाव देते थे। कुछ लोग सुझाव देते कि उनके पिता जॉर्ज के लिए एक किराने की दुकान स्थापित करें; अन्य लोग कहते कि जॉर्ज एक दायित्व है। यह उनके जीवन का एकमात्र समय था जब उन्हें वास्तव में महसूस हुआ कि उनकी दृष्टि हानि उनके रास्ते में रोड़ा बन कर आ रही थी। लोगों की दया उसके आत्मसम्मान को कम कर रही थी।

"मेरे पिता ने अपना जीवन साथी खो दिया था और उनके लिए उसके नुकसान से निकलना मुश्किल हो रहा था। शाम होने के बाद हम दोनों को समझ ही नहीं आता था कि बचा हुआ समय कैसे गुज़ारें। हम डिनर के लिए बाहर जाते। हम मेरे करियर के लिए विभिन्न संभावनाओं पर चर्चा करते। लेकिन सबसे अच्छी बात यह थी कि मेरे पिता ने कभी भी मुझे मेरी इच्छा के विरुद्ध कुछ भी करने के लिए मजबूर नहीं किया। ये कठिन समय मुझे मेरे पिता के करीब ले आया।"

इस तरह नौ महीने बीत चुके थे। इन गुज़रते दिनों के साथ, जॉर्ज आशा खो रहे थे और बेचैन हो रहे थे और फिर एक चमत्कार हुआ। एक दिन सुबह 4 बजे, जॉर्ज नई ऊर्जा के साथ उठे।

"उस सुबह, मेरे अंदर से एक आवाज़ आई कि अगर मैं वास्तव में जीवन में कुछ करना चाहता हूँ, तो मुझे दूसरों की मदद पर निर्भर रहने के बजाय अपने जीवन पर नियंत्रण रखना होगा। अचानक, मेरे सारे संदेह गायब हो गए।"

सुबह 7:30 बजे, जब उनके पिता उठे, तो जॉर्ज ने उनसे कहा कि अब समय आ गया है कि वह स्वयं यहाँ से चलकर अपने जीवन की बागडोर संभाल लें। वह दिल्ली वापस जाकर नई शुरुआत करना चाहते थे। उन्हें आश्चर्य हुआ जब उनके पिता ने तुरंत हाँ कर दी। उन्होंने जॉर्ज से अपने दिल की बात सुनने को कहा। जॉर्ज की महत्वाकांक्षाओं पर संदेह किए बिना, बिना कोई प्रश्न पूछे, उन्होंने जॉर्ज को पाँच सौ रुपये दिए। उन रुपयों को लेकर, जॉर्ज उसी दिन दिल्ली के लिए अगली ट्रेन में बैठ गए। शायद उसके पिता को एहसास हुआ कि उसके बेटे की ख़ुशी कहाँ है। अगर उस दिन उन्हें अपने बेटे के भविष्य के बारे में असुरक्षित महसूस हुआ होता और उन्होंने जॉर्ज को अपने सपने का पीछा नहीं करने दिया होता, तो जॉर्ज के लिए जीवन कितना अलग होता।

केवल पाँच सौ रुपये अपनी जेब में लेकर जॉर्ज 52 घंटे की यात्रा करके बॉलीवुड फ्लिम के निर्माता की तरह कुछ अस्पष्ट विचार के साथ दिल्ली चल पड़े। सफर के

दौरान गहरा चिंतन करने के बाद जॉर्ज ने विज्ञापन उद्योग में हाथ आज़माने का फैसला किया। इससे उन्हें नए लोगों से मिलने और रचनात्मक होने का मौका मिला। स्टेशन से वह सीधे एक साइबर कैफे पहुँचे जहाँ उन्होंने अपना बायोडाटा डिज़ाइन किया, उसे प्रिंट कराया और विभिन्न विज्ञापन एजेंसियों को फोन करना शुरू कर दिया।

दिल्ली में जॉर्ज को सबसे पहला प्लेटफार्म तब मिला जब उन्हें तीन दिन खोज करने के बाद एक विज्ञापन एजेंसी के हेड मैनेजर से मिलने का मौका मिला। उन्हें जॉर्ज की प्रोफ़ाइल पसंद आई और उन्होंने उन्हें एक मौका देने का फैसला किया।

> "मुझे समझ नहीं आया कि उन्होंने मेरी दिव्यांगता पर ध्यान दिया है या नहीं। मैंने उनसे इसके बारे में पूछा। उन्होंने कहा कि मेरी दिव्यांगता से अधिक, यह मेरी शैक्षिक पृष्ठभूमि थी जिसने उनका ध्यान खींचा और मुझे मौका दिया। फिर उन्होंने मुझसे पूछा कि मैं कितनी जल्दी शामिल (ज्वाइन) हो सकता हूँ। मैंने उन्हें कहा - जल्द से जल्द। वह मुस्कुराए और मुझसे एक सप्ताह बाद शामिल होने के लिए कहा। मैं बहुत खुश था। उस दिन, मैंने अपने दोस्तों और भाई के साथ जश्न मनाया और हमने एक महंगी जगह पर खाना खाया।"

जॉर्ज ने ए एस पी (विज्ञापन और बिक्री संवर्धन कंपनी) में आठ सौ रुपये के मामूली शुरुआती वेतन के साथ काम करना शुरू किया। उनके काम में परियोजना प्रबंधन (प्रोजेक्ट मैनेजमेंट), विभिन्न टीमों के बीच समन्वय परियोजना बनाना शामिल था।

> "मेरे सचिव मेरे लिए पत्र पढ़ते और टाइप करते थे। मैं बुलंदियों पर था और मुझे जो भी काम दिया जाता था, उसके लिए मैंने कभी मना नहीं किया। मेरा यह मानना है कि यदि आप लोगों को वह दिखाते हैं कि आप उनके लिए क्या कर सकते हैं, तो लोग भूल जाते है कि आप देख नहीं सकते। मेरी प्रतिभा और ज्ञान, मेरी कड़ी मेहनत की भावना और मेरे सकारात्मक दृष्टिकोण ने लोगों को मेरी दिव्यांगता को देखने नहीं दिया।"

साथ ही उनकी ज़िन्दगी में प्यार भी खिल उठा। उसके एक दोस्त ने उसे रूपा से मिलवाया। संयोग से वे एक-दूसरे को बचपन से जानते थे। वे पारिवारिक मित्र थे और एक साथ बड़े हुए थे। उनका परिवार कुछ समय पहले दूसरे शहर में चला गया था और उनका संपर्क टूट गया था।

यह एक और विशिष्ट बॉलीवुड प्रेम कहानी की तरह लगता है, है ना? जॉर्ज और रूपा नियमित रूप से मिलने लगे। रूपा ने अपने पिता से कहा था कि वह जॉर्ज से शादी करना चाहती है। लेकिन रूपा के लिए अपने पिता को मनाना आसान नहीं था। उनके पिता को लगा कि वह पागल और मूर्ख है जो एक दृष्टिबाधित व्यक्ति से प्यार करती है जबकि उसे आसानी से कोई अन्य 'सामान्य' लड़का मिल सकता है। लेकिन जब उन्होंने अपनी बेटी का दृढ़ निश्चय देखा, तो उन्होंने हार मान ली। अपने माता-पिता को समझाने के बाद ही उसने जॉर्ज के सामने अपने प्यार का इज़हार किया।

जॉर्ज ने कहानी का अपना पक्ष साझा किया,

> "यह कुछ अजीब था। मेरे पिता ने एक दिन मुझे फोन किया और मुझसे पूछा कि क्या मैं रूपा नाम की किसी लड़की को जानता हूँ। जब मैंने हाँ कहा, तो उन्होंने मुझे बताया कि रूपा के पिता ने शादी का प्रस्ताव लेकर फोन किया था और मेरे पिता ने मुझसे पूछा था कि क्या हमें इसे स्वीकार करना चाहिए। मैंने उनसे कहा कि मैं आ रहा हूँ। हम इस पर चर्चा करेंगे।"

जॉर्ज ने रूपा से मुलाकात की और उसके साथ रिश्ते के बारे में विस्तार से चर्चा की। 1985 में इन दोनों की सगाई हो गई। इस बीच, जॉर्ज कुछ नए ग्राहकों के साथ काम करने के लिए मुंबई चले गए। मुंबई में दो साल बिताने और अपनी नौकरी बदलने के बाद, जॉर्ज और रूपा ने 1986 में शादी कर ली और दिल्ली में बस गए।

1988 में जॉर्ज की जिंदगी में सबसे बड़ा मोड़ आया।

जॉर्ज और रूपा अपने पहले बच्चे का बेसब्री से इंतज़ार कर रहे थे। रूपा यह सोच रही थी कि वह बच्चे के जन्म के बाद अपना जीवन कैसे बिताना चाहेंगी। पिछले

कुछ महीनों में, नेत्रहीन समुदाय के लिए उसे कुछ करने की तीव्र इच्छा महसूस हुई थी। उसे आगे बढ़ाने के लिए, जॉर्ज और रूपा ने एक अंध विद्यालय का दौरा करने का फैसला किया।

> "अंध विद्यालय का दौरा मेरे जीवन में सच्चाई का क्षण था। एक ऐसा ही विद्यालय खोलने का सपना मेरे दिमाग में बस गया। मुझे एहसास हुआ कि मैं कितना भाग्यशाली था कि मेरा जन्म ऐसे परिवार में हुआ जहाँ मैंने कभी खुद को विकलांग महसूस नहीं किया। मेरे आस-पास सब कुछ बहुत सकारात्मक था। मेरे माता-पिता ने मुझे यथासंभव सर्वोत्तम जीवन दिया था।
>
> "लेकिन यहाँ ये बच्चे थे जो निराश थे, अपने परिवारों द्वारा अस्वीकार कर दिए गए थे और सम्मानजनक जीवन जीने का उत्साह खो चुके थे। मैंने कुछ शिक्षकों से उन बच्चों के भविष्य के बारे में पूछा। उत्तर एक नीरस स्वर में दिया गया, 'उनमें से कुछ ही विश्वविद्यालय तक पहुँच पाते हैं; उनमें से कई आधे में ही पढ़ाई छोड़ देते हैं। उनके संवेदनहीन रवैये ने मुझे सुन्न कर दिया और मैंने इन बच्चों के लिए कुछ करने का फैसला किया।

रूपा और जॉर्ज यह देखने के लिए स्कूल गए थे कि रूपा नेत्रहीन समुदाय के लिए क्या कर सकती है, लेकिन वहाँ जाने के बाद जॉर्ज ने भी बच्चों के जीवन में बदलाव लाने का संकल्प लिया। जॉर्ज इतनी कम उम्र में अपनी पूरी ऊर्जा के साथ इस समाज-सेवा के कार्यों को अपनाने के लिए उत्सुक थे। उन्होंने दृश्य हानि का मुद्दा उठाने के लिए अपनी नौकरी छोड़ दी। उन्होंने परिवार का निर्वाह करने के लिए विभिन्न विज्ञापन एजेंसियों के साथ कुछ फ्रीलांस कार्य किए।

परिवार की आय बढ़ाने के लिए रूपा ने नौकरी शुरू की। उसने जॉर्ज से कहा, "हमें वही करना चाहिए जो हमें वास्तव में पसंद है। मैं आपका साथ देने के लिए हमेशा तैयार हूँ।"

जॉर्ज के आगे फिर वही सवाल आ खड़ा हुआ कि वह क्या करना चाहते थे। अपने लिए रास्ते तलाशने की चाहत में जॉर्ज ने देश भर के कई अंध विद्यालयों का दौरा करना शुरू किया। उनके जीवन को अचानक एक नया अर्थ मिल गया था।

नेशनल इंस्टीट्यूट फॉर विजुअली हैंडीकैप्ड, देहरादून की ऐसी ही एक यात्रा के दौरान जॉर्ज को अंततः आंतरिक बुलावा मिला, जब वह क्रिकेट मैच की आवाज़ सुनकर उठे।

> "अरे बाप रे! मैं अचानक एक अलग दुनिया में था। क्रिकेट! मेरा पहला प्यार, मेरा आह्वान।"

अपने करियर और ज़िन्दगी की आपाधापी में जॉर्ज क्रिकेट को लगभग भूल ही गए थे।

> "बच्चे सुबह उठते और क्रिकेट खेलने लगते। नाश्ता करके, वापस आकर क्रिकेट खेलते। क्लास से वापस आकर क्रिकेट खेलते। दोपहर का भोजन कर, वापस आकर क्रिकेट खेलते। केवल खराब रोशनी के कारण ही उन्हें खेलना बंद करना पड़ता। और वो भी इसलिए क्योंकि अंपायर को अँधेरे में उससे ज़्यादा कुछ नज़र नहीं आता था।"

जब उन्होंने दृष्टिबाधित बच्चों को क्रिकेट खेलते देखा, तो उन्हें तुरंत पता चल गया कि वे क्या करना चाहते हैं। जॉर्ज ने महसूस किया कि क्रिकेट को शारीरिक फिटनेस, मुद्रा और गतिशीलता में योगदान देने के अलावा नेतृत्व, अनुशासन, महत्वाकांक्षा, आत्मविश्वास, टीम वर्क और प्रतिस्पर्धी भावना के गुणों को विकसित करने के लिए एक प्रभावी उपकरण के रूप में इस्तेमाल किया जा सकता है। यह समाज को नेत्रहीन लोगों की एक गैर-रूढ़िवादी छवि को सकारात्मक और कार्य-उन्मुख बना सकता है। जॉर्ज ने नेत्रहीन लोगों के लिए क्रिकेट के बारे में अधिक शोध किया और पता चला कि नेत्रहीन क्रिकेट स्थानीय स्तर पर लोकप्रिय था।

जॉर्ज ने ब्लाइंड क्रिकेट पर अधिक प्रकाश डाला,

> "खेल की समग्र संरचना लगभग समान रहती है, सिवाय इसके कि खिलाड़ियों की मदद के लिए ऑडियो सुराग तैयार किए गए हैं। खड़खड़ाती गेंद, अंडरआर्म बॉलिंग और अंपायर और खिलाड़ियों द्वारा दिए गए ऑडियो सिग्नल जैसी सहायता से इस खेल को एक पूरी तरह से श्रव्य खेल में बदल देते है जो देख कर नहीं, अपितु सुन कर खेला जाता है।"

जॉर्ज ने निर्णय लिया कि वह नेत्रहीनों के लिए पहला राष्ट्रीय क्रिकेट टूर्नामेंट आयोजित करेंगे और औपचारिक रूप से स्कोर फाउंडेशन (सोसाइटी फॉर कम्युनिकेशन एंड रिसर्च) की स्थापना की। इस प्रकार जॉर्ज के जीवन की फिर से एक नई यात्रा शुरू हुई। बेशक यह सब रूपा के समर्थन और प्यार से ही संभव हो सका।

अगले कुछ महीनों में, इस टूर्नामेंट में भाग लेने के लिए विभिन्न नेत्रहीन स्कूलों को निमंत्रण भेजा गया। जॉर्ज व्यक्तिगत रूप से कपिल देव जैसे क्रिकेटरों से मिले और सुनील गावस्कर को लिखा जिन्होंने उन्हें अपना पूरा समर्थन देने का वादा किया। पैसों का इंतज़ाम करना मुश्किल था क्योंकि किसी को भी नेत्रहीन लोगों के क्रिकेट खेलने में दिलचस्पी नहीं थी।

उन्होंने कॉरपोरेट्स से संपर्क किया लेकिन उन्हें ज़्यादा समर्थन नहीं मिला। वह स्पॉन्सरशिप की तलाश में मुंबई गए। किसी ने उन्हें लिंटास मीडिया ग्रुप में काम करने वाली एक महिला का फोन नंबर दिया। जॉर्ज ने उनसे फोन पर बात की। उन्होंने कहा, ''उनके पास समय की कमी थी क्योंकि उन्हें मीटिंग के लिए जल्दी जाना था।'' जॉर्ज ने उनसे अनुरोध किया कि यदि अधिक नहीं तो केवल दो मिनट के लिए उसकी बात सुन लें, और यह उनके लिए पर्याप्त होगा। उनकी बातचीत करीब दो घंटे तक चली। महिला ने उसे समर्थन देने का वादा कियाऔर कुछ लोगों के नंबर भी दिए।

जॉर्ज ने उनमें से प्रत्येक से संपर्क किया, लेकिन कोई फायदा नहीं हुआ। जब वह मुंबई से खाली हाथ जा रहे थे, तो उन्होंने महिला को उसके समर्थन के लिए धन्यवाद देने के लिए फिर से फोन किया। उसने जॉर्ज से पूछा कि क्या उसे कोई स्पांसर मिल गया है। यह सुनकर कि उसे अभी भी कोई सफलता नहीं हासिल हुई है, उस महिला

ने उससे आधे घंटे का समय मांगा। तीस मिनट बाद, जॉर्ज को टाटा स्टील में अपना टाइटल प्रायोजक मिल गया। उन्होंने एक लाख की स्पॉन्सरशिप देने का वादा किया। जॉर्ज को बाद में पता चला कि वह महिला खुद टाटा स्टील के वाइस अध्यक्ष की बेटी थी।

एक बार फंड आ गया तो बाकी काम आसान हो गया। जॉर्ज क्रिकेट संबंधी काम संभालते थे जबकि रूपा आतिथ्य सत्कार विभाग संभालती थीं। उनके घनिष्ठ मित्रों में से एक वर्गीस चांडी ने प्रशासन का सारा कार्य किया।

टूर्नामेंट में भाग लेने के लिए लगभग 350 दृष्टिबाधित क्रिकेटर आये; प्रत्येक सर्वश्रेष्ठ खेलने के निश्चय से। हालाँकि उनके रहने की व्यवस्था इतनी भव्य जगह पर नहीं की गई थी, लेकिन किसी को इसकी परवाह नहीं थी। हर किसी के दिमाग में सिर्फ क्रिकेट ही था। उनकी आँखों में उत्साह और आशा भर गई।

इस प्रकार 1990 में देश में दृष्टिहीन लोगों के लिए पहला राष्ट्रीय स्तर का क्रिकेट टूर्नामेंट आयोजित किया गया। इन सबके पीछे जॉर्ज अब्राहम थे। फाइनल के मुख्य अतिथि कोई और नहीं बल्कि तत्कालीन विपक्ष के नेता राजीव गांधी थे। राजीव गांधी के अलावा,रुसी मोदी, कपिल देव, अरुण लाल और कई अन्य प्रतिष्ठित हस्तियों ने अपनी उपस्थिति से इस अवसर की शोभा बढ़ाई। बहुत से लोग सिर्फ यह देखने की जिज्ञासा से आए थे कि दृष्टिबाधित लोग क्रिकेट कैसे खेल सकते हैं।

जॉर्ज के बताने पर यह सब इतना आसान लगता है, लेकिन इस सब में जॉर्ज को काफी लंबा समय, कई महीनों की कड़ी मेहनत और दृढ़ निश्चय की जरूरत पड़ी। जॉर्ज का सपना आखिरकार सच हो गया। यह आयोजन (इवेंट) लिम्का बुक ऑफ रिकॉर्ड्स में दर्ज किया गया था।

जॉर्ज इस असाधारण उपलब्धि पर नहीं रुके। उन्होंने वर्ल्ड ब्लाइंड क्रिकेट काउंसिल (डब्ल्यू बी सी सी) के संस्थापक अध्यक्ष के रूप में काम किया, भारत में ब्लाइंड क्रिकेट एसोसिएशन की स्थापना की और 1998 में भारत में नेत्रहीनों के लिए पहले क्रिकेट विश्व कप के आयोजन में महत्वपूर्ण भूमिका निभाई।

नेत्रहीन लोगों के लिए क्रिकेट विश्व कप आयोजित करने के लिए विभिन्न देशों को मनाने के लिए उन्हें कई विदेशी यात्राओं पर जाना पड़ा, मंत्रियों, नौकरशाहों, क्रिकेटरों, मीडिया और कई अंतरराष्ट्रीय निकायों के साथ कई दौर की बातचीत करनी पड़ी। उस समय ब्लाइंड क्रिकेट के लिए कोई मानक तय नहीं थे। प्रत्येक देश की अपनी-अपनी तरह की गेंद होती थी। किसी में गेंद लड़खड़ाई, तो किसी में अलग ध्वनि आई। इन नियमों को बनाने में बोर्ड को कई महीने लग गए। लेकिन जॉर्ज को पता था कि यह सब अंततः सफल होगा।

इन सभी प्रयासों और सावधानीपूर्वक योजना के बाद, 1998 में नेत्रहीनों के लिए पहला कनिष्क विश्व कप हुआ। और इस बार भी, इन सबके पीछे जॉर्ज अब्राहम ही थे। इनमें से प्रत्येक उपलब्धि अपने आप में एक कहानी है।

क्रिकेट के माध्यम से जॉर्ज ने दुनिया को बताया कि असली समस्या दृष्टीबाधिता नहीं, बल्कि लोगों की उदासीनता और रवैया है। लोग जो सुनते और पढ़ते हैं उसके आधार पर मिथक बनाते हैं। और लोगों को दृष्टिबाधित लोगों की क्षमताओं के बारे में जागरूक करने की आवश्यकता है।

जितना अधिक मैं उनकी उपलब्धियों के बारे में जान रही थी, इस असाधारण व्यक्ति के बारे में और अधिक जानने की मेरी इच्छा उतनी ही मज़बूत होती जा रही थी।

एक बार जब ब्लाइंड क्रिकेट प्रतियोगिताएं आत्मनिर्भर हो गई, तो जॉर्ज अपने अगले प्रोजेक्ट - प्रोजेक्ट आईवे पर चले गए।

2003 में, जॉर्ज ने दृष्टीबाधिता के बारे में सभी जानकारी प्रदान करने के उद्देश्य से एक इंटरैक्टिव सूचना केंद्र की स्थापना की।

> "परिवर्तन लाने के लिए सूचना पहला कदम है। हर हफ्ते, आईवे को अपने हेल्पडेस्क पर जानकारी मांगने के लिए लगभग अस्सी कॉल आती हैं। कॉल करने वालों में से कुछ नेत्रहीन लोगों के माता-पिता होते हैं। जो जानना चाहते हैं कि अपने बच्चे के साथ कैसे व्यवहार करें, कुछ ऐसे लोग हैं जो अपनी दृष्टि खो चुके हैं और समाज द्वारा

> भेदभाव के शिकार हैं। यदि आवश्यक हो तो वे अपनी कानूनी टीमों के माध्यम से उनके मामलों को उठाता है और उन्हें न्याय दिलाने में मदद करता है।"

उनके प्रयासों की सूची यहीं खत्म नहीं होती। 2004 में अब्राहम ने अपने एक दोस्त नवरेज धोंडी के साथ मिलकर मैजिक टच की स्थापना की। टैलेंट मैनेजमेंट प्राइवेट लिमिटेड दृष्टिबाधित संगीतकारों की पहचान करने, उन्हें निखारने और बढ़ावा देने के लिए है। 2005 में, जॉर्ज ने 'रोशनी का कारवां' नाम से एक रेडियो कार्यक्रम लॉन्च किया, जो विविध भारती पर प्रसारित किया गया था। 2008 में, इसे "सर्वश्रेष्ठ सामाजिक उत्तरदायित्व पहल" श्रेणी में सर्वश्रेष्ठ रेडियो कार्यक्रम घोषित किया गया था।

> "रेडियो कार्यक्रम शुरू करने का मकसद अधिक लोगों तक पहुँचना था। नेत्रहीन लोग रेडियो सुनना पसंद करते हैं। रेडियो पर राष्ट्रीय कार्यक्रम करने से हमें व्यापक पहुँच मिलती है।"

जॉर्ज का यह सब कर पाना उनके नेतृत्व और प्रतिनिधिमंडल के बारे में बहुत कुछ कहता है। अपनी स्वयंसेवकों की टीम में उनका बेहद विश्वास है।

2007 में, जॉर्ज अब्राहम को नेत्रहीन समुदाय में उनके योगदान के लिए लिम्का बुक ऑफ रिकॉर्ड्स पीपुल ऑफ द ईयर में से एक चुना गया था। उनकी उपलब्धियों की नवीनतम सूची में टीवी धारावाहिक 'नज़र या नज़रिया' है, जो सितंबर 2013 में दूरदर्शन पर प्रसारित हुआ था। इस शो की एंकरिंग दो प्रमुख अभिनेताओं नसीरुद्दीन शाह और हर्ष छाया ने की थी।

जिस तरह से यह सीरियल आया वह किसी चमत्कार से कम नहीं है। विज्ञापन की अपनी पृष्ठभूमि के कारण, जॉर्ज जनता तक पहुँचने के एक माध्यम के रूप में टेलीविज़न की ताकत को जानते थे। बहुत पहले, जॉर्ज ने 'अभिलाषा' (शाब्दिक रूप से, आशा) नामक एक कहानी लिखी थी जिसे वह एक टेलीविज़न धारावाहिक में बदलना चाहते थे। लेकिन धन की कमी के कारण यह कभी भी सफल नहीं हो सका।

वर्षों बाद 2011 में, फेसबुक ने जॉर्ज को एक अन्य स्टेफ़नी से जोड़ा जो फिल्म उद्योग में काम कर रहा था। जॉर्ज ने अपने धारावाहिक की अवधारणा अपने दोस्त को बताई, दोस्त ने उस अवधारणा को तुरंत खरीद लिया। दोनों ने मिलकर तय किया कि वे फंडिंग हासिल करने के लिए प्रयास करेंगे। उन्होंने कई कॉरपोरेट्स से संपर्क किया लेकिन 'सास-बहू' गाथा के युग में, कोई भी एक ईमानदार अवधारणा में अपना पैसा लगाने को तैयार नहीं था।

लेकिन जैसा कि वे कहते हैं, जब आप विश्वास से आगे बढ़ते हैं, तो भगवान आपके साथ चलते हैं।

> "मैं अपने ऑफिस में बैठा था जब मुझे एक पुराने दोस्त का फोन आया। वह किसी और को कॉल कर रहा था और उसने गलती से मेरा नंबर डायल कर दिया था। हम बात करने लगे। सौभाग्य से, वह अभी-अभी दूरदर्शन के नए महानिदेशक के साथ हुई बैठक के लिए निकले थे। इससे भी अधिक चमत्कारी बात यह थी कि यह निर्देशक पूर्व-स्टीफ़नियन था और मुझसे एक वर्ष जूनियर था। मैंने तुरंत निर्देशक के साथ एक बैठक की व्यवस्था की।
>
> "एक कप कॉफी के साथ, हमने अपने कॉलेज के दिनों को फिर से याद किया। मैं पहली ही बैठक में टेलीविज़न कार्यक्रम का विषय नहीं उठाना चाहता था। लेकिन जैसे ही मैं जाने वाला था, उन्होंने मुझसे पूछा कि क्या मेरे पास कोई विचार है या क्या मैं टेलीविज़न के क्षेत्र में कुछ करने में रुचि रखता हूं।"

जॉर्ज ने धारावाहिक के लिए एक औपचारिक प्रस्ताव रखा और एक नए सफर की शुरुआत की।

जहाँ मैं इसे एक बड़ा संयोग कहती हूँ, वहीं जॉर्ज इसे नियति के अनुसार घटित होना कहते हैं। 'नज़रिया' राष्ट्रीय टेलीविज़न पर प्रसारित किया गया था। धारावाहिक देखने से दिव्यांग लोगों के प्रति मेरा नज़रिया बदल गया है और कई दृष्टिबाधित लोगों के जीवन के अंधकार को मिटाने की राह में मदद मिली है।

"अपने सभी प्रयासों के माध्यम से, मैं दुनिया भर के लोगों के दृष्टिकोण को बदलना चाहता हूँ। हमारी विकलांगताओं पर हमारा कोई नियंत्रण नहीं है। वह हमें ईश्वर द्वारा दी गयी है। लेकिन हमारे पास इसका नियंत्रण है कि हम इसके साथ क्या करते हैं। क्या हम अपना जीवन बर्बाद करें? या क्या हम इससे आगे बढ़कर एक सार्थक जीवन जियें? मेरे माता-पिता ने मुझे ऐसा जीवन दिया है जहाँ मुझे कभी भी विकलांग महसूस नहीं हुआ। मेरा मिशन इस विरासत को लाखों अन्य माता-पिता तक पहुँचाना है। तभी मैं वास्तव में खुश रह सकता हूँ।"

जॉर्ज और रूपा की दो खूबसूरत बेटियाँ हैं और वे खुशहाल जीवन बिता रहे हैं। इस व्यक्ति से मिलना मेरे लिए एक बहुत बड़ा प्रेरणा स्तोत्र रहा। मैंने उन्हें अलविदा कहा और एक अजीब एहसास के साथ घर वापस आ गई। हम कितनी बार महसूस करते हैं कि ज़िन्दगी ने हमारे साथ न्याय नहीं किया है। लेकिन जॉर्ज जैसे लोग हैं, जो जीवन को देखकर मुस्कुराते हैं और जीवन को उसकी संपूर्णता में अपनाते हैं।

मुझे यकीन है कि जॉर्ज अपने जीवन की अगली यात्रा की ओर कदम रख चुके हैं - नये लक्ष्य, नए विचार और अपनी क्षमता की सीमाओं से आगे।

जॉर्ज से george@eyeway.org पर संपर्क किया जा सकता है।

दिव्यांगता और टेक्नोलॉजी

टेक्नोलॉजी कई लोगों के लिए जीवन को आसान बनाती है, लेकिन दिव्यांगों के लिए तो टेक्नोलॉजी जीवन को संभव बनाती है। उनकी दैनिक गतिविधियों को आसानी से चलाने में मदद करने से लेकर उन्हें गतिशीलता, संचार, शिक्षा और यहाँ तक कि नौकरियों के साधन प्रदान करने तक, प्रौद्योगिकियों में प्रगति और अलग-अलग तरह के लोगों के लिए कई गैजेट्स के आविष्कारों में सृजन करने की शक्ति है। टेक्नोलॉजी दिव्यांगों के लिए एक बाधा-मुक्त देश बनाने में काफी मददगार हो सकती है।

आंखों से नियंत्रित कंप्यूटर, ई-बुक रीडर, स्क्रीन मैग्नीफाइंग, रीडिंग सॉफ्टवेयर और सेंसर युक्त स्टिक जैसे उपकरण दृष्टिबाधित लोगों के लिए वरदान हैं। पावर व्हीलचेयर, व्हीलचेयर से बंधे लोगों के जीवन में स्वतंत्रता का एक नया साधन है। टेक्स्ट-टू-स्पीच, टेक्स्ट-टू-साइन लैंग्वेज या कंप्यूटर जनित वॉयस सॉफ्टवेयर और एप्लिकेशन श्रवण बाधित लोगों के लिए संचार तंत्र प्रदान करते हैं।

हालाँकि हमें ऐसे गैजेट्स पर गर्व होना चाहिए, लेकिन सामर्थ्य, पहुँच और उपयोगकर्ता-मित्रता का सवाल बना हुआ है। जब सत्तर प्रतिशत से अधिक दिव्यांग लोग ग्रामीण इलाकों में रहते हैं और स्थानीय भाषाएँ बोलते हैं, तो क्या उन्हें ऐसी प्रगति के बारे में पता भी है? ऐसे गैजेटों की वास्तविक प्रभावशीलता क्या है जब ये उन्हीं लोगों तक नहीं पहुँचते जिनके लिए इन्हें डिज़ाइन किया गया है? भले ही जागरूकता पैदा की जाए, लेकिन ऐसी सहायक प्रौद्योगिकियां और उपकरण हमारे विकलांग समुदाय के सत्तर प्रतिशत से अधिक लोगों के लिए किफायती नहीं हैं। आम आदमी तक पहुँचने के लिए टेक्नोलॉजी का बड़े पैमाने पर उत्पादन करने की आवश्यकता है ऐसे गैजेटों को रियायती दर पर वितरित करने के लिए सरकार को हस्तक्षेप करने की आवश्यकता है। स्थानीय भाषाओं को अपनाना भी उतना ही महत्वपूर्ण कारक है। प्रौद्योगिकी के ऐसे

व्यापक उपयोग को संभव बनाने के लिए लोगों को न केवल वित्तीय सहायता बल्कि जागरूकता पैदा करके भी योगदान देने की आवश्यकता है।

अपनी आई टी क्रांति के लिए जाने जाने वाले देश में, प्रौद्योगिकी दिव्यांगों और मुख्यधारा के समाजों के बीच की खाई को पाटने में प्रमुख भूमिका निभा सकती है। जितनी जल्दी यह लागू होगा, उतनी ही तेज़ी से दिव्यांगजन देश की प्रगति में योगदान देने के लिए एकीकृत होंगे।

संजीव सचदेवा

आइए विश्व को सुलभ बनाएं

जब ज़िन्दगी ने मुझे तोड़ने की कोशिश की,
तो मैंने मुकाबला किया और कभी हार नहीं मानी।
न केवल अपने जीवन को आरामदायक बनाया है,
बल्कि मैंने अपनी दिल्ली को भी सक्षम बनाया है।

मैंने संजीव से मिलने और मेट्रो स्टेशन पहुँचने के लिए अपॉइंटमेंट फिक्स किया था। जैसे ही मैं मेट्रो में चढ़ी, व्हीलचेयर पर बैठी एक महिला भी चढ़ी। लिफ्ट, रैंप और आरक्षित सीटों के माध्यम से, मेट्रो अपनी सेवाओं को उनके लिए आज भी सुलभ बना रही है। मैंने अपने आप से पूछा, आज इस महिला पर मेरा ध्यान किस कारण गया? इतने वर्षों में दिल्ली मेट्रो में अपनी अनगिनत यात्राओं के दौरान, ऐसे कई पुरुषों और महिलाओं के आस पास होते हुए भी मेरा उन पर ध्यान ही नहीं गया था। कारण यह था कि उस दिन मैं उस आदमी से मिलने जा रही थी जिसने दिल्ली को और अधिक सुलभ जगह बना दिया है। दिव्यांग लोगों के लिए यात्रा को सुविधाजनक बनाने के पीछे हैं - श्री संजीव सचदेवा।

संजीव, जो लगभग चालीस वर्ष के हैं, अत्यंत धैर्यवान और दृढ़ संकल्प वाले व्यक्ति हैं। संजीव ने मुझे मेट्रो स्टेशन से पिक किया और हम उनके घर पहुँचे। उसके भरण-पोषण का भार उसके माता-पिता पर था। उन्होंने अपने सहायक का तब तक इंतज़ार किया जब तक उन्होंने व्हीलचेयर को खड़ा करके संजीव को कुर्सी पर नहीं बैठा दिया। संजीव स्वयं हिल-डुल नहीं सकते। वह अपना चेहरा साफ-सुथरा और आकर्षक दिखने के लिए सहायक को संकेत करते हैं।

कुछ क्षणों के लिए मैं दुविधा में पड़ गई थी। क्या मैं सचमुच सही व्यक्ति से मिलने आयी थी? यह गतिहीन आदमी जो स्वयं अपने कामो के लिए दूसरों की मदद पर निर्भर था, वह इतनी बड़ी-बड़ी उपलब्धिओं के पीछे कैसे हो सकता था? मेरे लिए अपने आँसू रोकना मुश्किल था। एक व्यक्ति जिसे अपने हाथ हिलाने के लिए भी मदद की ज़रूरत पड़ती है, उसने वह किया है जो लाखों अन्य लोग करने में असमर्थ हैं। संजीव को उनके हर काम के लिए सलाम है। उनके जैसे लोगों ने मेरे जैसे साधारण लोगों को जीवन का सबसे मूल्यवान सबक सिखाया है।

संजीव जन्म से विकलांग नहीं थे। वह बिल्कुल स्वस्थ थे। वह एक एवरेज छात्र थे और उनके बहुत से मित्र थे। उनके तीन भाई थे जो पढ़े-लिखे थे और सभी अच्छा कर रहे थे। संजीव का जीवन अच्छा चल रहा था। वह अपने कॉलेज में एक अच्छे वाद-विवाद कर्ता, गायक और सर्वश्रेष्ठ एन एस एस छात्रों में जाने जाते थे।

संजीव बहुत स्पष्टता से स्वीकार करते हैं, "मैं पढ़ाकू टाइप का नहीं था। मुझे पढ़ाई में ज़्यादा रुचि नहीं थी।"

ट्रैकिंग से उन्हें बहुत प्यार था। वह राष्ट्रीय स्तर के ट्रैकर थे और लेह-लद्दाख समेत कई कठिन ट्रैकिंग अभियानों पर जा चुके थे। अमरनाथ की ऐसी ही एक कठिन यात्रा पर संजीव को चलने में थोड़ी कठिनाई हुई। किसी ने उन्हें चलने में लंगड़ाहट देखी। उस समय संजीव ने उस अवलोकन पर कोई ध्यान नहीं दिया। लेकिन कभी-कभी वह चलते-चलते गिर जाते थे। जब इस तरह उन के गिरने की फ्रीक्वेंसी (आवृत्ति) बढ़ गई, तब उन्होंने मेडिकल परीक्षण करवाया, जिसमें उन्हें मस्कुलर डिस्ट्रॉफी की खतरनाक दुर्लभ बीमारी का पता चला।

> "ट्रेकिंग के प्रति मेरे प्यार के कारण, उस निदान पर मेरी पहली प्रतिक्रिया थी 'हे भगवान, अब मैं कैसे ट्रेक करूंगा'।"

उस समय, संजीव ने पी एच डी में प्रवेश लिया ही था। और सिविल सेवा परीक्षा की मुख्य परीक्षा की तैयारी कर रहे थे। वह प्रश्नों के अनिवार्य चरण से गुज़रे - 'मैं ही क्यों', 'आगे क्या', आदि। बंधे हुए और असहाय, आत्म दया की लहरें उन पर हावी

हो गईं। उन्हें तेज़ दवाईयाँ और स्टेरॉयड दिए गए। संजीव ने उस समय अपनी बेबसी और अवसाद को व्यक्त करने के लिए एक बहुत ही निराशाजनक कविता 'कल और आज'' लिखी। संजीव ने मुझे अपने बैग से कविता निकालकर उनके सामने रखने को कहा। फिर उन्होंने यह कविता मेरे लिए पढ़ी। कविता के शब्द उस स्तर पर उसकी निराशा को स्पष्ट रूप से सामने लाते हैं।

> खिलता था मैं भी खुशी के आँगन में - वह कल था,
> गम ही साथी है अब - यह आज है।
> मैं भी चंचल मस्त मगन था - वह कल था,
> विकलांग हूँ अब - यह आज है।
> रहता था मैं भी कभी किसी के आँगन में - वह कल था,
> स्मृतियाँ ही धरोहर है अब - यह आज है।
> मैं भी आनंद लेता था प्रकृति का - वह कल था,
> खंडहर ही शेष है अब - यह आज है।
> मुझे भी चाह थी कुछ कर गुज़रने की - वह कल था,
> हताश, बेबस, लाचार हूँ अब - यह आज है।
> फूल था किसी के हृदय का मैं - वह कल था,
> धूल हूँ राह की अब - यह आज है।
> था सबकी आँखों का तारा मैं - वह कल था,
> बोझ हूँ अब दुनियाँ पर - यह आज है।
> इच्छा थी मुझे जीने की - वह कल था,
> यह आज है।

> "घूमने के प्रति मेरे प्रेम को देखते हुए, मेरे दादाजी मुझे परिवार का 'विदेश मंत्री' कहा करते थे। अचानक, मैं घर पर ही फंस गया और 'गृह मंत्री' बन गया।"

संजीव मुस्कुराये लेकिन मैं उनकी मुस्कान के पीछे का दर्द समझ सकती थी। मैं उनकी मुस्कुराहट के जवाब में मुस्कुरा नहीं पाई। मैं केवल उनकी भावनाओं की गहराई को महसूस कर सकती थी और चुप हो सकती थी।

पहले ही संजीव के लिए यह समय कठिन था। समाज ने उनका जीवन और भी कठिन बना दिया। उन्हें इस बात से नफरत होती, जब लोग घर आते थे और उनके और उनके परिवार के प्रति सहानुभूति रखते थे। कई लोगों ने उनसे धार्मिक पुस्तकें पढ़ना शुरू करने को कहा। 23 साल की उम्र में, उनसे अपेक्षा की गई थी कि वे जीना और मस्ती करना छोड़ देंगे और एक संत बन जायेंगे। धीरे-धीरे उनके दोस्त भी उनका साथ छोड़ने लगे।

> "जब भी मैं बाहर जाता, कुछ लोग मेरी ओर सहानुभूति के साथ और अन्य जिज्ञासा के साथ देखते; कुछ तो मज़ाक भी उड़ाते, मैं किसी को भी बर्दाश्त नहीं कर सकता और उनके साथ दुर्व्यवहार करता। मैं खुद को समाज के लिए मनोरंजन और दया के साधन के रूप में नहीं देख पा रहा था।"

ज़िन्दगी धीमी और त्रासद गति से चलती रही और संजीव खुद को अकेला महसूस करने लगे थे। ज़िंदगी में अँधेरा छा गया था। सब कुछ निरर्थक लग रहा था। लेकिन वह कब तक इस मनःस्थिति में रह सकते थे? क्या वह अपना पूरा जीवन एक मरीज़ के रूप में जीना चाहते थे? संजीव ने खुद से यह सवाल पूछा और अपने भीतर इसका समाधान ढूंढने की कोशिश की। महीनों की आत्म-खोज और आत्म निरीक्षण के बाद, उन्होंने बाहर जाकर लोगों से मिलने का फैसला किया। नियति उन्हें श्री राजिंदर जौहर (जिनकी कहानी इस किताब में भी शामिल है) के करीब ले आई। जब उन्होंने जीवन भर बिस्तर पर पड़े एक व्यक्ति को दिव्यांग लोगों के लिए एक एन जी ओ चलाते देखा, तो उन्होंने खुद से पूछा कि वह बिस्तर पर क्यों हैं। संजीव को लगा कि उनकी शारीरिक शक्ति मिस्टर जौहर से बहुत बेहतर है और फिर भी, मिस्टर जौहर के विपरीत, वह केवल शिकायत कर अपने भाग्य को कोस रहे थे। उन्होंने राजेंद्र जी

के साथ काम करना शुरू किया। उनके माध्यम से उनकी मुलाकात कई और दिव्यांग लोगों से हुई। धीरे-धीरे उन्होंने अपने मुद्दों से बाहर निकलकर बड़ी दुनिया की ओर देखना शुरू कर दिया।

लेकिन अगर कोई ऐसी चीज़ थी जो संजीव को पूरी तरह से बाहर खींच सकती थी, तो वह था घूमने के प्रति उनका प्यार और जुनून। उन्होंने घूमने के शौकीनों का एक समूह बनाया और छुट्टियों की योजना बनाई। बस इतना कि इस बार सभी सहयात्री दिव्यांग थे।

> "मुझे उस दर्दनाक घटना के बाद की गई पहली यात्रा याद है। मेरी माँ दस साल बाद किसी रिश्तेदार से मिलने गई थीं। इसका मुझे एहसास हुआ कि कैसे मेरी दिव्यांगता ने न सिर्फ मुझ पर बल्कि मेरे परिवार पर भी गहरा असर डाला है। मैंने न केवल खुद को राहत देने के लिए, बल्कि अपने परिवार को, खासकर अपनी माँ को आराम देने के लिए भी बार-बार घूमने का फैसला किया। घूमने ने मेरे लिए सर्वोत्तम चिकित्सा का काम किया। मुझे जो भी लंबा सप्ताहांत मिलता, मैं घूमने की पहले से योजना बना लेता।"

इन यात्राओं ने उन्हें यह एहसास कराया कि भारतीय पर्यटन दिव्यांग लोगों के लिए अगम्य है। घर पर हर छोटी-छोटी चीज़ को अपनी ज़रूरत के हिसाब से एडजस्ट किया जा सकता था। लेकिन यात्रा अग्नि परीक्षा की तरह थी। जैसे-जैसे उनकी यात्राएं बढ़ती गई, वैसे-वैसे इन सभी मुद्दों के प्रति उनकी संवेदनशीलता भी बढ़ती गई। यह शायद संजीव के जीवन का महत्वपूर्ण मोड़ था। उन्होंने इसके बारे में कुछ करने का फैसला किया।

संजीव दिव्यांग यात्री समुदाय की आवाज़ बनने लगे। उन्होंने ऐसे मुद्दों पर अपनी चिंता उठानी शुरू की और एक एक्टिविस्ट बन गये। केवल समस्या प्रस्तुत करने के बजाय, संजीव ने देश को विकलांग-अनुकूल बनाने के लिए समाधान सुझाइए।

> "एक भूखे बच्चे की तरह जो भोजन के लिए तरसता है, मैं अपने देश को और अधिक सुलभ बनाने के लिए तरसता हूँ। मैं भारत सरकार की संस्था में दृढ़ विश्वास रखता हूँ। मैं उनकी आलोचना करने में नहीं, बल्कि उनके साथ सहयोग करने में विश्वास रखता हूँ।
>
> "मुझे लगता है कि "पहुँचने की क्षमता" का न केवल सामाजिक बल्कि आर्थिक आयाम भी है। केवल दिव्यांग लोग ही नहीं, बल्कि सभी लोग प्रतिबंधों से परेशान हैं - फिर चाहे वो बुजुर्ग या गर्भवती महिलाएँ या किसी बीमारी से उबर रहे लोग। ऐसे लोग मिलकर जनसंख्या का एक महत्वपूर्ण प्रतिशत बनाते हैं। निश्चित रूप से, किसी विचार की मार्केटिंग करने वाला कोई भी व्यक्ति चाहे वह थिएटर में हो या शॉपिंग कॉम्प्लेक्स या रिसॉर्ट्स में, इन संभावित ग्राहकों को ध्यान में रखना चाहिए। मेरा मानना है कि व्यवसाय अपने प्रतिष्ठानों को सभी के लिए सुलभ बनाने में सामाजिक नहीं तो आर्थिक रूचि तो रखेंगे ही।

संजीव की विचार प्रक्रिया और कार्य ने भारत सरकार का ध्यान आकर्षित किया और उनके सामने विभिन्न दिलचस्प अवसर आए। 2000 में, उन्हें एशिया और पसिफ़िक के लिए संयुक्त राष्ट्र आर्थिक और सामाजिक आयोग, UNESCAP द्वारा बाली में एक पेपर प्रस्तुत करने के लिए आमंत्रित किया गया था। बाली सम्मेलन के बाद दिव्यांग व्यक्तियों के लिए बाधा मुक्त वातावरण के मुद्दे को UNESCAP देशों के एजेंडे में रखा। इसके बाद बैंकॉक में एक्सेसिबिलिटी पर प्रशिक्षण दिया गया। इन सभी अनुभवों ने उन्हें अपनी मातृभूमि में कुछ करने के लिए तैयार किया।

सबसे पहले, संजीव ने दिल्ली हाट को भारत का पहला दिव्यांग-अनुकूल पर्यटन स्थल बनाने के लिए दिल्ली पर्यटन के साथ काम करना शुरू किया। संजीव के प्रयासों के लिए धन्यवाद! भारतीय पुरातत्व सर्वेक्षण ने अपने द्वारा बनाए गए सभी स्थलों और स्मारकों पर दिव्यांगों के अनुकूल पहुँच सुनिश्चित करना अनिवार्य कर दिया। संजीव

केवल इतने पर नहीं रुके। उन्होंने पूरे देश को दिव्यांग-अनुकूल बनाने के लिए विभिन्न स्तरों पर सरकार के साथ काम किया। कुछ परियोजनाएँ विफल रहीं, कुछ सफल रहीं। लेकिन संजीव आगे बढ़ते रहे।

तब से, संजीव ने इंडोनेशिया, जापान, श्रीलंका, हांगकांग और कनाडा जैसे अन्य देशों में पहुँच कर विभिन्न पत्र प्रस्तुत किए हैं। उन्होंने आई आई टी सहित विभिन्न संस्थानों के साथ काम किया है। उन्होंने भारतीय रेलवे, सड़क सुरक्षा, बसों और बस शेल्टरों की अभिगम्यता पर बहुत सारे शोध और पत्र प्रकाशित किए हैं। जब भी देश में कोई दुर्भाग्यपूर्ण आपदा आती है, तो संजीव ऐसे क्षेत्रों में जाकर लोगों को प्रशिक्षित करने और आपदा में दिव्यांग हुए लोगों की देखभाल के लिए जागरूक करने की कोशिश करते हैं।

जब दिल्ली मेट्रो की योजना शुरू हुई तो शुरुआती दौर से ही संजीव और उनकी सहयोगी अंजलि अग्रवाल को इसकी योजना और फिजिबिलिटी (व्यवहार्यता) अध्ययन का हिस्सा बनाया गया। उन्होंने शहर के दिव्यांगों के लिए यात्रा को सुलभ बनाने के लिए डी एम आर सी (दिल्ली मेट्रो रेल कॉर्पोरेशन) के साथ व्यावहारिक सुझाव साझा की और दिल्ली मेट्रो की योजना और परीक्षणों के दौरान कई एक्सेसिबिलिटी ऑडिट किए। उनके प्रयासों और डी एम आर सी के साथ निरंतर जुड़ाव के परिणामस्वरूप, दिल्ली मेट्रो आज दिव्यांगों के अनुकूल है।

2002 में, संजीव को भारत के पूर्व राष्ट्रपति डॉ. ए पी जे अब्दुल कलाम द्वारा अस्थि विकलांग (आर्थोपेडिक) में सर्वश्रेष्ठ कर्मचारी के रूप में राष्ट्रीय पुरस्कार मिला। उन्हें 2005 में रेड एंड व्हाइट ब्रेवरी गोल्ड अवार्ड और केविन केयर एबिलिटी मास्टरी अवार्ड 2005 भी प्राप्त हुआ है।

> "मैं अपने जीवन से खुश और संतुष्ट हूँ। अब जब लोग मुझे दया से देखते हैं तो मैं अब उन्हें गाली नहीं देता। दरअसल, मैं उन्हें देखकर मुस्कुराता हूँ।"

व्यक्तिगत मोर्चे पर, संजीव सिंगल हैं। कुछ साल पहले उनकी माँ का स्वर्गवास

हो गया। यह घटना उनके जीवन के लिए बहुत ही मर्मान्तक थी। संजीव के जीवन का सबसे बड़ा झटका रहा।

> “माँ हमेशा विशेष होती हैं। मेरी माँ ने मेरी देखभाल के लिए अपना जीवन समर्पित कर दिया। मैं उसे रात में कई बार जगाता - कभी पानी मांगता और कभी करवट बदलने में मदद करने के लिए कहता। वह बिना किसी क्रोध या झुंझलाहट के ऐसा करती। मुझे एक रात अच्छी तरह याद है जब मैंने अपनी माँ से करवट बदलने में मदद मांगी थी। उसने कहा कि वह उठना नहीं चाहती क्योंकि उसके सीने में दर्द है। लेकिन मैंने ज़िद की। आखिरकार, वह उठी और मेरी मदद की। लेकिन जल्द ही उनका दर्द बढ़ गया। उन्हें अस्पताल ले जाया गया जहाँ हमें पता चला कि उन्हें दिल का दौरा पड़ा था। माँ का प्यार होता ही ऐसा है कि चाहे आप कितने भी बूढ़े क्यों न हो जाएं, एक गोद ऐसी होती है जिस पर आप हमेशा वापस जा सकते हैं और एक बच्चे की तरह लेट सकते हैं।”

संजीव की माँ उन्हें छह साल पहले छोड़कर चली गयी और 2008 उनके जीवन का सबसे कठिन और अकेला वर्ष था। उनके जीवन के सबसे महत्वपूर्ण व्यक्ति का निधन हो गया था। अड़तालीस साल की उम्र में भी वह अपनी माँ को चार साल के बच्चे की तरह ही याद करते हैं।

संजीव अब अपने पिता और परिचारकों के साथ रहते हैं। उनके भाई जब भी संभव हों उनसे मिलने आते हैं। वह सोचते हैं कि वह अपने पिता के बिना कैसे रह पाएंगे। माता-पिता हम सभी के लिए सबसे बड़ा सहारा हैं, लेकिन दिव्यांग लोगों के लिए तो और भी अधिक होते हैं क्योंकि जब दुनिया हमें रोने के लिए अकेला छोड़ देती है, तब भी माता-पिता हमारी मुस्कुराहट के लौटने का इंतज़ार करते हैं।

जब संजीव घर पर होते हैं, वह रात 8 बजे के बाद किसी से नहीं मिलते या कॉल नहीं उठाते। वह अकेले रहना पसंद करते हैं। वह सब-टीवी के बहुत बड़े प्रशंसक हैं और कॉमेडी धारावाहिक देखकर हंसी के साथ अपने दिन का अंत करना पसंद करते हैं।

संजीव ठीक-ठाक कमा लेते हैं लेकिन उसमें से ज़्यादा बचत नहीं कर पाते।

वह जो भी कमाते हैं वह अपने परिचारकों और ड्राइवरों पर खर्च करते हैं। उनकी कई चिकित्सा आवश्यकताएं हैं, जिनमें फिजियोथेरेपी सत्रों की आवश्यकता भी शामिल है, जिसकी लागत बहुत अधिक है। वह अब मधुमेह रोगी भी हैं। इसके बावजूद, उन्हें अपने राजमा चावल और मूंगफली बहुत पसंद हैं।

> "उम्र बढ़ने के साथ जीवन पहले जैसा नहीं रहता। मैं और अधिक परिपक्व (मेचुअर) हो गया हूँ। मैंने अपने कार्य का दायरा अभिगम्यता पहुँच से बढ़ाकर समग्र विकलांगता प्रबंधन (मैनेजमेंट) कर दिया है। मुझे देश का करदाता होने पर गर्व है। मैं एक ऐसे समाज की आशा करता हूँ जहाँ सभी विकलांग लोगों को रोजगार मिले और वे देश के करदाता बने।"

संजीव स्वसंचालित व्हीलचेयर को 'फ्रीडम' कहते हैं। इसके साथ, वह बिना किसी सहायता के अकेले ही घूम सकते है और कोई उनकी निजी बातें नहीं सुन रहा होता है।

संजीव मुस्कुराते हुए कहते हैं, "खासकर जब मैं डेट पर होता हूँ।"

संजीव की स्पष्ट स्वीकारोक्ति से कमरे का माहौल हल्का हो गया।

> "मेरे पास काम करने के लिए और भी योजनाएं हैं। मैं दिव्यांगता के मुद्दे पर जागरूकता फैलाऊंगा। ज़िन्दगी बहुत छोटी है। सरकार अपना काम कर रही है। मीडिया ने अहम भूमिका निभाई है। एक शुरुआत हो चुकी है। फिल्में अब विकलांग लोगों को सिर्फ खलनायक नहीं बल्कि नायक के रूप में दिखाती हैं। ब्लैक, गुजारिश, बर्फी - ने सकारात्मक बदलाव लाया है।

संजीव सचदेवा ने अपने जीवन में अपने आसपास के लाखों लोगों के लिए बहुत कुछ बदला है। उन्होंने कई ज़िन्दगियों को छुआ और प्रभावित किया है.

> "मैं जीवन को वैसे ही लेता हूँ जैसे वह आता है। हर दिन एक नयी

> शुरुआत होती हैं। मेरी टैगलाइन: '(स्वस्थ, व्यस्त और खुश रहें) (*Be healthy, busy and happy.*)"

जब संजीव ने अपनी कहानी ख़त्म की तो शब्द कम पड़ गए। मेरे आँसू दया के नहीं, गर्व के आँसू हैं। मैं संजीव की यात्रा का एक छोटा सा हिस्सा बनकर खुश हूँ। उनके जैसे लोग मुस्कुराते हैं और आपको आश्चर्यचकित कर देते हैं,

> "जीवनकाल कुछ सार्थक करने के लिए काफी लंबी अवधि है। जब मैं इसे हँसते हुए बिता सकता हूँ तो मैं इसे रोने-धोने में क्यों बिताऊँ? जीवन को राजा की तरह जियो। यह केवल एक बार आता है।"

नीरू गौतम

गरिमा के साथ विकलांगता

मुझे आपके प्यार और ध्यान की ज़रूरत है;
मैं सम्मानजनक जीवन की लालसा रखती हूँ।
यह मुझे प्रदान किया गया है;
मैं समाज को यही दे रही हूँ।

फैशन इंडस्ट्री की चकाचौंध से लेकर एक कमरे की चारदीवारी तक का सफर नीरू गौतम के लिए आसान नहीं था। जिस उम्र में एक लड़की एक शानदार करियर और शादीशुदा जीवन का सपना देखती है, नीरू ने अचानक खुद को अपने बिस्तर तक ही सीमित पाया। उसके कमरे की चार दीवारें और एक मोबाइल फोन उसकी जिंदगी बन गए। बारह वर्षों तक खुद को ख़ुशी से वंचित रखने के बाद, नीरू ने फिर से जीने का फैसला किया। तो क्या हुआ अगर वह अपने पैरों पर खड़ी नहीं हो सकती थी? क्या हुआ अगर दुनिया ने उसे 'विकलांग' करार दिया था? उसकी व्हीलचेयर उसकी सबसे अच्छी दोस्त बन गई। अपने परिवार और दोस्तों की देखभाल और प्यार की बदौलत नीरू कठिन समय से उबर पाई। इसलिए उसने फैसला किया कि वह अपने जैसे अन्य लोगों को देखभाल करने वाले ('सहयोगी', जैसा कि वे जाने जाते हैं) को सबसे मूल्यवान उपहार प्रदान करेगी। उसने साहस देना शुरू किया और अपने जैसे कई अन्य लोगों के जीवन में प्यार और देखभाल लाने की कमी पूरा करने की कोशिश की। वह यह सुनिश्चित करना चाहती थी कि वे जीवन कठिनाई से नहीं, बल्कि सम्मान के साथ जिएं। उसकी कहानी जितनी खुशी के बारे में है उतनी ही दर्द के बारे में भी; यह जितना

आशा के बारे में है उतना ही निराशा के बारे में भी; यह जितना मुस्कुराहट के बारे में है उतना ही आंसुओं के बारे में भी है।

नीरू को परिवार में सभी लोग प्यार करते थे और वह एक बिगड़ैल (स्पॉइलट) बच्चा थी। वह एक डिज़ाइनर बनने की राह पर थी और दिल्ली में अपना खुद का बुटीक खोलने की योजना बना रही थी। उन्हें हाल ही में एक लोकप्रिय फिटनेस सेंटर की फ्रैंचाइज़ी की पेशकश भी की गई थी। सब कुछ वैसा ही हो रहा था, जैसा कि वह चाहती थी। नीरू सातवें आसमान पर थी।

जब हल्के बुखार ने उसे जकड़ लिया तो उसने इसके बारे में ज़्यादा नहीं सोचा। लेकिन जब यह तीन महीने से अधिक समय तक चलता रहा, तो नीरू के माता-पिता चिंतित हो गए। कोई दवा काम नहीं कर रही थी। उसकी हालत तब और खराब हो गई जब बुखार अचानक स्मृति हानि और अतिसंवेदनशीलता में बदल गया। डॉक्टरों को उसकी स्थिति के बारे में कुछ भी पता नहीं था और वे समझ नहीं पा रहे थे कि क्या गड़बड़ी है। परीक्षणों से कोई परिणाम नहीं निकला। इसके बाद नीरू को मूत्राशय (ब्लैडर) संबंधी समस्या हो गईं और उन्हें एक महीने से अधिक समय तक अस्पताल में भर्ती रहना पड़ा।

नीरू के भाई की शादी होने वाली थी, लेकिन परिवार ने नीरू के ठीक होने तक शादी टालने का फैसला किया। उस वक्त उन्हें इस बात का ज़रा भी अंदाजा नहीं था कि उनकी बेटी धीरे-धीरे अपाहिज होती जा रही है। अंततः, उसकी रीढ़ की हड्डी के एम आर आई से पता चला कि उसकी रीढ़ में सूजन है। उसे तपेदिक (टीबी) की दवाई दी गई। उनकी हालत में सुधार होने लगा लेकिन जब दवाएँ बंद कर दी गई तो लक्षण फिर से प्रकट हो गए।

> "जब डॉक्टरों ने अपना फैसला सुनाया तो मेरी किस्मत तय हो गई। मुझे एक प्रगतिशील और लाइलाज बीमारी थी - टीबी का एक एडवांस फॉर्म। मेरा इलाज नहीं हो सकता था। मुझे उन चिकित्सा शब्दावली या शब्दजाल की परवाह नहीं थी जिसका प्रयोग डॉक्टर समस्या बताने के लिए बेरुखी से करते थे। मुझे बस इतना पता था कि वह मुझसे

> अपने भाग्य को स्वीकार करने के लिए कह रहे थे ; मुझे बताया गया कि मेरी ज़िन्दगी खत्म हो गई है।"

समय बीतने के साथ-साथ नीरू अब चल भी नहीं पाती थी। क्या यह एक बुरा सपना था, या कोई क्रूर मज़ाक? यह अचानक कैसे हो सकता है? डॉक्टर यूं ही फैसला कैसे सुना सकते थे?

इतनी उदासीनता? निश्चित रूप से, कोई रास्ता निकल सकता है; कुछ दवा, कुछ सर्जरी।

> "मैंने एक डिज़ाइनर बनने, शादी करने और एक परिवार शुरू करने की योजना बनाई थी। विकलांग होना योजना का हिस्सा नहीं था। मैं फिर भी, वहाँ शांत और असहाय पड़ी हुई थी। अपनी सारी योजनाओं को अपनी आँखों के सामने नष्ट होते देख रही थी। क्यों?"

नीरू के पास कोई जवाब नहीं था।

> "मुझे अभी भी वह दिन याद है जब मेरे माता-पिता मुझे एक अस्पताल में ले गए जहाँ कुछ मरीज़ों को इसी तरह की विकलांगता के लिए भर्ती कराया गया था। वहाँ का नज़ारा भयावह था। एक पल के लिए, मैंने भगवान से प्रार्थना की कि अगर यही मेरा भाग्य बनने वाला है, तो वह मुझे बस ले ले।"

अस्पताल में डॉक्टरों के लिए यह सामान्य कामकाज था। उन्होंने उसके माता-पिता को बताया कि नीरू की समस्या लाइलाज है। वह अब भी काफी बेहतर थी, लेकिन उसकी हालत और खराब हो जाएगी। एक डॉक्टर के शब्द मरीज़ की इच्छा शक्ति को बना या बिगाड़ सकते हैं। नीरू के डॉक्टरों ने उसे कोई उम्मीद नहीं दी और उनके तीखे शब्दों ने न केवल युवती के आत्मविश्वास को प्रभावित किया, बल्कि उसके माता-पिता की उम्मीदों पर भी पानी फेर दिया।

जो व्यक्ति कुछ महीने पहले तक चल सकता था, उसके लिए अचानक व्हीलचेयर तक सीमित हो जाना जीवन की सबसे भयानक बात हो सकती है। ऐसा

नीरू के लिए भी था। इसके बाद जिंदगी बदल गई। उसके माता-पिता उसके प्रति विशेष रूप से सुरक्षात्मक हो गए। इस स्थिति से निपटने के बारे में जागरूकता की कमी ने नीरू को घर की चारदीवारी तक सीमित कर दिया।

ड्राइविंग करने वाली और खूब घूमने वाली स्वतंत्र नीरू ने अब पेंटिंग और बुनाई शुरू कर दी। दिन बड़े हो गए, रातें डरावनी हो गईं। टेलीविज़न रिमोट और उसका फ़ोन उसकी दुनिया बन गए। कभी-कभी नीरू टेलीफोन ऑपरेटरों को बस इसलिए फ़ोन करती थी कि जान सके कि कमरे के बाहर दिन है या रात, कि क्या बाहर बारिश हो रही थी।

अक्सर दिव्यांग व्यक्ति को दुनिया अलग-थलग ही देखती है। लेकिन इसका असर उसके पूरे परिवार पर पड़ता है। घर पर, उसके माता-पिता भी एक असामान्य रूप से कठिन दौर से गुज़र रहे थे। जब कोई किसी डॉक्टर, मंदिर या पुजारी का नाम सुझाता, तो वे बस अपनी बेटी के लिए परामर्श और आशीर्वाद लेने के लिए दौड़ पड़ते। जब किसी ने घर के ले-आउट को वास्तु के अनुरूप बदलने की सलाह दी, तो वे अपने घर को नए सिरे से बनाने की हद तक चले गए।

> "मुझे अपने परिवार और दोस्तों से बहुत समर्थन मिला। जिस दिन मुझे अस्पताल जाना पड़ता, मैं बहुत प्रसन्न महसूस करती। मैं इसे एक सैर के रूप में सोचती थी और अस्पताल में अपने सबसे अच्छे कपड़े पहन कर जाती थी।"

1996 से 2008 तक का समय उनके जीवन का सबसे अकेला समय था। अपनी दिव्यांगता से लड़ने के बारह वर्षों के लंबे समय के बाद, नीरू ने आखिरकार जीवन को एक ईमानदार मौका देने का फैसला किया। उनके अस्पताल ने उन्हें दिव्यांगता के लिए काम करने वाले गैर सरकारी संगठनों से जोड़ा। उन्हें सहयोग योजना से परिचित कराया गया, जिसका मिशन देखभाल करने वालों को देखभाल प्रदान करना था। जल्द ही, वह अपने अस्तित्व से परे कुछ करने के बारे में सोचने लगी।

> "एक दिव्यांग व्यक्ति हर छोटी-छोटी ज़रूरत के लिए अपने माता-पिता पर निर्भर नहीं रह सकता। यह उसे परेशान करता है और उसके

> जीवन पर नकारात्मक प्रभाव डालता है। एक दिव्यांग व्यक्ति को सम्मानजनक जीवन जीने के लिए चीजों को और अधिक पेशेवर तरीके से संभालने की जरूरत है। देखभाल करने वालों को अपने वार्ड की शारीरिक और मानसिक जरूरतों को पूरा करने के लिए विशेष प्रशिक्षण की आवश्यकता होती है।

भारत में, अपनी देखभाल के लिए किसी की तलाश कर रहे विकलांग लोगों की संख्या और पेशेवर देखभाल प्रदाताओं की वास्तविक संख्या के बीच एक बड़ा फासला है। डब्ल्यू एच ओ द्वारा किए गए एक अध्ययन के अनुसार, भारत प्रशिक्षित देखभाल करने वालों की कमी से सबसे ज़्यादा प्रभावित 57 देशों में से एक है। इस तरह नीरू के प्रयास कई लोगों के जीवन में आशा की किरण लेकर आए। अपने स्वयं के अनुभवों के आधार पर, सहयोग की पूरी अवधारणा ने उन्हें तुरंत आकर्षित किया। इसका उद्देश्य दिव्यांग लोगों के लिए एक सहायता प्रणाली का निर्माण करना था। उन्होंने यह भी महसूस किया कि परामर्श न केवल दिव्यांग व्यक्ति के लिए, बल्कि उसके परिवार के लिए भी एक महत्वपूर्ण पहलू है। नीरू ने लोगों को तब परामर्श देना शुरू किया जब वे अस्पतालों में थे और अभी-अभी निदान हुआ था ताकि वे अधिक जागरूक और बेहतर तैयार होकर बाहर निकलें। जितना अधिक उसने देखभाल करने वालों को प्रशिक्षित किया, उतना ही अधिक उसे संतुष्टि महसूस हुई। वह अपने मुद्दों को भूलने लगी और अपने जैसे अन्य लोगों के साथ जुड़ने लगी।

सहयोग के बारे में बात करते हुए, नीरू उन विभिन्न चुनौतियों के बारे में बताती हैं जिनका उन्हें सामना करना पड़ा।

> "छोटी चीज़ों से लेकर जैसे कि देखभाल करने वाला शारीरिक रूप से इतना मजबूत हो कि वह वार्ड को उसकी आंत्र और स्वच्छता आवश्यकताओं के लिए उठा सके, वार्ड के समान भोजन पसंद करने वाले व्यक्ति (क्योंकि वे रसोइया के रूप में दोगुना हो सकते हैं) होने तक, प्रत्येक छोटी-छोटी बातें मायने रखती हैं।

"वास्तव में, इन सभी चीजों को एक व्यक्ति में खोजना इतना कठिन है कि अधिकांश लोग एक से अधिक देखभाल करने वालों को रख लेते हैं। उदाहरण के लिए, वे एक को अपनी स्वच्छता आवश्यकताओं की देखभाल के लिए नियुक्त करते हैं और दूसरे कंप्यूटर साक्षर व्यक्ति को नियुक्त करते हैं जो उनके ईमेल का उत्तर दे सके।

"एक और समस्या तब उत्पन्न होती है जब देखभाल करने वाले और देखभाल चाहने वाले के बीच का बंधन इस हद तक बढ़ जाता है कि दिव्यांग व्यक्ति भावनात्मक रूप से पूर्व पर निर्भर हो जाता है। अगर देखभाल करने वाले को एक दिन की भी छुट्टी लेनी पड़ती है, उनके वार्ड का जीवन रुक जाता है। इतना कि जब देखभाल करने वाला छोड़ने का फैसला करता है, तो यह दिव्यांग लोगों के लिए एक बड़ा झटका होता है। कभी-कभी देखभाल करने वाला इस स्थिति का फायदा उठाने की कोशिश भी करता है।

"मेरा अपना देखभालकर्ता केवल आठवीं कक्षा तक पढ़ा था जब वह मेरे पास आया। मैंने उसे एक कंप्यूटर कोर्स, एक अंग्रेजी कोर्स में दाखिला दिलाया और उसे जीवन में आगे बढ़ने में मदद करने की कोशिश की। लेकिन जब लड़का हुनरमंद हो गया तो उसने ये कहकर छोड़ दिया कि अब उसे बेहतर नौकरियां मिल सकती हैं। सहयोगी के लिए, इन देखभालकर्ताओं को प्रशिक्षित करना अपने मालिकों के प्रति प्रेम, देखभाल और करुणा की भावना पैदा करने के समान है।"

नीरू अब तेजी से और अधिक उपयोगी तैनाती के लिए देखभाल करने वालों के लिए एक ऑन-सर्विस प्रशिक्षण मॉड्यूल की दिशा में काम कर रही हैं। ऐसे देश में जहाँ दिव्यांग लोग सम्मानजनक जीवन जीने के लिए संघर्ष करते हैं और जहाँ विशेष जरूरतों वाले लोगों की देखभाल के लिए प्रशिक्षित पेशेवरों की कमी है, नीरू का काम दिव्यांग लोगों को एक आनंदमय जीवन जीने में मदद करता है।

नीरू की दिव्यांगता के कारण उन्हें कॉलेज बीच में ही छोड़ना पड़ा। परिवहन व्यवस्था और कॉलेज भवनों की दुर्घटना ने उन्हें अपने घर तक ही सीमित कर दिया था। व्हीलचेयर अनुकूल विश्वविद्यालय बसों को डिज़ाइन करने से लेकर परिवहन विभाग के लिए संवेदीकरण कार्यशालाओं का आयोजन करने और शहर के महत्वपूर्ण स्थानों और इमारतों के ऑडिट में भाग लेने तक, नीरू यह सुनिश्चित करने के लिए हर संभव प्रयास कर रही हैं कि कोई और नीरू घर पर न रहे।

लेकिन नीरू की निजी ज़िन्दगी समाज के सामने कई सवाल खड़े करती है। नीरू का कहना है कि वह अकेले रहकर और अपने दोस्तों के साथ जीवन का आनंद लेकर खुश हैं। लेकिन इस कथन में उसके अकेले रहने के विकल्प के अलावा और भी बहुत कुछ है।

> "देखो दिशा, अगर ईमानदारी से कहूँ - अगर मैं आपसे खरीददारी के लिए जाने का निर्णय लेते समय दो दोस्तों में से एक को चुनने के लिए कहूँ - एक वह जो है स्वस्थ और दूसरा जो दिव्यांग है और उसे कार पर चढ़ने, बाज़ार में उतरने के लिए आपकी मदद की आवश्यकता होगी, जिसकी व्हीलचेयर आपको लगानी होगी, जो आपके जैसा खाना नहीं खा सकता क्योंकि उसका शरीर बहुत कुछ पचा नहीं पाता है - आप किसे चुनेंगी?
>
> "शादी भी ऐसी ही होती है। एक सक्षम व्यक्ति व्हीलचेयर पर बैठे किसी व्यक्ति के साथ जीवन भर नहीं बिता सकता है। और अगर मुझे किसी दिव्यांग व्यक्ति से शादी करनी है, तो मैं अकेली क्यों नहीं रह सकती और इस व्यक्ति के साथ जीवन का आनंद क्यों नहीं ले सकती। वह मेरा सबसे अच्छा दोस्त होगा। शादी करके हमें क्या हासिल होगा?"

हालाँकि नीरू जो महसूस करती है उससे मैं पूरी तरह सहमत नहीं हूँ, फिर भी मैं उससे आगे कोई सवाल नहीं किया। नीरू के प्रश्न मुझे निशब्द और स्तब्ध कर देते हैं।

एक समाज के रूप में हम किसी दिव्यांग को अपना जीवनसाथी बनाना तो दूर, उसकी दोस्ती की ज़िम्मेदारी लेने के लिए भी तैयार नहीं हैं।

मेरी उदासी अल्पकालिक है क्योंकि नीरू मुझे अपने कई दोस्तों के साथ तस्वीर दिखाती है। सचमुच उनके चेहरों पर मुस्कुराहट और उनकी आँखों में खुशी साझा करने लायक है।

मैं नीरू की पड़ोस में रहने वाली एक चुलबुली लड़की से एक अकेली लड़की जिसे उसके भाग्य ने धोखा दिया था और अंततः कई लोगों की सच्ची दोस्त बनने तक की यात्रा के बारे में जानकर अभिभूत है। हम साक्षात्कार समाप्त करते हैं क्योंकि नीरू ने अपने व्हीलचेयर फ्लाइंग क्लब के दोस्तों के साथ इंडिया गेट का आनंद लेते हुए शाम बिताने की योजना बनाई है, जो अपनी पावर व्हीलचेयर पर दिल्ली में घूमते हैं और दुनिया को बताते हैं,

"हम आप में से एक हैं। केवल हमारे जीने का तरीका अलग है..."

नीरू से neeru.sanjeevani@gmail.com पर संपर्क किया जा सकता है।

दिव्यांगता और अभिगम्यता

घुटने की एक साधारण चोट जब व्यक्ति की गतिविधियों को एक दिन के लिए रोक देती है, उसे सहना किसी व्यक्ति के लिए कठिन होता है। सुनने की समस्या जो किसी व्यक्ति को एक दिन के लिए अपने परिवार के साथ संवाद करने से रोकती है, निराशाजनक हो सकती है। किसी व्यक्ति के गले में खराश जो उसे बोलने से रोकती है, उसका दिन खराब कर सकती है। एक गर्भवती महिला के लिए चार मंज़िला चढ़कर अपने ऑफिस तक पहुंचना लगभग असंभव काम है। एक दिव्यांग व्यक्ति को आए दिन इन परिस्थितियों का सामना करना पड़ता है। इस परिस्थिति में एकमात्र अंतर यह है कि वह हमेशा के लिए तो अपनी ज़िंदगी को नहीं रोक सकता। उसे इन बाधाओं का सामना करना पड़ता है क्योंकि उसे बाहर जाकर अपनी जीविका अर्जित करनी होती है। उसे न केवल व्यक्तिगत, बल्कि व्यावसायिक कार्यों से भी दूसरों के साथ संवाद करने की आवश्यकता है। उसे किसी अन्य व्यक्ति की तरह सभ्यता से काम करने की ज़रूरत है।

हमारे जैसे देश में, जहाँ लगभग 55 मिलियन लोग रोज़मर्रा के आधार पर इन समस्याओं का सामना करते हैं, एक ऐसा देश जहाँ दिव्यांग लोगों की संख्या फ्रांस की पूरी आबादी से अधिक है, ऐसा क्यों है कि हमारी 95 प्रतिशत इमारतें अभी भी पहुँच की अवधारणा के लिए उचित परिश्रम के बिना बनाई जाती हैं? यह ध्यान रखना दिलचस्प है कि किसी भवन को दिव्यांगों के अनुकूल बनाने से भवन की कुल लागत में केवल 2 प्रतिशत का इज़ाफ़ा होता है। ऐसा क्यों है कि स्कूल, कॉलेज, कार्यालय, पर्यटन स्थल, शॉपिंग कॉम्प्लेक्स, रेस्तरां, बस स्टैंड और यहाँ तक कि अस्पतालों का निर्माण करते समय रैंप, रेलिंग, ब्रेल प्रिंट, फिसलन प्रतिरोधी फर्श, ऑडियो विज़ुअल संकेत आदि को ध्यान में नहीं रखा जाता है? क्या हर बैंक और अस्पताल में सांकेतिक भाषा दुभाषिया नहीं होनी चाहिए? ऐसी बुनियादी सेवाओं के अभाव में एक दिव्यांग व्यक्ति डॉक्टर को अपनी बीमारी के बारे में कैसे बता सकता है?

महत्वपूर्ण ग्राहक-सामना वाली भूमिकाओं में बैठे लोग अक्सर दिव्यांग व्यक्ति की ज़रूरतों और आवाज़ को नज़रअंदाज कर देते हैं। कई दिव्यांग बिना सहायता के स्कूल नहीं जा सकते। इसमें कोई आश्चर्य की बात नहीं है, कि जब किसी घर में एक दिव्यांग बच्चा पैदा होता है, तो माता-पिता केवल अपने बच्चे के जीवित रहने के बारे में सोचते हैं। इसमें कोई आश्चर्य नहीं कि ऐसे बच्चों की सुरक्षा की जाती है और उन्हें अपने सपनों को जीने के लिए अपने घरों से बाहर निकलने की अनुमति नहीं दी जाती।

इस पुस्तक में सभी लोगों ने दिखाया है कि अभिगम्यता किस प्रकार उनके जीवन पर प्रभाव डाल सकती है। स्कूल, कॉलेज प्राधिकारियों और कॉर्पोरेट घरानों के थोड़े से सहयोग ने उन्हें अपने सपनों को पूरा करने और सामान्य से आगे बढ़ने में मदद की। यह भारत के विकास और समृद्धि के लिए न केवल सामाजिक बल्कि आर्थिक अर्थ भी रखता है। अन्यथा हम विश्व स्तरीय आर्थिक शक्ति होने का दावा कैसे करते हैं?

यदि इस देश को वास्तव में समावेशी विकास को गंभीरता से लेना है, तो अब समय आ गया है कि हम इन 55 मिलियन लोगों पर ध्यान दें। अब समय आ गया है कि हम अपने देश को सभी देशवासियों के लिए बाधा-मुक्त बनाएं।

सुखसोहित सिंह

जो वास्तव में आपका है उसके लिए लड़ें

दुनिया मुझे पिंजरे में बंद करने की कोशिश कर सकती है;
मैं उड़ता हूँ, मैं सपने देखता हूँ, मैं खुद को आज़ाद करता हूँ।
'बाधा' कहे जाने वाले हर ताले में;
मुझे 'अवसर' नाम की एक कुंजी मिली।

जब दुनिया आपको नकार देती है, तो खुद को साबित करने की चाहत आपके अंदर एक ऊर्जा भर देती है। जब लोग कहते हैं कि तुम चल नहीं सकते, तो उड़ने की इच्छा होती है।

उन्होंने भले ही देश की सबसे कठिन परीक्षाओं में से एक को पास कर लिया हो, लेकिन सरकार ने उन्हें पर्याप्त 'फिट' नहीं माना। सिविल सेवा चयन समिति ने उनके आवेदन को योग्यता के आधार पर नहीं, बल्कि चिकित्सा आधार पर खारिज कर दिया। लेकिन सुखसोहित उस चीज के लिए लड़ने के लिए खड़े हुए जो वास्तव में उनकी थी। उनकी लगातार लड़ाई ने न केवल सरकार को हिलाकर रख दिया, बल्कि दुनिया भर के लाखों लोगों को भी प्रभावित किया। कहीं न कहीं सुखसोहित को यह एहसास था कि उन्हें एक क्रांति लानी होगी। वह न केवल अपने लिए बल्कि पूरे दिव्यांग समुदाय के लिए जीत हासिल करना चाहते थे। यह सकारात्मक बदलाव लाने की इच्छा ही थी जिसने उन्हें आगे बढ़ने के लिए प्रेरित किया। आज सुखसोहित भारतीय सिविल सेवा का हिस्सा बनने वाले पहले आनुवंशिक रूप से दिव्यांग व्यक्ति बन गए हैं। सुखसोहित की पूरी नौकरशाही व्यवस्था के खिलाफ लड़ाई हमारी नीतियों और नीति निर्माताओं

की अदूरदर्शिता को उजागर करती है, खासकर जब बात आनुवंशिक दिव्यांगता की आती है।

उनकी जीत एक प्रतीकात्मक संदेश है कि रास्ता कितना भी कठिन क्यों न हो और कितना भी सफर करना पड़े, अगर कोई वास्तव में कुछ हासिल करना चाहता है, तो ऐसी कोई बाधा नहीं है जिसे जीता न जा सके।

सुखसोहित का जन्म चंडीगढ़ में हुआ था। उनके पिता एक वायु सेना अधिकारी थे। सुखसोहित परिवार में छोटा बेटा था। जन्म के समय, डॉक्टरों को बच्चे में कुछ भी असामान्य या गलत नहीं लगा। लेकिन समय बीतने के साथ, सुखसोहित की सांस फूलने लगी और उसे थकान होने लगी। उन्हें थैलेसीमिया मेजर नामक बीमारी थी।

थैलेसीमिया एक अनुवांशिक विकार है जिसमें व्यक्ति का शरीर लाल रक्त कोशिकाओं का उत्पादन नहीं करता है। इस विकार से पीड़ित लोगों को जीवन भर नियमित रक्त संक्रमण से गुज़रना पड़ता है और कम प्रतिरक्षा स्तर के कारण बड़ी संख्या में संक्रमण होने की आशंका होती है। यह दुनिया भर में प्रमुख जानलेवा बीमारियों में से एक है। यहाँ तक कि जो लोग बच जाते हैं उनके सामने भी कठिन जीवन होता है। दुर्भाग्य से, इस बीमारी का शायद ही कोई विश्वसनीय, किफायती इलाज मौजूद है।

सुखसोहित के माता-पिता के लिए यह एक बड़ा झटका था। उनके पिता ने अपने जीवन में कई कठिनाइयां देखी थीं। उनके पिता चार साल की उम्र में अनाथ हो गए थे, उनके दादा की विभाजन के दौरान मौत हो गई थी। तब उनकी दादी पर भी हमला हुआ था और उनका कंधा पूरी तरह क्षतिग्रस्त हो गया था। और अब उन्होंने अपने सबसे प्यारे बच्चे को पीड़ित देखा। उन्हें नहीं पता था कि सुखसोहित कब तक जीवित रहेंगे। उसका जीवन कैसा होगा? किसी भी माता-पिता के लिए अपने बच्चे को पीड़ित देखना दर्दनाक होता है। ऐसी उम्र में जब अधिकांश माता-पिता अपने बच्चों के लिए नए कपड़े खरीदते हैं, सुखसोहित के माता-पिता ने दवाएं और सिरिंज खरीदीं। ऐसी उम्र में जब अधिकांश माता-पिता अपने बच्चे को खेलने के लिए ले जाते हैं, सुखसोहित के माता-पिता उसे अस्पतालों में ले जाते थे।

लेकिन कठिन परिस्थितियों के बावजूद, उनके पिता खुद से कहते रहे कि कोई भी परिस्थिति आपको तब तक कमज़ोर नहीं कर सकती जब तक कि आप ख़ुद इसकी अनुमति न दें।

सुखसोहित ने अपने जीवन के शुरुआती कुछ वर्ष एयर फ़ोर्स स्कूल, दिल्ली में बिताए। अपनी परवरिश के कारण उन्हें कभी भी दूसरे बच्चों से कमतर महसूस नहीं हुआ। उनके माता-पिता ने उनके शिक्षकों को उनकी स्थिति के बारे में अवगत कराया था, इसलिए उनके शिक्षकों ने सोचा कि वह एक शांत और सुस्त बच्चा होगा। लेकिन वह दूसरे बच्चों की तरह खेलना चाहता था। उन्होंने स्कूल में विभिन्न प्रतियोगिताओं में भाग लिया और बचपन से ही वे एक प्रतिभाशाली छात्र थे।

थैलेसीमिक बच्चे का पालन-पोषण करना माता-पिता के लिए आसान नहीं होता। आजीवन अस्पताल के चक्कर, लगातार ब्लड-ट्रांसफ्यूजन, प्रतिदिन दवाइयां और अन्य कई तरह की समस्याएं न केवल आर्थिक बोझ डालती है, बल्कि पूरे परिवार पर भावनात्मक रूप से भी परेशानी का कारण बनती हैं। इलाज की तलाश में परिवार ने कई अस्पतालों का दौरा किया। दुर्भाग्य से, इस बीमारी का केवल एक ही विश्वसनीय इलाज है - किसी के भाई-बहन की अस्थि मज्जा को किसी के शरीर में प्रत्यारोपित किया जा सकता है (बोन मेरो ट्रांसप्लांट)। न केवल भाई-बहन के अस्थि मज्जा के साथ सटीक मिलान ढूंढना बेहद मुश्किल है, बल्कि अस्थि मज्जा ट्रांसप्लांट में लगभग 18 से 20 लाख का खर्च आता है। सुखसोहित के परिवार की साधारण पृष्ठभूमि को देखते हुए, उस समय यह अकल्पनीय राशि थी।

> "मेरे माता-पिता इस आशा के साथ एक-एक रुपया बचाते थे कि किसी दिन वे ट्रांसप्लांट करवा सकेंगे और मुझे प्रसन्न देख सकेंगे। हम कौन सा साबुन खरीदें से लेकर क्या हम बाहर खाना खाएंगे तक, हर छोटा निर्णय इन लागत-बचत विचारों से प्रभावित था। सभी प्रयासों के बावजूद, मेरे भाई की अस्थि मज्जा मेरी अस्थि मज्जा से मेल नहीं खा रही थी और यह हमारी सभी आशाओं का अंत था।"

इस बीमारी के बारे में जागरूकता की कमी थी और उस समय सैन्य अस्पतालों में चिकित्सा बिरादरी में उपचार का शायद ही कोई ज्ञात प्रतिमान था। आखिरकार, उनके पिता चंडीगढ़ में पोस्ट ग्रेजुएट इंस्टीट्यूट ऑफ मेडिकल रिसर्च (पी जी आई एम आर) में एक एन जी ओ के संपर्क में आए। थैलेसीमिया चिल्ड्रन वेलफेयर एसोसिएशन इस आनुवंशिक विकार से पीड़ित लोगों के लिए एक प्रसिद्ध गैर सरकारी संगठन था। सुखसोहित के पिता ने अपना तबादला चंडीगढ़ करवा लिया ताकि सुखसोहित का पालन-पोषण विशेषज्ञ डॉक्टरों की देखरेख में हो सके।

यह परिवार के लिए कई तरह के समझौते और परेशानियां लेकर आया। उनका घर मुख्य शहर से काफी दूर था और सुखसोहित के बड़े भाई को स्कूल पहुँचने के लिए प्रतिदिन लगभग दो घंटे की यात्रा करनी पड़ती थी। सुखसोहित अधिक परिश्रम नहीं कर सकते थे। इसलिए उन्हें पास के केंद्रीय विद्यालय में दाखिला दिला दिया गया। यहीं पर उन्होंने अपनी शिक्षा पूरी की। भले ही उन्हें अपने इलाज के लिए अक्सर स्कूल में एब्सेंट होना पड़ता था, फिर भी वह हमेशा सब बच्चो में अव्वल थे। वह खेल में जो हासिल नहीं कर सके, उसकी भरपाई उन्होंने अकादमिक उत्कृष्टता से की। भले ही सुखसोहित का स्कूल हिंदी माध्यम था, लेकिन अंग्रेज़ी सीखने और उसमें उत्कृष्टता हासिल करने की इच्छा ने उन्हें बहुत कड़ी मेहनत करने के लिए मजबूर किया। किताबें उनकी सबसे अच्छी दोस्त बन गईं।

कॉलेज में रहते हुए, सुखसोहित नहीं चाहते थे कि उनके कॉलेज या दोस्तों द्वारा उन्हें कोई विशेष व्यवहार दिया जाए। उन्होंने कॉलेज में कभी भी अपने दोस्तों को अपनी बीमारी के बारे में नहीं बताया।

> "मेरा मानना है कि दुनिया आपकी खुशियों की बड़ी खरीदार है, लेकिन आपकी समस्याओं की नहीं है। मैं कभी भी अपनी परेशानियां किसी के साथ साझा नहीं करना चाहता था। मैं कोई सहानुभूति या दया नहीं चाहता था। इस प्रकार, मैंने अपने करीबी दोस्तों को भी अपनी समस्याओं के बारे में नहीं बताया। अक्सर, मैं शाम को अपने

ब्लड सैंपल लेने जाता था और अगली शाम रक्त लेने और रक्त चढ़ाने जाता था।"

उन्होंने निम्नलिखित पंक्तियों के माध्यम से अपनी विचार प्रक्रिया का उपयुक्त सारांश प्रस्तुत किया है:

"अपने ज़ख्मों की यूँ नुमाइश न कर,
जो चाहता है, उसे पाने की फरमाइश न कर,
जो तेरा है खुद चल कर आएगा तेरे दर पे,
उसे पाने की पल पल यूँ गुज़ारिश न कर।"

सुखसोहित के गहन विचार उनके भीतर महसूस होने वाली शांति, संतुलन और अद्भुत स्वभाव के बारे में बहुत कुछ बताते हैं। जब आपका शरीर कमज़ोर महसूस करता है, जब मामूली चोट को ठीक होने में महीनों लग सकते हैं और जब दवाएं आपके भोजन की तरह आहार का अभिन्न अंग होती हैं, तब सामान्य जीवन जीना कठिन हो जाता है।

"दर्द अनिवार्य, दुख वैकल्पिक है। मुझे लगता है कि कई बार अगर कोई दिव्यांग व्यक्ति सामान्य जीवन जीना चाहता है, तो भी उसका परिवार उम्मीद खो देता है और उसे सिस्टम से बाहर निकालने की कोशिश करता है। मेरे मामले में, मैंने अपने माता-पिता से कहा कि वे मुझे अपनी शर्तों पर जीवन जीने दें। मेरी माँ हमेशा मेरे स्वास्थ्य को लेकर अत्यधिक चिंतित रहती थी। लेकिन मैंने उनसे अनुरोध किया कि मैं उन पर निर्भर रहकर लंबी ज़िन्दगी जीने की बजाय छोटी लेकिन स्वतंत्र ज़िन्दगी जीना पसंद करूंगा। मैंने उनके साथ कई बार धैर्यपूर्वक बातचीत की ताकि वह मुझ पर भरोसा कर सकें और मुझे स्वतंत्र छोड़ सकें। हर बार कोई रिश्तेदार या पड़ोसी आकर उस आत्मविश्वास को हिलाने की कोशिश करता था। लेकिन मैं कभी भी अपने जीवन की

> विशिष्टता को केवल इसलिए नहीं भूलना चाहता था क्योंकि दूसरों को मुझ पर संदेह था।"

कम उम्र में स्कूल छोड़ने वाले अधिकांश थैलेसीमिया रोगियों के विपरीत, सुखसोहित ने बिज़नेस इकोनॉमिक्स में अपना ऑनर्स पूरा किया और आयकर परीक्षा में पहली रैंक भी हासिल की। जब उन्होंने लोक प्रशासन में स्नातकोत्तर की पढ़ाई पूरी की और यू जी सी की जूनियर रिसर्च फेलोशिप के लिए योग्यता प्राप्त की, और उन्हें प्रथम स्थान भी मिला।

सुखसोहित एक ऐसा मंच चाहते थे जहां से वह न केवल अपने या अपने परिवार के लिए बल्कि पूरे देश के लिए बदलाव ला सकें। इसलिए उन्होंने सिविल सर्विस की तैयारी शुरू कर दी। वह पहली बार वर्ष 2007 में परीक्षा में शामिल हुए, लेकिन सफल नहीं हो सके। 2008 में उन्होंने दोबारा परीक्षा दी और अच्छी रैंक हासिल की। हालाँकि, परिणाम में कुछ महीनों की देरी हुई। तब तक सुखसोहित पंजाब यूनिवर्सिटी में जूनियर रिसर्च फेलो के रूप में शामिल हो गए थे। उन्होंने 2010 में दोबारा आवेदन किया। सितंबर 2010 में जो नतीजे आए तो उनका नाम सफल उम्मीदवारों की सूची में था।

जब कोई व्यक्ति उस विशिष्ट सूची में अपना नाम देखता है, तो यह एक सपने के सच होने जैसा होता है। लेकिन जब सुखसोहित ने अपना नाम देखा, तो वह मन ही मन मुस्कुराए और कठिन भाग के लिए तैयार हो गए। आज तक, थैलेसीमिया से पीड़ित कोई भी व्यक्ति सिविल सेवा साक्षात्कार में सफल नहीं हो सका है। चयन समिति (सिलेक्शन कमिटी) के लिए यह एक ऐतिहासिक मामला होने वाला था।

जबकि सुखसोहित को पता था कि वह भारतीय पुलिस सेवाओं की तरह कुछ ऑन-ग्राउंड प्रोफाइल में शामिल नहीं हो सकते, उन्हें यह भी लगा कि ऐसा कोई कारण नहीं होना चाहिए कि उन्हें गैर-तकनीकी भूमिकाओं के लिए भी न लिया जाए। सुखसोहित की आशंका तब सच साबित हुई जब मेडिकल बोर्ड ने उनकी विकलांगता का हवाला देते हुए उनके आवेदन को खारिज कर दिया। सुखसोहित का मानना था कि वह बेहतर के हकदार हैं।

उनकी जगह कोई और होता तो शायद हार मान लेता। मगर सुखसोहित ने व्यवस्था से लड़ने का फैसला किया। उन्होंने शिक्षा मंत्रालय में याचिका दायर कर अपने मामले पर पुनर्विचार करने की माँग की। कुछ नहीं हुआ और उसकी याचिका अनसुनी कर दी गई। वह फाइलों के ढेर में खो गए थे। ऐसा तब तक था जब तक सुखसोहित ने मीडिया की मदद लेने का फैसला नहीं किया।

उनके इस मकसद में मीडिया ने उनकी काफी मदद की। उनकी कहानी प्रमुख समाचार पत्रों द्वारा प्रकाशित की गई थी। जब उनका मामला मीडिया में आया तो पूरा देश उनके अधिकारों के लिए उनके संघर्ष में शामिल हो गया। जल्द ही, उनके बहुत सारे समर्थक सड़कों पर थे, याचिका (पेटिशनिंग) दायर कर रहे थे और उनकी अयोग्यता के पीछे के तर्क की मांग कर रहे थे।

विश्व रक्तदान दिवस पर, दिल्ली सरकार के स्वास्थ्य मंत्री जो अपोलो अस्पताल में मुख्य अतिथि के रूप में आये थे, उनका स्वागत करने के लिए सुखसोहित को बुलाया गया था। तभी सुखसोहित ने उनसे स्पष्टता और दृढ़ता से बात की।

उन्होंने मंत्री को बताया कि उन्हें परेशानी अस्वीकृति से नहीं थी, अपितु अस्वीकृति के बताये गए कारणों से थी। पहला कारण यह बताया गया कि उनके जीवन काल की भविष्यवाणी नहीं की जा सकती और उनका जीवन अल्प हो सकता है। उनके कर्तव्यों से हटने या मृत्यु की स्थिति में, संबंधित विभाग अराजक स्थिति में होगा। सुखसोहित ने विनम्रतापूर्वक मंत्री से पूछा कि क्या मंत्री या यह कारण बताने वाला व्यक्ति अपने जीवन, स्वास्थ्य और जीवित रहने के प्रति आश्वस्त हैं। परिभाषा के अनुसार जीवन अप्रत्याशित होने के कारण, यह कारण हास्यास्पद था। मंत्री चुप हो गये। सुखसोहित ने यह समझा और मंत्री के डर को दूर करने की कोशिश की कि उचित दवाओं और जीवनशैली के साथ, सुखसोहित सामान्य जीवन जी रहे हैं।

उनकी अस्वीकृति का दूसरा कारण यह बताया गया कि उनके इलाज का खर्च सरकार को वहन करना होगा। यहाँ भी, सुखसोहित की बात उचित थी। उन्होंने मज़ाक में कहा कि चूंकि उनके पिता वायु सेना में एक वरिष्ठ अधिकारी थे, इसलिए भले ही वह सिविल सेवाओं में नहीं आए, फिर भी सरकार को उनके प्रति देनदार बने रहना होगा।

> "तब मैं हँसा और उनसे कहा कि वे मेरे मेडिकल खर्चों का भुगतान करने के बजाय मुझसे कुछ भी वसूल सकते हैं।"

सुखसोहित के मज़ाकिया जवाबों ने मंत्री का ध्यान खींचा और उन्होंने सुखसोहित को हर संभव तरीके से मदद करने का वादा किया। लेकिन उससे कुछ खास नतीजा नहीं निकला।

इन सभी बाधाओं के बावजूद, सुखसोहित डटे रहे। मीडिया के निरंतर समर्थन और सुखसोहित के धैर्य और दृढ़ संकल्प की परिणति अंततः इस मामले में प्रधानमंत्री द्वारा व्यक्तिगत रूप से हस्तक्षेप करने के रूप में हुई।

1 जुलाई 2011 को, सुखसोहित को अंततः भारतीय रक्षा लेखा सेवाओं (डिफेन्स अकाउंट सर्विस) से चयन पत्र मिला। इस युवक की कभी न हार मानने वाली भावना ने एक असंभव उपलब्धि को वास्तविकता बना दिया था।

उनकी पृष्ठभूमि और सेवाओं में आने की दिलचस्प यात्रा के कारण, सेना में हर कोई उनके बारे में पहले ही सुन चुका था और उनका बहुत सम्मान किया जाता था। हर कोई जानता था कि वह दृढ़ इच्छाशक्ति वाले व्यक्ति हैं।

अपने शामिल होने के बाद से, सुखसोहित अपने प्रशिक्षण के लिए पूरे देश में यात्रा कर रहे हैं। अपनी निरंतर यात्रा के दौरान वह अपने रक्त-आधान का प्रबंधन कैसे करते हैं?

जहाँ भी उन्हें किसी स्थान पर बीस दिन से अधिक रुकना होता है, वह पहले से ही ट्रांसफ्यूजन की योजना बना लेते हैं। वह अस्पतालों में संपर्क स्थापित करने का प्रयास करते हैं। विभाग भी बहुत तत्पर है और आवश्यक व्यवस्था करता है। थोड़ी अग्रिम योजना और देखभाल, उचित दवा और एक स्वस्थ जीवनशैली सुखसोहित को एक अच्छा जीवन जीने में मदद करती है।

मैं पूछती हूँ कि क्या यह सुखसोहित के लिए पूरा किया गया मिशन है?

सुखसोहित मुस्कुराये।

> "एक समय था जब मेरे माता-पिता मेरे लिए चिंतित थे, वे मुझसे कहते थे कि वे मेरे लिए एक कंप्यूटर सेंटर या 'किराना' दुकान शुरू करेंगे

> ताकि मैं उनके चले जाने के बाद भी आजीविका कमा सकूं। 'कैरियर' एक विशेषाधिकार था जो केवल मेरे बड़े भाई के लिए आरक्षित था। "और अब, जब मैं लाल बत्ती वाली कार में घर जाता हूँ, तो मेरे माता-पिता की आंखें गर्व से भर जाती हैं। इसलिए व्यक्तिगत तौर पर मैं संतुष्ट हूँ। अक्सर, हम भगवान को कोसते हैं, लेकिन मेरा दृढ़ विश्वास है कि अगर वह एक चीज़ छीन लेता है तो वह उसे सैकड़ों तरीकों से हमें वापस देने को तैयार रहता है। हमें भी अपने सपनों की दिशा में लगन और दृढ़ संकल्प के साथ काम करने की ज़रुरत है।"

सुखसोहित की जीत केवल एक मील का पत्थर है और यात्रा अभी शुरू हुई है। भारत में चिकित्सा रंगभेद एक गंभीर समस्या है। भारत का दिव्यांगता बिल दिव्यांग लोगों के लिए विशेष कोटा के तहत आनुवंशिक रूप से दिव्यांग लोगों पर भी विचार नहीं करता है। लोकोमोटिव, श्रवण, वाणी और दृष्टिबाधितों के लिए आरक्षण कोटा है। लेकिन उन लोगों के लिए कुछ नहीं जो परिभाषा के अनुसार शारीरिक रूप से विकलांग नहीं हैं। सुखसोहित अब एक कार्यकर्ता हैं, जो आनुवंशिक रूप से दिव्यांग लोगों के अधिकारों के लिए लड़ रहे हैं। वह दिव्यांगता विधेयक को संसद में पारित कराने के लिए अधिकारियों के साथ पैरवी कर रहे हैं और पत्र-पत्रिकाओं में लिखकर लोगों में जागरूकता पैदा कर रहे हैं। सुखसोहित एक दिलचस्प टिप्पणी सामने लाते हैं जब वे कहते हैं,

> "जब थैलेसीमिया से पीड़ित दो लोग शादी करते हैं; जन्म लेने वाले हर तीन में से एक बच्चा थैलेसीमिया माइनर होता है। इसलिए, अगर कुछ बुनियादी परीक्षण पहले ही कर लिए जाएं, तो हम इस बीमारी को पूरी तरह से खत्म कर देंगे।"

जिस देश में लोग शादी से पहले कुंडली मिलान करना पसंद करते हैं, वहाँ मेडिकल मिलन की कोई अवधारणा नहीं होना आश्चर्य की बात नहीं है। हमें इन तथ्यों के बारे में लोगों में जागरूकता पैदा करने की ज़रुरत है। सरकार को इसमें सक्रिय

भूमिका निभानी होगी। बच्चे के गर्भधारण से पहले रक्त जांच परीक्षण को अनिवार्य और किफायती बनाया जाना चाहिए। लोगों को रक्तदान के महत्व के बारे में जागरूक करने की ज़रुरत है। पोलियो की तरह थैलेसीमिया को भी पूरी तरह से खत्म किया जा सकता है।

सुखसोहित आगे कहते हैं कि ऐसे भी मामले सामने आए हैं जब थैलेसीमिया के मरीज़ों को एड्स से संक्रमित खून चढ़ाया गया है।

चिकित्सा बुनियादी ढांचे के लिए एक वैश्विक ब्रांड के रूप में अपनी प्रतिष्ठा स्थापित करने की शुरुआत करने वाले देश में, इस तरह की उपेक्षा और सख्त चिकित्सा कानूनों की अनुपस्थिति अस्वीकार्य है। भारत में लगभग तीस मिलियन थैलेसीमिया रोगी हैं और दुनिया की दस प्रतिशत बीमारियां भारत में हैं। क्या हम समाज के रूप में उन लोगों के प्रति अंधे हैं जो कम विशेषाधिकार प्राप्त हैं? हम दिव्यांग लोगों के जीवन को आसान क्यों नहीं बना सकते? इन लोगों के लिए भूतल पर कक्षाएं बनाना, लिफ्ट स्थापित करना और अपने डॉक्टरों और माता-पिता के संपर्क नंबरों को संभाल कर रखना जैसे सरल कदम छोटे कदम हैं जो कई छात्रों को प्रारंभिक चरण में स्कूलों से हटने से रोक सकते हैं।

सुखसोहित बहुत आशावादी हैं कि चीज़ें बदल सकती हैं, बशर्ते अधिक जागरूकता हो। वह एक महत्वपूर्ण मार्ग पर चल पड़े हैं - अपने जैसे लाखों अन्य लोगों के जीवन को आसान बनाने का मार्ग; यह कई और सुखसोहितों को तैयार करने का मार्ग है, जिन्हें हासिल करने के लिए सिस्टम से लड़ने की ज़रूरत नहीं है जिसके वे वास्तव में हकदार हैं।

जैसा कि सुखसोहित आशावादी ढंग से कहते हैं,

> "हम सभी के भीतर एक चिंगारी है, जो प्रज्वलित होने की प्रतीक्षा कर रही है। हमारा प्रयास होना चाहिए कि हम उस चिंगारी को आग में बदलें। ऊँचा उड़ना और आसमान छूना। जीतने वाला घोड़ा यह नहीं जानता कि वह क्यों दौड़ता है? वह कोड़ों और पिटाई के कारण दौड़ता

> है - जो दर्द उसे उसके जॉकी द्वारा दिया जाता है। ईश्वर वह जॉकी है जो हमारा मार्गदर्शन करता है और हमारी सवारी करता है। इसलिए जब भी आप दर्द में हों, तो बस विश्वास करें कि भगवान चाहते हैं कि आप दौड़ जीतें।"

सुखसोहित से suksohit_2020@yahoo.co.in पर संपर्क किया जा सकता है।

विकलांगता और भारतीय नीतियां

विकलांगता के विषय पर शोध करते समय, मैंने विकलांगों के लिए नीतियों और हमारे विकलांगता पर, भारतीय कानूनों के बारे में पढ़ा। हालाँकि अधिकांश नीतियां भारत को अधिक समावेशी समाज बनाने का ईमानदार प्रयास करती हैं, फिर भी कई ज्वलंत मुद्दे अभी भी बने हुए हैं।

सबसे पहला और महत्वपूर्ण मुद्दा - गिनती का बुनियादी मुद्दा है। क्या आप जानते हैं कि अलग-अलग स्वतंत्र सर्वेक्षण देश में दिव्यांग लोगों के प्रतिशत प्रश्न को बहुत अलग-अलग संख्या में रखते हैं? कुछ का कहना है कि संख्या लगभग बीस मिलियन है जबकि कुछ का कहना है कि संख्या सत्तर मिलियन तक है। फिर, इस बात को लेकर बहुत विसंगति है कि इन सर्वेक्षणों के अंतर्गत किन विकलांगताओं को गिना जाता है। कुछ लोग सौ प्रतिशत विकलांग हो सकते हैं, जबकि अन्य आंशिक रूप से विकलांग हो सकते हैं। कुछ विकलांगताएं स्पष्ट हो सकती हैं, जबकि आनुवंशिक या मानसिक नहीं। मुझे यह जानकर आश्चर्य हुआ कि मानसिक रूप से विकलांग लोगों के लिए तेलुगु या हिंदी में कोई शब्द नहीं हैं। ऐसे राज्यों और क्षेत्रों में गणना कैसे की जाती है? जहाँ लोग केवल स्थानीय भाषाएं ही समझते हैं? इस प्रकार कई नीतियां संख्याओं पर आधारित होती हैं जो सटीक हो भी सकती हैं और नहीं भी।

चिंता का एक और मुद्दा विकलांगता अधिनियम, 1995 में आनुवंशिक विकलांगता को पूरी तरह से बाहर करना है। सुखसोहित अपने कानूनी अधिकारों का दावा सिर्फ इसलिए नहीं कर सके क्योंकि कानूनी तौर पर उन्हें 'विकलांग' श्रेणी में नहीं गिना जाता था। हम ऐसी स्पष्ट विसंगतियों से कैसे निपटें? और हमें इसके बारे में कुछ करने में इतना समय क्यों लगा? ऐसी बुनियादी नीतिगत खामियां क्यों मौजूद हैं?

जहाँ नीतियां मौजूद हैं, वे उचित रूप से लागू किए बिना महज कानूनी कार्य हैं; वे नीतियां जिनके लिए सरकार को कभी जवाबदेह नहीं ठहराया गया और जिन पर

संसद में चर्चा और बहस नहीं की गई। सामाजिक न्याय और विकलांग समुदाय के लिए मंत्रालय मौजूद हैं। लेकिन उन्हें अक्सर रोजमर्रा के सरकारी कार्यों में दरकिनार कर दिया जाता है, सिर्फ इसलिए क्योंकि उन्हें पर्याप्त महत्वपूर्ण नहीं माना जाता है।

क्या ऐसा इसलिए है क्योंकि दिव्यांग लोग हमारे वोट बैंक का महत्वपूर्ण हिस्सा नहीं हैं? किसी दिव्यांग व्यक्ति के लिए बाहर जाकर वोट डालना आसान बनाने की कोई नीति क्यों नहीं है? इन लोगों को हमारी चुनावी प्रक्रिया का सक्रिय हिस्सा बनने में मदद करने के लिए सरकार की कोई नीति क्यों नहीं है?

ऐसे प्रश्न, और भी बहुत कुछ, अभी भी अनुत्तरित हैं।

के. मुरली

खामोशी की आवाज

शब्दों और ध्वनियों की दुनिया से परे;
मौन की ध्वनि सुनो।
मेरे जीवन का संगीत भी सुनो;
क्योंकि यहाँ आपको भरपूर प्यार मिलेगा।

ख़ुशी हमारे होठों पर एक गीत गाती है। जब हम दुखी होते हैं तो अपने किसी करीबी से बात करते हैं और शब्दों के ज़रिये अपना दर्द व्यक्त करते हैं। शब्द जोड़ते हैं; शब्द बांधते हैं। भोजन, पानी और आश्रय के बाद, संचार (कम्युनिकेशन) शायद मनुष्य की अगली सबसे बुनियादी ज़रूरत है।

इस प्रकार, जब मैंने पहली बार श्री कुप्पुसामी मुरली के बारे में सुना, तो मेरी पहली प्रवृत्ति यह थी कि यह एक ऐसे व्यक्ति होंगे जो गुमनामी में जा चुके होंगे क्योंकि वह लोगों को बात करते हुए नहीं सुन सकते, न ही वह खुद को शब्दों के माध्यम से व्यक्त कर सकते हैं। उनके सर्कल में अत्यधिक लोग उनकी उपस्थिति को अनदेखा कर देते होंगे।

उन्होंने जीवन में इतना कुछ कैसे हासिल किया यह किसी चमत्कार से कम नहीं है। राष्ट्रीय स्तर पर सांकेतिक भाषा का समर्थन करना कोई आसान काम नहीं है, न ही हज़ारों श्रवण-बाधित पुरुषों और महिलाओं की शिक्षा, रोज़गार, विवाह की ज़िम्मेदारी उठाना है। डेफ लीडर्स नाम सुधार संस्थान के माध्यम से, मुरली अपने जैसे कई अन्य लोगों को उनके सपने जीने में मदद करने में कामयाब रहे हैं। उनकी उपलब्धियां न केवल अनुकरणीय हैं, बल्कि वे मुरली के मानवता के स्तंभ के बारे में भी बताती हैं।

मुरली का साक्षात्कार मेरे जीवन के सबसे चुनौतीपूर्ण अनुभवों में से एक था। यह पहली बार था जब मुझे किसी के कुछ बोले बिना उसकी भावनाओं को समझना पड़ेगा। मैंने अनकही बातों को समझा और सराहा। मुझे बिना कुछ कहे या सुने उनसे संवाद करना था। कुछ ऐसा जो मैंने पहले कभी नहीं किया था। इससे भी जटिल बात यह थी कि हम पहली बार मिल रहे थे।

यह कठिन कार्य भी मेरे लिए एक बहुमूल्य सीख था। सांकेतिक भाषा न समझ पाने के कारण मैं दुनिया भर के लाखों लोगों से अब तक कटी हुई थी। क्या मैं उनसे तब तक बात नहीं कर पाऊँगी जब तक हमे एक दुभाषिया न मिल जाए? क्या बधिर लोगों के लिए तथाकथित 'सामान्य' मनुष्यों के साथ संवाद करने का एकमात्र तरीका दुभाषिया होना ही था? या क्या हम उनके साथ संवाद करने के लिए बुनियादी सांकेतिक भाषा सीखने में थोड़ा अतिरिक्त प्रयास कर सकते हैं? जैसे ही मैंने मुरली का साक्षात्कार लिया, मुझे एहसास हुआ कि सांकेतिक भाषा सीखने में कितना कम प्रयास करना पड़ता है।

मुरली की कहानी खूबसूरत है क्योंकि इसे शब्दों के माध्यम से नहीं, बल्कि सीधे उनके दिल से बताया गया है। मुरली की कहानी इसलिए खास है क्योंकि अपने आस-पास के लोगों के उदासीन रवैये के बावजूद, मुरली ने सभी बाधाओं पर विजय प्राप्त की। उनकी सफलता ने न केवल उनके जैसे कई लोगों के लिए नए दरवाज़े खोले, बल्कि यह भी साबित किया कि मन की आवाज़ भी शक्तिशाली होती है, बशर्ते वह दिल से आती हो।

मुरली का जन्म कोयंबटूर में हुआ था और वह परिवार में चौथी संतान थे। उनके पिता एक ज़िला कलेक्टर थे और माँ एक गृहिणी थीं। उनके माता-पिता दोनों बिल्कुल स्वस्थ थे। इसलिए जब उनका दूसरा बच्चा, एक लड़की, पैदा हुई, तो दंपति को लंबे समय तक बच्चे की विकलांगता का एहसास ही नहीं हुआ। उन्होंने बस यह सोचा कि वह उन बच्चों में से एक थी जो प्रतिक्रिया देने में थोड़ा अतिरिक्त समय लेते हैं। उन्होंने कभी सपने में भी नहीं सोचा था कि उनकी छोटी राजकुमारी मूक-बधिर पैदा हुई है। यह एहसास उन्हें तब हुआ जब उनके अगले बच्चे का जन्म हुआ और उसने प्रतिक्रिया

देना शुरू किया। लेकिन बड़ी बेटी ने अभी भी जवाब नहीं दिया, जिससे वे घबरा गए। डॉक्टरों ने मुरली के माता-पिता को उनके दूसरे बच्चे की विकलांगता के बारे में बताया।

जब मुरली का जन्म हुआ, तो उनके माता-पिता अधिक सतर्क थे और उन्होंने मुरली की अनुत्तरदायी को बहुत पहले ही नोटिस कर लिया था। नियति ने एक बार फिर परिवार के साथ क्रूर मज़ाक किया था। उनके दो बच्चे सुनने और बोलने में असक्षम थे।

दंपत्ति अपने सभी बच्चों को समान रूप से प्यार करते थे। बच्चे एक साथ बड़े हुए और अपने भाई-बहन की विकलांगता के आदी हो गए। जैसा कि मुरली की बहन (जो स्वस्थ पैदा हुई थी) कहती है,

> "बालपन में, हम भाई बहन हमेशा एक-दूसरे के साथ संवाद करना चाहते थे। इसलिए हमारे पूरे परिवार ने बिना किसी प्रयास या पाठ के सांकेतिक भाषा और लिप-रीडिंग के माध्यम से संचार करना सीख लिया। एक तरह से हममें से किसी को भी एक-दूसरे से संवाद करने में सक्षम होने के लिए औपचारिक सांकेतिक भाषा प्रशिक्षण की आवश्यकता नहीं हुई।"

1960 के दशक में, बधिर लोगों के लिए शिक्षा अनसुनी थी; ऐसा नहीं है कि आज कुछ बेहतर है। मूक-बधिरों की पढ़ाई पर बड़ा प्रश्न चिह्न है। एक ओर, माता-पिता और समाज को लगता है कि इन लोगों को शिक्षित करने की कोई आवश्यकता नहीं है, जब उन्हें अच्छी नौकरी मिलने की संभावना ही नहीं है। दूसरी ओर, जो कुछ लोग पढ़ने के लिए आगे आते भी हैं उन्हें अच्छे स्कूलों में प्रवेश नहीं दिया जाता है। रोज़गार चिंता का बड़ा कारण है। ऐसे कई काम हैं जो बधिर कर सकते हैं। लेकिन कॉरपोरेट उन्हें मौका देने को लेकर भी संशय में हैं।

भारत में 1.1 मिलियन की बधिर आबादी 98% निरक्षर है। फिर भी, केवल लगभग 500 स्कूल ही देश में ऐसे हैं जिनमें बधिरों का दाखिला होता है। ऐसे में हम समानता और निष्पक्षता की बात कैसे कर सकते हैं?

मुरली के माता-पिता अपने बच्चों को अच्छी शिक्षा देने के लिए बहुत उत्सुक

थे। उनके पिता ने समाचार पत्रों से जानकारी एकत्र की और जहाँ वे रहते थे उसके आसपास के कुछ स्कूलों का दौरा किया। लेकिन चूंकि कोयंबटूर में बधिरों के लिए कोई स्कूल नहीं था, इसलिए उनके पिता ने खुद को तिरुनावेली में स्थानांतरित कर लिया और मुरली और उनकी बहन को विशेष ज़रूरतों वाले बच्चों के लिए एक स्कूल में दाखिला दिलाया।

स्कूल ने सीखने की मौखिक पद्धति को अपनाया। यह विधि होंठों को पढ़ने पर केंद्रित है और फिर अध्यापकों द्वारा कठोर प्रशिक्षण के माध्यम से बच्चों को बोलने/होंठ सिंक करवाने की कोशिश करती है।

अनभिज्ञ लोगों के लिए, बधिर समुदाय में संचार के दो तरीकों के बीच बहस जारी है; एक सांकेतिक भाषा के माध्यम से और दूसरा मौखिक शिक्षा के माध्यम से। मुरली का मानना है कि जबकि मौखिक शिक्षा उन लोगों के लिए काम कर सकती है जो आंशिक रूप से बहरे हैं (तीस प्रतिशत तक श्रवण हानि), यह एक निश्चित स्तर के बहरेपन (साठ प्रतिशत से अधिक श्रवण-बाधित) से परे लोगों के लिए बिल्कुल भी काम नहीं करती है। उनका मानना है कि जब किसी व्यक्ति को शब्दों को बोलने में संघर्ष करना पड़ता है और उसका पूरा ध्यान होठों को पढ़ने और बोलने की कोशिश करने पर होता है, तो हम उस व्यक्ति से ये उम्मीद कैसे कर सकते हैं कि वह ठीक से हम से संवाद कर पाए। मौखिक शिक्षा के समर्थक इन मुद्दों को देखने में विफल रहते हैं। उनका मुख्य उद्देश्य मूक-बधिरों को मुख्यधारा में शामिल करना है।

हालाँकि उनका उद्देश्य नेक है, लेकिन मुरली जैसे कई लोगों को लगता है कि यह सुनने में अक्षम लोगों के लिए व्यावहारिक रूप से दमघोंटू है और उनके मनोबल को बढ़ाने के बजाय तोड़ देता है। शिक्षकों द्वारा मौखिक शिक्षा अपनाने के लिए मजबूर किए जाने पर, मुरली ने अपनी पढ़ाई में रुचि खो दी और ग्रेजुएट की पढ़ाई नहीं की। नौकरी ढूंढना भी आसान नहीं था। उनके माता-पिता बहुत निराश हुए। मुरली के पिता ने मुरली के लिए एक सिलाई की दुकान खोली ताकि वह अपना जीविकोपार्जन कर सकें।

दूसरी ओर, मुरली अच्छे से टेबल टेनिस खेलने लगे, और उन्होंने अंतरराष्ट्रीय आयोजनों में भारत का प्रतिनिधित्व करना शुरू कर दिया। विभिन्न टूर्नामेंटों के लिए बार-बार यात्रा करने के कारण, वह दुकान का प्रबंधन ठीक ढंग से नहीं कर सके और अंततः उसे बंद करना पड़ा। इसके बाद मुरली ऊटी चले गए जहाँ उन्होंने हिंदुस्तान फोटो फिल्म्स के डिस्पैच विभाग में दस साल से अधिक समय तक काम किया। इसी अवधि के दौरान मुरली की शादी सुधा से हुई, जो मुरली की तरह सुनने और बोलने में अक्षम थी।

मुरली और सुधा के बीच बिल्कुल सौहार्दपूर्ण रिश्ता है। हालाँकि, जब परिवार में एक नया सदस्य जोड़ने का समय आया, तो जोड़े को विभिन्न कठिनाइयों से गुज़रना पड़ा। उन्हें चिंता थी कि उनका बच्चा स्वस्थ पैदा होगा या नहीं। मुरली की बहन, सुधा के साथ डॉक्टर के पास जाती थी और दुभाषिया के रूप में काम करती थी। डॉक्टर और रोगी के बीच व्याख्या करने वाले प्रशिक्षित चिकित्सा कर्मियों की अनुपस्थिति में, सुधा को कई कठिन परिस्थितियों से गुज़रना पड़ा। दंपत्ति ने सोचा भी नहीं था कि हालात और भी इतने बदतर हो सकते हैं। सुधा एक चिकित्सीय जटिलता से पीड़ित थीं और उनका दो बार गर्भपात हो गया था। इसलिए जहाँ शुरू में उन्हें यह चिंता थी कि क्या उनका बच्चा स्वस्थ होगा, वहीं अब यह सवाल बन गया था कि क्या वे माता-पिता भी बन पाएंगे या नहीं।

जब स्नेहा का जन्म हुआ तो उन्हें ऐसा लगा कि भगवान ने उनकी सभी प्रार्थनाएँ सुन ली थी। वह एक पूरी तरह से स्वस्थ बच्ची थी; उनकी खुशी का ठिकाना न रहा। मुरली को आज भी वह एहसास याद है जब स्नेहा ने आवाज़ों पर प्रतिक्रिया दी थी और जब उसने अपने पहले शब्द बोले थे। स्नेहा में, उनके मौन जीवन को एक नई आशा मिली। यह सुनिश्चित करने के लिए कि स्नेहा की स्वस्थ परवरिश हो, मुरली की माँ पहले कुछ महीनों तक उनके साथ रहीं।

और जैसे हर बच्चा बिना किसी औपचारिक शिक्षा के अपनी मातृभाषा सीखता है, स्नेहा के लिए सांकेतिक भाषा उस की मातृभाषा बन गई। उसने इसे बहुत आसानी से और बिना सचेत प्रयास के सीख लिया।

जब वह काम कर रहे थे और एक आरामदायक जीवन जी रहे थे, मुरली हमेशा यह चाहते थे कि वह उस बड़े समुदाय के लिए कुछ काम करे, जिसका वह हिस्सा थे। उन्होंने बहुत से लोगों से बातचीत की और उन्हें अपने लक्ष्य को पाने के लिए बेहद मेहनत करते देखा। तभी उन्होंने अंततः इसके बारे में कुछ करने का फैसला किया।

2004 में, मुरली और सुधा ने मूक-बधिरों को शिक्षा प्रदान करने के उद्देश्य से एक स्कूल शुरू किया। स्कूल को औपचारिक रूप से 'डेफ लीडर्स' के रूप में पंजीकृत किया गया था।

> "मुझे अपनी शिक्षा के दौरान इतनी कठिनाई हुई कि मेरे पिता को स्थानांतरण करवाना पड़ा ताकि मैं पढ़ सकूं। हर माता-पिता ऐसा करने में सक्षम नहीं हैं। टियर 2 और 3 शहरों में शायद ही कोई स्कूल हो जो मूक-बधिरों को छात्रों के रूप में स्वीकार करता हो। इसलिए मैं यह सुनिश्चित करना चाहता था कि मैं दूसरों को उनकी शिक्षा पूरी करने में मदद कर सकूँ, कम से कम बेसिक शिक्षा की व्यवस्था कर सकूँ। मैं यह भी चाहता था कि पढ़ाई अधिक मनोरंजक और कम मेहनत वाली हो। छात्रों पर मौखिक शिक्षा के लिए दबाव नहीं डाला जाए। "

शुरुआत में डेफ लीडर्स पूरी तरह से स्व-वित्त पोषित संस्था थी। छात्रों के पहले बैच में केवल चार छात्रों का नामांकन हुआ था। यह संगठन आज, बीस-बीस छात्रों के दो बैच चलाता है, उन्हें बेसिक शिक्षा और कौशल प्रशिक्षण पूरी तरह से मुफ्त प्रदान करता है। संगठन की शुरुआत बधिर लोगों को मैनस्ट्रीम में लाने के बड़े मिशन के साथ की गई थी और यह अपने उद्देश्य पर खरा उतरा है।

> "यह हमारे लिए एक बड़ी उपलब्धि थी जब एक छात्र जो पहले दसवीं कक्षा में दो बार असफल हुआ था, हमारे साथ दाखिला लेने के बाद उत्तीर्ण होने में सक्षम हुआ।"

जैसे ही छात्र स्कूल से निकलने लगे, अगली चुनौती आई - रोज़गार की चुनौती। इन लोगों को उनके योग्य नौकरियां मिलने में कठिनाइयां आने लगी। यदि शिक्षा उन्हें

दिन के अंत में उनका भोजन कमाने में विफल रहे, तो वे अपनी शिक्षा के साथ क्या करेंगे? मुरली ने अपने नेटवर्क के ज़रिये इन छात्रों को नौकरी दिलवाने की कोशिश की। इस प्रकार डेफ लीडर्स की अगली शाखा का जन्म हुआ।

> "लोगों को बोलने और सुनने में अक्षम लोगों की क्षमताओं के बारे में जागरूक करने की आवश्यकता है। वे उज्ज्वल हैं और बिना किसी रुकावट काम कर सकते हैं। वे बहुत वफादार कर्मचारी होते हैं और लंबी अवधि के लिए संगठन नहीं छोड़ते हैं। कॉर्पोरेट्स को इन लोगों को काम पर रखने के लिए मनाने के लिए उन्हें ये लाभ दिखाने होंगे। हमारा एक छात्र एक प्रतिष्ठित कॉलेज में व्याख्याता बनना चाहता था। हमने उसकी बी.कॉम पूरी करने में मदद की। और शंकरा आर्ट्स कॉलेज में सहायक व्याख्याता का पद पाने में मदद की। उसके छात्र उस से बहुत प्यार करते हैं। जो बात वह अपने शब्दों से व्यक्त नहीं कर पाता, उसकी भरपाई वह अपने ज्ञान से कर देता है।"
>
> मुरली की ईमानदारी और समर्पण ने इस कठिन कार्य को संभव बना दिया। मुरली कभी-कभी व्यक्तिगत रूप से लोगों के साथ काम पर जाते थे ताकि यह सुनिश्चित किया जा सके कि वे अपनी नई नौकरियों में अच्छी तरह से स्थापित हों, अच्छा प्रदर्शन करें और उनके साथ कोई भेदभाव न हो। डेफ लीडर्स ने उन्हें सभी बुनियादी कौशल प्रशिक्षण दिया। मुरली ने व्यक्तिगत रूप से उन्हें बैंक जाने और बुनियादी लेनदेन पूरा करने के लिए प्रशिक्षित किया। उन्होंने उनमें आत्मविश्वास जगाया और सफलता की ओर पहला कदम बढ़ाने के लिए प्रेरित किया। जैसा कि मुरली कहते हैं,
>
> "हम उन्हें भविष्य का सच्चा नेता बनाते हैं।"

हाल ही में, मुरली श्रवण-बाधित लोगों के लिए कंप्यूटर प्रशिक्षण के अभियान की भी वकालत कर रहे हैं। ऐसे समय में जब पूरा देश आई टी क्रांति से प्रभावित हो गया है, उन्हें पीछे क्यों रहना चाहिए? कम्प्यूटर प्रशिक्षण देना लाभकारी होगा।

पिछले दशक में, डेफ लीडर्स का बहुत तेज़ी से विकास हुआ है। बधिर समुदाय के दरवाज़े तक शिक्षा और रोज़गार पहुंचने के बाद अब मुरली ने लोगों को उनके जीवन साथी ढूंढने में भी मदद करना शुरू कर दिया है। बधिर नेताओं का 'बधिर वैवाहिक अध्याय' मुरली के जीवन की एक और उपलब्धि है।

"हर किसी के लिए एक सही साथी ढूंढना बहुत महत्वपूर्ण है। लेकिन जो लोग बहरे और गूंगे हैं, उनके लिए और भी यह महत्वपूर्ण हो जाता है क्योंकि वे केवल अपने जीवन साथी के सामने ही सही मायने में अपनी बात व्यक्त कर सकते हैं। वे एक-दूसरे को दया की दृष्टि से नहीं देखते। वे एक-दूसरे की चुनौतियों को अच्छी तरह समझते हैं। इसलिए जब डेफ लीडर्स के अगले कदम की बात आई, तो हमने युवा पुरुषों और महिलाओं को उनके आदर्श जीवन साथी ढूंढने में मदद करने के बारे में सोचा।

डेफ लीडर्स (जिसका शाब्दिक अर्थ है बधिर नेता) सुनने और बोलने में असमर्थ लोगों के लिए काम करने वाला एक संगठन है, जिसका प्रबंधन और संचालन पूरी तरह से समुदाय द्वारा ही किया जाता है।

डेफ़ लीडर्स लगातार अपने पंख फैला रहा है। मुरली मूक-बधिरों के लिए विभिन्न मुद्दे उठाते रहे हैं। 'डेफ एक्सपो' के आयोजन से लेकर, जो कुछ प्रमुख और कामयाब बधिरों की सफलता का जश्न मनाता है, मूक फिल्म महोत्सवों के आयोजन तक। इसने मूक-बधिर मॉडलों के फैशन शो की भी मेज़बानी की है। डेफ लीडर्स ने एक लंबा सफर तय किया है और न केवल हमारे समाज के कुछ मिथकों को गलत साबित किया है, बल्कि दिव्यांग पुरुषों और महिलाओं को वास्तव में सक्षम और सशक्त भी बनाया है। डेफ लीडर्स ने शक्तियों, क्षमताओं और श्रवण और वाणी बाधित लोगों की उपलब्धियों पर ध्यान केंद्रित करते हुए चालीस से अधिक फिल्में बनाई हैं। इनमें से कुछ फिल्मों को राष्ट्रीय और अंतर्राष्ट्रीय मंचों पर पुरस्कार भी मिले हैं। बधिर एक्सपो का मंच दर्शाता है कि कैसे मूक-बधिर उससे कहीं अधिक सक्षम हैं, जितना समाज आमतौर पर उन्हें मानता है। उन्हें समाज से उपेक्षा और सहानुभूति के बजाय समर्थन की ज़रूरत है।

> "बड़े पैमाने पर, हमारा जीवन आंतरिक रूप से जुड़ा हुआ है। मुझे वास्तव में खुश रहने और अपने जीवन में अर्थ खोजने के लिए, उन

लोगों की सेवा करनी होगी जिन्हें मेरी सहायता की आवश्यकता है।
यही मेरे जीवन का मिशन है, मेरे अस्तित्व का उद्देश्य है।"

संस्था से जुड़े स्वयंसेवक समाज में सांकेतिक भाषा के प्रति जागरूकता बढ़ा रहे हैं। संगठन ड्राइव आयोजित करता है जहाँ यह लोगों तक पहुँचता है और उन्हें समाज के बहरे और गूंगे वर्ग के साथ अधिक आसानी से संवाद करने के लिए बुनियादी सांकेतिक भाषा सीखने के लिए प्रोत्साहित करता है।

अब मुझे एहसास हुआ कि सांकेतिक भाषा सीखना कितना आसान है। यह कोई रॉकेट साइंस नहीं है। आपको बस संवाद करने की इच्छा की आवश्यकता है। विशिष्ट पेशेवरों, विशेषकर डॉक्टरों, पुलिस कर्मचारियों और बैंक कर्मचारियों को सांकेतिक भाषा समझने के लिए विशेष रूप से प्रशिक्षित करने की आवश्यकता है। कभी-कभी त्रासदी तब होती है जब मूक-बधिरों को उचित चिकित्सा देखभाल प्रदान नहीं की जाती है क्योंकि डॉक्टर यह समझने में असमर्थ होते हैं कि मरीज़ क्या बताना चाहता है। मुरली वर्तमान में सांकेतिक भाषा पर एक पूर्ण पाठ्यक्रम विकसित करने के लिए एक राष्ट्रीय विश्वविद्यालय के साथ काम कर रहे हैं।

के. मुरली को दुनिया भर के बधिर लोगों को नेतृत्व प्रशिक्षण देने के लिए कई अंतरराष्ट्रीय मंचों पर आमंत्रित किया गया है। उन्होंने जापान, श्रीलंका, मलेशिया, दक्षिण अफ्रीका, जर्मनी, फ्रांस, ब्रिटेन, सिंगापुर और कई अन्य देशों में श्रवण बाधित लोगों को प्रशिक्षण दिया है। कई देश उनसे प्रभावित हैं। डेफ लीडर्स भारत में जो काम कर रहे हैं, उन्होंने उनसे अपने देशों में भी ऐसे ही मॉडल स्थापित करने को कहा है। दुनिया भले ही भौगोलिक रूप से विभाजित हो, लेकिन जब दिव्यांग समुदाय की आवाज़ की बात आती है तो दुनिया एकजुट हो जाती है।

ऐसे समाज में जहाँ हम सामाजिक समावेशन की बात करते हैं, हम अक्सर दिव्यांग समुदाय और उनके अधिकारों और चिंताओं से चूक जाते हैं। डेफ़ लीडर्स जैसे प्लेटफ़ॉर्म लोगों को उनकी दिव्यांगताओं से आगे बढ़ने और उनके अस्तित्व में नया महत्व जोड़ने के लिए प्रेरित करते हैं।

विकलांगता के प्रति मुरली की कभी न हार मानने वाली भावना, समर्पण और

प्रतिबद्धता का उदाहरण हाल की एक घटना से मिलता है, जब कुछ होटल प्रबंधन स्नातकों ने उनसे संपर्क किया था, जो अपने लिए नौकरी ढूंढने में असमर्थ थे।

> "मैंने उनके लिए रोज़गार की तलाश में कुछ रेस्तरां से संपर्क किया। लेकिन समाज में जो धारणाएं बन गई हैं, उन्हें इतनी आसानी से नहीं बदला जा सकता। लोगों ने कहा कि वे विशेषकर आतिथ्य क्षेत्र में श्रवण-बाधित लोगों को रोज़गार नहीं देना चाहते। मैं जानता था कि अगर इन मिथकों को तोड़ना है तो हमें स्वयं ही पथ प्रदर्शक बनना होगा।"

डेफ़ लीडर्स ने अपना स्वयं का रेस्तरां खोला। 365 डी-कैफे, जैसा कि रेस्तरां का नाम है, पूरी तरह से बहरे और गूंगे लोगों द्वारा चलाया और प्रबंधित किया जाता है। आगंतुक आते हैं, या तो मेनू पर संकेत देकर या कागज़ के टुकड़े पर लिखकर ऑर्डर करते हैं। और बाकी ऑपरेशन सुचारू रूप से चलते रहते हैं। दूसरा कैफे जुलाई 2013 में खुला और हर दिन 400 से अधिक लोगों को भोजन उपलब्ध कराने के लिए चौबीसों घंटे संचालित होता है।

डी-कैफे मुझे मिरेकल कूरियर सर्विसेज़ की भी याद दिलाता है जो केवल बहरे और गूंगे लोगों को रोज़गार देती है। डी-कैफे और मिरेकल से हमें यह समझ आता है कि हमें अपनी पूर्वकल्पित धारणाओं को त्यागना चाहिए जिसने दिव्यांग लोगों को कोई अवसर नहीं दिया,जबकि उन्होंने खुद को बार-बार साबित किया है। मेरे विचार से, यह उनकी क्षमताओं या अक्षमताओं से अधिक हमारे दृष्टिकोण का प्रश्न है। मुझे यकीन है, जब तक श्री मुरली जैसे लोग मौजूद हैं, ये मिथक लंबे समय तक टिक नहीं पाएंगे।

मुरली ने कई पुरस्कार और ख्याति जीते हैं, जिनमें सर्वश्रेष्ठ सामाजिक कल्याण का पुरस्कार भी शामिल है, जो किसी और ने नहीं बल्कि तमिलनाडु के तत्कालीन मुख्यमंत्री ने मुरली को स्वयं दिया था। लेकिन मुरली के लिए, डेफ लीडर्स का मिडास स्पर्श, सबसे बड़ा पुरस्कार है। उनके आस-पास के कई लोगों का सशक्तिकरण ही उनका सबसे बड़ा पुरस्कार है।

> "जब लोग दिल से मुस्कुराते हैं तो मुझे बहुत खुशी होती है। मैं तभी आराम करूंगा जब मेरे सभी भाई-बहन खुश और संतुष्ट होंगे।

पिछले ग्यारह वर्षों से, मुरली अपनी चुप्पी से आगे बढ़कर अपने जैसे कई अन्य लोगों को आवाज़ दे रहे हैं। शिक्षा से लेकर रोज़गार और विवाह से लेकर मनोरंजन तक, मुरली ने उनके लिए न्याय सुनिश्चित करने के लिए जीवन के सभी क्षेत्रों में प्रयास किया है। उनके कार्य निश्चित रूप से शब्दों से ज़्यादा ज़ोर से बोलते हैं। अब समय आ गया है कि हम मौन की ध्वनि सुनना शुरू करें।

मुरली से deafleaders@gmail.com पर संपर्क किया जा सकता है।

विकलांगता और रोज़गार

इस पुस्तक लिखना शुरू करने से पहले, मैं अक्सर खुद से पूछती थी कि दिव्यांग लोगों को कैसे और कहाँ नियोजित किया जा सकता है। जब मुझे पता चला कि केवल 26 प्रतिशत दिव्यांग लोग ही कार्यरत थे और 10 प्रतिशत से भी कम लोग औपचारिक क्षेत्र में कार्यरत थे, तो ये आंकड़े मुझे चौंकाने वाले लगे। यदि उनकी शिक्षा के अनुरूप नौकरी के उपयुक्त अवसर नहीं थे तो उन्हें शिक्षित करने का क्या मतलब था? क्या हमें पहले शिक्षा की बात करनी चाहिए और बाद में रोज़गार के बारे में सोचना चाहिए? या फिर हमें रोज़गार और शिक्षा का बुनियादी ढांचा तैयार करना चाहिए। हम किस माध्यम का पालन करेंगे ? क्या यह एक दुष्चक्र नहीं बनता है?

जब मैंने इस विषय पर अपना शोध शुरू किया तभी मेरे दिल में एक आशा जगी। मुझे एहसास हुआ कि कैसे गैर-विकलांग लोग अक्सर दिव्यांग लोगों को सक्षम नहीं मानते हैं और सोचते हैं कि दिव्यांग किसी भी चीज़ में असमर्थ हैं। इन गतिशील लोगों से मिलने के बाद ही मुझे अपने विचारों की सीमाओं का एहसास हुआ। इन लोगों ने न केवल खेल, कला, प्रबंधन, मनोरंजन और सामाजिक कार्यों के विविध क्षेत्रों में उत्कृष्ट प्रदर्शन किया है, बल्कि उन्होंने मुझे अपनी दृष्टि की अदूरदर्शिता का भी एहसास कराया है।

दुर्भाग्य से, बहुत से कॉर्पोरेट मानव संसाधन कर्मी इसी अदूरदर्शिता से पीड़ित हैं। कई लोगों ने कहा कि वे किसी दिव्यांग व्यक्ति को बिल्कुल भी भर्ती नहीं करेंगे। अधिकांश ने कहा कि उनके पास ऐसे लोगों के रोज़गार के लिए कोई नीति नहीं है। केवल कुछ ने कहा कि वे निर्णय लेने से पहले योग्यता मिलान करेंगे। और शायद ही कुछ मुट्ठी भर लोग अपनी बातों के प्रति सच्चे थे और उन्हें भर्ती करने के लिए आगे बढ़े। कई अवसरों पर, जो लोग दिव्यांग लोगों को भर्ती करते हैं वे भी कम भुगतान करते हैं और दिव्यांगता के बहाने उनका शोषण करते हैं।

पुस्तक लिखने के सफर में लोगों के साथ बातचीत के दौरान, मैंने दिव्यांग लोगों के लिए जॉब मैपिंग की अवधारणा के बारे में सीखा। मुझे पता चला कि हमारी नीतियों में दिव्यांग समुदाय के लिए नौकरियों की पहचान के प्रावधान की भी परिकल्पना की गई है। इतना ही नहीं, बल्कि प्रौद्योगिकियों में प्रगति के साथ, अधिक से अधिक नौकरियों को अब दिव्यांगों के लिए उपयुक्त नौकरियों के वर्ग में लाया जा सकता है।

उदाहरण के लिए, एक बधिर व्यक्ति के लिए ट्रैफिक पुलिसकर्मी की नौकरी आसानी से उपयुक्त हो सकती है। वास्तव में, वह फायदे में रहेगा, क्योंकि वह लगातार शोर के संपर्क में आने से अप्रभावित रहेगा। मैंने एक ब्यूटी पार्लर का दौरा किया जिसमें एक अंधी लड़की को काम पर रखा गया था, और एक कूरियर कंपनी के बारे में भी पता चला जो विशेष रूप से श्रवण-बाधित कर्मचारियों द्वारा चलाई जाती थी। डाटा एंट्री का काम कोई भी शारीरिक रूप से विकलांग व्यक्ति आसानी से कर सकता है। ऑटिस्टिक लोगों को ऐसे काम करने के लिए प्रशिक्षित किया जा सकता है जो नीरस हों, इसका आदर्श उदाहरण एक पेपर कप निर्माण कारखाना है जहाँ ऑटिस्टिक लोग हज़ारों पेपर कप बनाने में शामिल होते हैं और इस प्रक्रिया में आत्मनिर्भर होना सीखते हुए प्रति माह बीस हज़ार रुपये तक कमाते हैं।

इस पुस्तक के कई किरदारों को, कई लोगों को, उनकी विकलांगता के नाम पर नौकरी देने से इनकार कर दिया गया। सरकार और मीडिया के समक्ष अपनी चिंताओं को व्यक्त करने के बाद ही उनका हक मिल सका। तब से वे सभी अपने-अपने पेशे में समृद्ध हुए हैं। उन्होंने सबसे अधिक प्रतिस्पर्धी परीक्षाएं उत्तीर्ण की हैं, राष्ट्रीय और अंतरराष्ट्रीय आयोजनों में देश का प्रतिनिधित्व किया है, और आज वह हमारी विधायी संरचना में एक महत्वपूर्ण आवाज हैं।

समय की मांग लोगों को सीमित करना नहीं बल्कि उनके लिए अपने घरों से बाहर निकलने के अवसर पैदा करना है। और यह सिर्फ सरकार या कॉरपोरेट घरानों की ज़िम्मेदारी नहीं है; बल्कि पूरे समाज की ज़िम्मेदारी है।

इसलिए, अगली बार, जब आप किसी नौकरी के उद्घाटन के बारे में सुनें, तो एक मिनट रुकें और सोचे कि क्या वह नौकरी कोई दिव्यांग व्यक्ति कर सकता है? यदि

आप कर सकते हैं, तो अपनी कंपनी के एच आर के पास जाएं और उस नौकरी पर दिव्यांग को नियुक्त करने का विचार उनके मन में डालें। आपकी एक छोटी सी कोशिश इस देश को दिव्यांगों के लिए बाधा-मुक्त बनाने में महत्वपूर्ण अंतर ला सकती है।

राजिंदर जौहर:
(19 जनवरी 1948- 1 फरवरी 2018)

फैमिली ऑफ़ डिसेबल्ड

ज़िंदा रहने के लिए मैंने किस्मत से लड़ाई लड़ी है;
मेरे लिए, प्रत्येक दिन भगवान का उपहार है।
मैंने नहीं देखा होगा कि सूरज कैसे उगता है;
लेकिन मैं हज़ारों लोगों के जीवन को रौशन करता हूँ।

राजिंदर जौहर की कहानी किसी चमत्कार से कम नहीं है। कुछ ही दूरी से सीने और रीढ़ की हड्डी को गोलियां लगने पर अट्ठाईस साल से अधिक समय तक बेजान और गतिहीन रहे। जब तक मैं उनसे नहीं मिली थी, मैं कभी सोच भी नहीं सकती थी कि कोई व्यक्ति अपने जीवन के इतने वर्षों तक अपने बिस्तर तक ही सीमित रहते हुए, जिन्होंने इतने वर्षों में केवल पाँच बार से भी कम धूप देखी हो, वह पूरे दिव्यांग समुदाय की सेवा करने के मिशन का नेतृत्व कर सकते हैं। राजिंदर सर पूरी दिव्यांग बिरादरी में प्रसिद्ध, सम्मानित और वास्तव में पूजनीय हैं।

उनकी कहानी से मेरी आँखों में आँसू आ गये; उस आदमी के लिए गर्व के आँसू जिसने कभी अपने कष्ट नहीं गिने, बल्कि इस बात का हिसाब रखा कि उसने कितने चेहरों पर मुस्कान लाई है। राजिंदर सर जब भी मुझे अपने एन जी ओ के लक्ष्यों और भविष्य की योजनाओं के बारे में बताते हैं तो उनका चेहरा खुशी से चमक उठता है। कोई भी शब्द उनकी उपलब्धियों के साथ न्याय नहीं कर सकता। इससे कोई फर्क नहीं पड़ता कि मैंने कितने प्रेरक भाषण सुने होंगे और कितनी प्रेरक किताबें पढ़ी होंगी,

किसी ने भी मुझे इस एक आदमी की सच्ची कहानी जितना प्रेरित नहीं किया है। मैं जीवन में मिले सबसे महान व्यक्तियों में से एक की बात ध्यान से सुन रही हूँ।

भाग्य की क्रूर मार से विकलांग हुए राजिंदर जौहर ने अपनी दुनिया व्यवस्थित की और 'फैमिली ऑफ डिसेबल्ड' का गठन किया, जो अब एक अग्रणी संगठन है, जो दिव्यांग लोगों को आत्मनिर्भर बनने में सहायता प्रदान करता है।

जिस व्यक्ति को देश भर के डॉक्टरों ने आशा से वंचित कर दिया था, उसने अपने आस-पास के लाखों लोगों को आशा दी है। एक व्यक्ति की पहचान इस बात से नहीं होती कि उसने अपने लिए क्या किया, बल्कि इस बात से परिभाषित होती है कि उसने कई अन्य लोगों के जीवन में क्या बदलाव लाया है।

जब मैंने राजिंदर सर के साथ अपना साक्षात्कार शुरू किया, तो मैं मन ही मन डरी हुई थी। मुझे उम्मीद थी कि एक आदमी जो इतने लंबे समय से बिस्तर पर पड़ा है, वह उदास होगा और अपने भाग्य के बारे में सोचेगा। लेकिन एक व्यापक स्वागत योग्य मुस्कान के साथ बिस्तर पर लेटे हुए इस व्यक्ति को देखकर मुझे मेरे नानाजी की याद आ गई। उन्होंने मेरा वैसे ही स्वागत किया जैसे एक नानाजी स्कूल से आए अपने पोते-पोतियों का स्वागत करते हैं, और इससे मुझे तुरंत सहजता महसूस हुई।

मैंने हिंदी में बात करना शुरू किया, निश्चित नहीं कि वह अंग्रेज़ी में सहज हैं या नहीं। लेकिन जैसे ही राजिंदर सर ने बात करना शुरू किया, उनके विचारों की धाराप्रवाहता, उनके शब्दों की सुसंगतता और उनके द्वारा बोली जाने वाली सटीक अंग्रेज़ी ने मुझे आश्चर्यचकित कर दिया। उनकी आँखों की चमक ने मुझे मंत्रमुग्ध कर दिया। औपचारिक रूप से साक्षात्कार शुरू करने से पहले ही मैं इस व्यक्ति से आश्चर्यचकित थी।

राजिंदर जौहर का जन्म जालंधर में हुआ था और वह अठारह वर्षों से उत्तर प्रदेश के लखनऊ के किंग जॉर्ज मेडिकल कॉलेज में वरिष्ठ व्यावसायिक चिकित्सक के रूप में काम कर रहे थे। उन्हें दो बच्चों का आशीर्वाद मिला। 30 मार्च 1986 से पहले सब कुछ सुचारू रूप से चल रहा था। इस मनहूस दिन उनके घर पर डकैती का प्रयास किया गया और परिवार का जीवन हमेशा के लिए बदल गया।

शाम हो चुकी थी। वे अभी घर लौटे ही थे कि कि तीन लोगों ने दरवाज़ा खटखटाया और ज़बरदस्ती घर में घुस आए। उन्होंने उन पर बंदूक तान दी। जब परिवार ने विरोध करने की कोशिश की तो उनमें से एक ने गोली चला दी। अपने परिवार को बचाने की कोशिश में राजेंद्र को दो गोलियां लग गई; एक छाती में और एक गर्दन में लुटेरे उन्हें मरा हुआ समझकर भाग गये।

यह लूट का मामला था या बदले की भावना से की गई कार्रवाई थी, राजिंदर जी को नहीं पता। वह बस इतना जानते थे कि जब उन्हें होश आया तो वह हमेशा के लिए अपंग हो चुके थे। पाँच महीने के इलाज के बाद, डॉक्टरों ने घोषणा की कि राजिंदर जीवन भर के लिए लकवाग्रस्त हो गए हैं। उनकी रीढ़ की हड्डी स्थायी रूप से क्षतिग्रस्त हो गई थी और वह फिर कभी अपने पैरों पर खड़े नहीं हो पाएंगे। उनके शरीर का निचला हिस्सा मर चुका था। चिकित्सकीय दृष्टि से, वह अब चतुर्भुज पक्षाघात रोगी थे।

परिवार का भरण-पोषण करने वाले से लेकर अपनी बुनियादी ज़रूरतों के लिए भी दूसरों पर निर्भर रहने तक, उनके जीवन ने सबसे खराब मोड़ ले लिया था।

अस्पताल से छुट्टी मिलने के बाद, उनके परिवार की चिंता आर्थिक स्थिति थी। उनकी नौकरी छूट गई थी। सारा परिवार दिल्ली चला गया, जहाँ राजिंदर के पिता रहते थे। उनकी पत्नी एक बैंक में काम करती थीं और उनका ट्रांसफर दिल्ली हो गया था।

"मैं खोया हुआ, निराश और हताश महसूस कर रहा था।"

डॉक्टरों ने परिवार को बताया कि चतुर्भुज पक्षाघात रोगी लंबा जीवन नहीं जी पाते। निष्क्रियता के कारण उनके अंग सड़ने लगते हैं और जल्द ही ख़राब हो जाते हैं। चतुर्भुज पक्षाघात रोगी आमतौर पर अकेलेपन और हताशा के कारण भी जीने की इच्छा खो देते हैं। ये बातें सुनकर राजिंदर अपने अंत का इंतज़ार करने लगे।

> "मुझे ऐसा लग रहा था मानो मैं किसी के काम का नहीं हूँ। अचानक लोगों की नज़रों में सम्मान की जगह दया ने ले ली। ऐसा पराश्रित और अपमान पूर्ण जीवन जीने से अच्छा था कि शांति से मर जाऊँ। मैं अपने परिवार पर आर्थिक और भावनात्मक, दोनों तरह से बोझ था।

> डॉक्टरों ने मेरे परिवार से कहा कि मुझे बस जीने के लिए नियमित फिज़ियोथेरेपी सत्र की ज़रूरत है। हमारे परिवार की वित्तीय स्थिति खराब होने के कारण, हम या तो अपनी चिकित्सा देखभाल या अपने बच्चों की शिक्षा पर पैसा खर्च कर सकते थे। मैंने अपना भाग्य भगवान पर छोड़ दिया और अपने पिता से मेरे बच्चों को एक अच्छे स्कूल में दाखिला दिलाने के लिए कहा।

परिवार के लिए कठिन समय जारी रहा। राजिंदर को कई मूड स्विंग्स से गुज़रना पड़ा। आत्महत्या के विचार अक्सर आते थे, लेकिन उन्होंने अपने बच्चों की खातिर खुद को इससे बाहर आने के लिए मजबूर किया। वह नहीं चाहते थे कि उनके बच्चों को यह महसूस हो कि उनके पिता कायर हैं। उनकी पत्नी ने पूरे परिवार की ज़िम्मेदारी ली और सुनिश्चित किया कि उनके बच्चों को अपनी पढ़ाई न छोड़नी पड़े।

> "इन सभी परिस्थितियों के कारण, मेरे बच्चों ने अपना बचपन बहुत पहले ही खो दिया। मेरे बेटे ने बहुत छोटी उम्र से ही मेरा ख्याल रखना शुरू कर दिया था। मेरी बेटी स्कूल से वापस आती थी और बाहरी दुनिया के साथ मेरे पत्राचार में मेरी मदद करती थी।"

जब यह घटना घटी थी, तब बच्चे बहुत छोटे थे। वे अपने पिता को ऐसे ही देखकर बड़े हुए हैं।

जो कुछ भी घटित हुआ उसके लिए वे हमेशा भगवान से शिकायत करते थे।

राजिंदर जी की बेटी प्रीति जौहर कहती हैं,

> "बच्चों के रूप में, हमें दुःख होता था जब हमारे पिता हमारे साथ नहीं खेल पाते थे, हमारे माता-पिता-शिक्षक की बैठकों में शामिल नहीं हो पाते थे। अन्य बच्चों के विपरीत, हम कभी भी सप्ताहांत या पारिवारिक छुट्टियों पर बाहर नहीं जाते थे। हमारा जीवन हमारे पिता के कमरे तक ही सीमित था। लेकिन चूँकि वह हमारे शिक्षक थे, इसलिए हम हर चीज़ के लिए हमेशा उनका आदर करते थे।"

बचपन की कुछ ऐसी ही यादें उनके बेटे पंकज को भी याद हैं। उसे डर था कि अगर उसके दोस्तों को उसके पिता की हालत के बारे में पता चला तो वे उसका मज़ाक उड़ा सकते हैं। इसलिए, उसने अपने कई दोस्तों से दूरी बनानी शुरू कर दी और अकेले रहने लगा, क्योंकि वह अपने दोस्तों को घर नहीं लाना चाहते थे।

छः वर्षों के संघर्ष के बाद, राजिंदर ने अंततः निर्णय लिया, "कुछ करना होगा, नहीं तो जीवन बिना किसी उद्देश्य के यूँ ही चलता रहेगा।"

लेकिन बिस्तर पर पड़ा व्यक्ति क्या कर सकता था? जो व्यक्ति अपनी सभी ज़रूरतों के लिए दूसरों पर निर्भर हो, वह कुछ सार्थक करने की कल्पना भी कैसे कर सकता है? ये ऐसे सवाल थे जो उनके मन को परेशान कर रहे थे।

> "अपने करियर के पिछले अठारह वर्षों के दौरान, मैं एक चिकित्सक था। एक डॉक्टर के रूप में मैं विकलांग लोगों की मदद करता रहा हूँ। इसलिए भले ही मैं अब अंतिम छोर पर था, फिर भी मैंने यही करने का फैसला किया। दिव्यांग लोगों की मदद करना।"

लेकिन निस्संदेह, किसी ने भी इसे गंभीरता से नहीं लिया। सभी ने कहा, 'आप कैसे करेंगे?' राजिंदर ने इसके बारे में बहुत सोचा और शुरुआत करने का एक तरीका खोजा। उस समय ऐसी कोई पत्रिका नहीं थी जो दिव्यांग लोगों की चिंताओं को उजागर करती हो। उन्होंने एक शुरुआत करने का फैसला किया। वह बड़े दिव्यांग परिवार की आवाज़ बनना चाहते थे, बाहरी दुनिया का दर्पण। ऐसे कठोर निर्णय लेना आसान लगता है, लेकिन क्रियान्वयन एक बड़ी चुनौती थी।

यह उनके भाई की निरंतर प्रेरणा और सहायता थी जिसने उन्हें कठिन समय से बाहर निकाला। और 3-4 दिन में उनकी ड्रेसिंग बदलने से लेकर उनके लिए लेखन उपकरण डिज़ाइन करने तक, सुरिंदर हमेशा अपने भाई के लिए मौजूद रहे हैं। अपनी पारिवारिक जिम्मेदारियां होने के बावजूद, वह अपनी शामें राजेंद्र के साथ बिताते थे। सुरिंदर ने एक साधारण पानी की बोतल और एक तंत्र भी डिज़ाइन किया, जिससे राजिंदर को पीने के पानी जैसी बुनियादी ज़रूरत के लिए किसी पर निर्भर नहीं रहना

पड़ेगा। वे साधारण चीज़ें थीं लेकिन उन्होंने राजिंदर के जीवन को बेहतरी के लिए बदल दिया।

> "अपने प्रयासों से, उन्होंने मेरे लिए जीवन आसान बना दिया। अगर आज आप मुझे जीवित देखते हैं, तो इसमें मेरे भाई सुरिंदर की बहुत बड़ी भूमिका है। यह मेरे भाई की वजह से ही था कि मैंने आखिरकार खुद को अवसाद से बाहर निकलने और जीना शुरू करने का फैसला किया।
>
> "दरअसल, 'वॉयस' (voice) की स्थापना के लिए पहले हज़ार रुपये मेरे भाई की जेब से आए थे। सुरिंदर कम बोलने वाले व्यक्ति हैं, लेकिन दिल से एक संत हैं। मुझे खुशी है कि यह सब एक संत के पैसे से शुरू हुआ। शायद, यही कारण है कि इसने लंबे समय में लाभांश का भुगतान किया है।"

राजिंदर जी ने केबल टीवी पर एक विज्ञापन दिया जिसमें कहा गया कि उन्हें इस पत्रिका को शुरू करने के लिए स्वयंसेवकों की आवश्यकता है। मदद आने लगी।

> "दो स्वयंसेवक थे जो मेरे उद्देश्य में मेरे साथ शामिल हुए। एक युवा लड़की थी जो इस पत्रिका के लिए प्रतिदिन दो घंटे देना चाहती थी। दूसरी एक बुज़ुर्ग महिला थी जो मदद के लिए आगे आईं।"

1992 में दो सदस्यीय टीम के साथ पत्रिका का पहला संस्करण निकला। पत्रिका का शीर्षक 'वॉइस' था जो यह दर्शाता था कि यह दिव्यांग लोगों की आवाज़ थी। लेकिन सवाल यह बना हुआ था कि पूरी परियोजना को वित्त पोषित कैसे किया जाएगा।

भगवान ने आगे का रास्ता दिखाया। एक टेलीविजन कार्यक्रम में, राजेंद्र ने एक कलाकार, शिवानी गुप्ता को देखा, जो व्हीलचेयर पर बैठी थी। वह उससे संपर्क में आए। वह एक चित्रकार थी और ग्रीटिंग कार्ड छापने के लिए उन्हें डिज़ाइन देने को तैयार थीं। लेकिन अंतर यह होगा कि ये ग्रीटिंग कार्ड दिव्यांग लोगों द्वारा बनाए जाने

थे। पहले प्रिंट रन में उन्होंने लगभग तीन हज़ार ग्रीटिंग कार्ड छापे। जल्दी ही सारा सामान बिक गया। संगठन के स्वयंसेवकों ने डिज़ाइन को बेहतर बनाने पर काम किया। सभी कार्ड दिव्यांग लोगों द्वारा डिज़ाइन और पेंट किए गए थे। इस प्रकार कार्ड बेचने से होने वाले मुनाफे से वॉइस (voice) को ऋण वापस किया गया।

जैसे-जैसे काम का विस्तार हुआ, उन्होंने पत्रिका के लिए एक प्रबंध संपादक को नियुक्त किया। लेकिन संपादक के घटिया काम के कारण पत्रिका के पाठकों की संख्या में अचानक गिरावट आई, जिससे पत्रिका को छापना अब असंभव हो गया। इसे पुनर्जीवित करने के प्रयास अभी भी जारी हैं। यह श्री जौहर के लिए एक महत्वपूर्ण सबक था। अलग-अलग लोग उनके सभी प्रयासों की रीढ़ बनेंगे और उन्होंने परियोजना के साथ काम किया, वे या तो पूरी पहल को बना सकते हैं या बिगाड़ सकते हैं।

असफलता के बावजूद दिव्यांग बिरादरी के लिए कुछ करने की आग उनमें कायम रही। छोटे-छोटे कदमों के साथ, राजेंद्र ने ज़रूरतमंद विकलांग लोगों की मदद के नए तरीके खोजने के लिए औपचारिक रूप से फैमिली ऑफ डिसेबल्ड (एफ ओ डी) को पंजीकृत किया। राजिंदर ने संगठन के मूल्यों और आदर्शों को स्पष्ट रूप से दर्शाने के लिए नाम चुना। यह नामकरण किसी रैंडम समूह का नहीं, बल्कि एक परिवार का था।

उन्होंने व्यक्तिगत रूप से मदर टेरेसा को पत्र लिखकर उनका आशीर्वाद माँगा। जब उनके दूसरे कमांड ने पत्र पर हस्ताक्षर किए और उसे वापस भेजा, तो राजिंदर जी ने विनम्रतापूर्वक पवित्र माँ से एक पत्र मांगते हुए वापस लिखा। आखिरकार, उन्हें उनसे एक पत्र मिला, जिसमें एफ ओ डी को आशीर्वाद दिया गया था।

"मुझे पता था कि अब मैं असफल नहीं हो सकता। मुझे पवित्र माँ का आशीर्वाद प्राप्त था।"

1996 में, FOD अपने पहले मील के पत्थर पर पहुँच गया जब उसने दिव्यांग लोगों को मुफ्त में सहायता और उपकरण वितरित करना शुरू किया। व्हीलचेयर, ट्राइसाइकिल, बैसाखी दान करने से लेकर पैदल चलने तक, दूसरों को छड़ी, और श्रवण यंत्र, एफओडी आवश्यकता-विशिष्ट गैजेट जैसे पढ़ने की दूरबीन, साइकिल

आदि दान करना जारी रखता है। इस सेवा का उद्देश्य कई लोगों के लिए जीवन को आसान बनाने और उन्हें स्वतंत्र बनने के लिए आवश्यक सहायता प्रदान करना था।

> "हम हमेशा दिव्यांग समुदाय के लिए अन्य गैर सरकारी संगठनों द्वारा किए जा रहे कार्यों से कुछ अलग करना चाहते हैं। लोगों को जो चाहिए वह दान करना जरूरी है न कि वह जो हम दान करना चाहते हैं। पिछले साल, हमने नेत्रहीन लड़कियों को आई-पैड दान किए थे। उन्हें कॉलेज में व्याख्यान रिकॉर्ड करने के लिए इनकी आवश्यकता थी। हमने ज़रूरतमंद लोगों को वयस्क डायपर भी दान किए हैं। अब तक, इस परियोजना के तहत 1032 लोग लाभान्वित हुए हैं।

मुझे आश्चर्य है कि राजेंद्र जी को लाभार्थियों की सही संख्या याद है। लेकिन फिर भी, प्रत्येक जीवन महत्वपूर्ण और गिनने लायक है।

दिव्यांग लोगों के लिए रोज़गार सबसे बड़ी चुनौतियों में से एक है। एफ ओ डी को लोगों से बहुत सारे अनुरोध मिलने लगे। उन्होंने पूछा कि क्या वे उन्हें एक छोटी दुकान वगैरह खोलने में मदद कर सकते हैं। प्रारंभ में, FOD ने केस-टू-केस आधार पर मदद की। लेकिन जल्द ही, राजिंदर ने इसे FOD का एक नियमित प्रयास बनाने का फैसला किया। 1998 में FOD ने अपनी रोज़गार योजना शुरू की। जैसा कि नाम से पता चलता है, इस योजना का लक्ष्य दिव्यांग लोगों के लिए स्वरोज़गार है। इस परियोजना का उद्देश्य विकलांगों को ब्याज मुक्त ऋण के रूप में पांच हज़ार रुपये देना ताकि लोग अपनी पसंद का व्यापार शुरू कर सकें।

> "चाहे कोई चाय की दुकान खोलना चाहे या मोची बनना चाहे, हम उसे सारा कच्चा माल देते हैं। अब तक, हमने लगभग सात सौ लोगों को चालीस से अधिक विभिन्न प्रकार के व्यवसाय शुरू करने में मदद की है। हमने कभी भी उन्हें कोई विशेष व्यवसाय चुनने के लिए मजबूर नहीं किया। हम तो मात्र सुविधा प्रदाता हैं, अगर कोई सफल हो जाता है तो वह पैसे लौटा देता है और भविष्य में कभी भी दोबारा क़र्ज़ ले

> सकता है। परियोजना की सफलता दर 75% है, जबकि 25% लोग फरार हो जाते हैं। लेकिन हम 75% लोगों को नई ज़िन्दगी देना सिर्फ इसलिए नहीं रोक सकते क्योंकि 25% ने हमारा भरोसा तोड़ दिया।"

ऐसे समाज में जहाँ दिव्यांग लोगों को कम वेतन मिलता है, ऐसी परियोजना कई लोगों के चेहरे पर मुस्कान ला रही है।

एफ ओ डी ने हर तीन साल में एक नई पहल करने और ज़रूरतमंद लोगों की मदद के लिए नए तरीके खोजने का संकल्प लिया। अपने भाई की मदद से राजेंद्र जी ने FOD के लिए एक बड़े रोडमैप की परिकल्पना की। वह योजना बनाते थे और अन्य लोग उसे क्रियान्वित करते थे। अच्छी बात यह थी कि अधिक से अधिक लोग FOD से जुड़ने लगे और उनके दृष्टिकोण को अपनाने लगे।

2001 में FOD ने 'बियॉन्ड लिमिट्स' नामक एक परियोजना शुरू की। इस परियोजना के तहत, दिव्यांग कलाकारों ने एक वार्षिक कला प्रदर्शनी में अपने काम का प्रदर्शन किया। उनके काम की बिक्री की जाती है और एकत्रित धन सीधे कलाकारों को दिया जाता है। इन प्रदर्शनियों में 120 से अधिक कलाकार भाग ले चुके हैं।

> "जिस तरह से फिल्म उद्योग में निर्देशक कहते हैं कि उन्होंने एक अभिनेता को ब्रेक दिया है, मैं गर्व से कह सकता हूँ कि एफ ओ डी ने इन कलाकारों को ब्रेक दिया है। मैं लोगों के जीवन में जितना अधिक अर्थ जोड़ता हूँ, मुझे अपना अस्तित्व उतना ही अधिक सार्थक लगता है।"

बहुत गहरा विचार और बहुत सकारात्मक; अगर हममें से हर कोई ऐसा सोचे तो क्या दुनिया की समस्याएँ हल नहीं हो सकतीं? कैसे हम जीवन का अर्थ खोजने की कोशिश में अपना लगभग जीवन बर्बाद कर देते हैं, लेकिन हमारी विचार प्रक्रिया केवल अपने अस्तित्व पर केंद्रित होने के कारण, हम शायद ही सफल होते हैं। यही बात राजिंदर जी को इतना खास बनाती है।

वर्ष 2006 से प्रोजेक्ट ज्ञान पथ शुरू किया गया था। एफ ओ डी ने दिव्यांग लोगों को शिक्षा प्राप्त करने और विभिन्न व्यावसायिक पाठ्यक्रमों में शामिल होने में मदद

करना शुरू किया। एफ ओ डी नर्सरी से लेकर पोस्ट ग्रेजुएशन तक उनकी पढ़ाई का सारा खर्च उठाएगा। राजिंदर जी का चेहरा चमक उठा क्योंकि उन्होंने बताया कि कुछ लाभार्थियों ने अपनी बी.एड. पूरी कर ली है। और अब शिक्षक हैं, और कई छात्रों को शिक्षा का उपहार दे रहे हैं।

> "ज्ञान पथ का अर्थ है ज्ञान का मार्ग। हमने सत्तर से अधिक छात्रों को इस ज्ञान पथ पर आगे बढ़ने और शिक्षित बनने में सक्षम बनाया है। हमने उन्हें सर्वश्रेष्ठ निजी संस्थानों में पढ़ने में मदद की है, उनके सपनों और आकांक्षाओं से कभी समझौता नहीं किया है। जब भी कोई छात्र जीवन में आगे बढ़ता है, मुझे लगता है कि मैं जीने लायक हूँ।"

जबकि राजिंदर मुझे एफ ओ डी के बारे में सब बताने में तल्लीन है, मैं हैरान हूँ कि इनके पीछे कौन-सी ताकत है? वित्त कहाँ से आता है? राजिंदर इन परियोजनाओं में कैसे इतने शामिल हैं? मेरे सामने एक आदमी है जो अपने बिस्तर से हिल भी नहीं सकता। लेकिन उनकी आंखों की चमक, आवाज का उत्साह और गर्व इन सभी सीमाओं को तोड़ता नज़र आता है।

मेरी अधीरता को भांपते हुए, राजिंदर जी ने अंततः उस प्रश्न का उत्तर दिया जो पिछले कुछ समय से मुझे परेशान कर रहा था।

> "हमारे पास कोई सरकारी फंडिंग नहीं है। सरकारी धन पाने के लिए कड़ी मेहनत करनी पड़ती है; कुछ ऐसा जो मैं निश्चित रूप से नहीं कर सकता।
>
> "ईमानदारी से कहूँ तो, हर बार जब हम कोई प्रोजेक्ट लॉन्च करते थे, तो यह सवाल उठता था। पैसा कहाँ से आएगा? लेकिन हर बार, भगवान महान रहे हैं। हमें असाधारण स्वैच्छिक समर्थन मिला है। लोग हमारे काम को देखते हैं, हमारी पारदर्शी प्रणालियों को देखते हैं और योगदान करने के इच्छुक हो जाते हैं। हमें ऐसे प्रायोजक मिले हैं जो वर्षों से हमारे साथ बने हुए हैं। इसके अलावा, हम दिल्ली भर में

विभिन्न स्थानों से वेस्ट भी इकट्ठा करते हैं, उससे सामान बनाते हैं और कुछ पैसे कमाने के लिए उसे बेचते हैं। हमें बैंक ऑफ अमेरिका, एच एस बी सी, मैक्स जैसे स्पोंसर भी मिले हैं जो दिव्यांग लोगों द्वारा बनाई गई चीज़ें खरीदते हैं।"

ये सब अविश्वसनीय है। इतना कि, अगर मैं श्री राजिंदर से व्यक्तिगत रूप से नहीं मिली होती, तो मुझे विश्वास नहीं होता कि ऐसे चमत्कार हो सकते हैं। एक व्यक्ति जिसने लगभग तीन दशकों तक दिन की रोशनी नहीं देखी, उसने एक विस्तृत परिवार को उज्ज्वल भविष्य दिया है।

"यह सब मुझे बहुत खुशी देता है। कुछ न कहना मुझे कहीं नहीं ले जा रहा था। लेकिन अब, मैं शांति से सोता हूँ।"

एफ ओ डी और राजिंदर जौहर को दो राष्ट्रीय पुरस्कारों और इक्कीस अन्य पुरस्कारों से नवाज़ा गया हैं। राजिंदर सर इन पुरस्कार समारोहों में भाग लेने नहीं जा सके, फिर भी, उनके लिए सबसे बड़ा पुरस्कार वह लाखों मुस्कुराहटें हैं जो उन्होंने दुनिया में लाई हैं। एफ ओ डी से दूर से जुड़े लोग भी उन्हें पसंद करते हैं। जो लोग सीधे उनके साथ काम करते हैं, उनके लिए वह एक मसीहा हैं - एक पवित्र आत्मा।

पूरे संगठन का प्रबंधन अब राजिंदर जी की बेटी प्रीति द्वारा किया जाता है। प्रीति को अपने पिता पर गर्व महसूस होता है, वह कहती हैं,

"मैंने हमेशा अपने पिता का आदर किया है। बचपन में मेरे शिक्षक होने से लेकर मेरे गुरु बनने तक, मेरे पिता मेरे नेता, मेरी प्रेरणा और मेरे नायक हैं। मेरे पिता योजना बनाते हैं, जबकि मैं और मेरी टीम (जिसमें ग्यारह लोग और कई स्वयंसेवक शामिल हैं) उनके विचारों पर अमल करते हैं।"

क्या प्रीति स्वेच्छा से एफ ओ डी में आई?

"हाँ भी और नहीं भी। एफ ओ डी मेरे पिता की संतान है। लेकिन हमारे घर पर प्रतिदिन इतने सारे दिव्यांग लोगों को इकट्ठा होते देखकर

मैं निश्चित रूप से उनकी ज़रूरतों के प्रति अधिक संवेदनशील हो गई थी। जब मेरे पिता बहुत बीमार पड़ते हैं, सामान्य खांसी भी उन की हालत गंभीर बना देती है। उनके अंग जो इतने कमज़ोर हो गए हैं कि किसी भी संक्रमण को सहन नहीं कर सकते। लेकिन ऐसे सभी अवसरों पर, मेरे पिता को अपने स्वास्थ्य की चिंता नहीं थी, बल्कि इस बात की चिंता थी कि एफ ओ डी और उस पर निर्भर लोगों का क्या होगा? मेरा भाई पिता की चिकित्सा आवश्यकताओं की देखभाल में व्यस्त था और इसलिए एफ ओ डी पर ज़्यादा ध्यान नहीं दे सका। मैं धीरे-धीरे इसमें शामिल हो गई। एफ ओ डी एक बड़ी ज़िम्मेदारी है। मेरे पिता कहते हैं कि आज भी मुझे बहुत कुछ सीखना बाकी है। वह मुझे प्रशिक्षण दे रहे हैं। जब वह 100 प्रतिशत आश्वस्त महसूस करेंगे, तभी वह मुझे एफ ओ डी का पूरा प्रभाव देगे।"

प्रीति का अपना परिवार है। वह कैसे प्रबंधन (मैनेज) करती है? प्रीती मुस्कुराती

है,

"मैं शादी नहीं करना चाहती थी। मैं अपना पूरा जीवन एफ ओ डी को समर्पित करना चाहती थी। जब मेरे पति ने मुझे आश्वासन दिया कि वह मेरे सभी प्रयासों में मेरा समर्थन करेंगे, तभी मैंने खुद को शादी करने के लिए मना लिया। मेरे ससुराल वाले बहुत सहयोगी और उत्साहवर्धक हैं। वे एफ ओ डी द्वारा किए जा रहे काम को देखते हैं और इस पर उन्हें गर्व है।"

पंकज भी ऐसी ही भावनाएँ साझा करते हैं।

"यह मज़बूत भारतीय पारिवारिक जड़ें हैं जिन्होंने हमें एक साथ रखा है। हम सभी का एक साझा सपना है। एफ ओ डी एक परिवार है। हम इसे कैसे जाने दे सकते हैं? हम नहीं जानते कि पिताजी कितने समय तक रहेंगे, लेकिन यह उनका परिवार है; हमारा परिवार है। हम उन्हें हमेशा FOD में पाएँगे।"

पंकज ने अपने पिता पर एक डॉक्यूमेंट्री बनाई है, जिसका नाम स्टिल स्टैंडिंग है। इस डॉक्यूमेंट्री ने कई प्रशंसा और पुरस्कार जीते हैं। एक घंटे की फिल्म राजिंदर जी की सभी बाधाओं पर जीत को खूबसूरती से दर्शाती है। आमिर खान प्रोडक्शंस के वरिष्ठ सदस्यों में से एक ने डॉक्यूमेंट्री देखी और आमिर खान को इसके बारे में बताने गए।

बाकी जैसा कि वे कहते हैं इतिहास है। एफ ओ डी विकलांगता क्षेत्र के दो संगठनों में से एक था, जिसे 10 जून 2012 को अभिनेता आमिर खान के टी वी रियलिटी शो 'सत्यमेव जयते' (सीजन 1) में दिखाया गया था। शो के बाद आमिर खान ने आम जनता से अपील की,

> "फैमिली ऑफ डिसेबल्ड कई विकलांग लोगों की मदद करके एक अद्भुत काम कर रही है। मैं चाहूंगा कि पूरे भारत से अधिक से अधिक लोग आगे आएं और एफ ओ डी को आर्थिक रूप से समर्थन दें ताकि वे अपने अच्छे काम को जारी रख सकें और उसका विस्तार कर सकें।" - आमिर खान

एपिसोड के बाद, दर्शकों ने अपना दिल खोलकर एफ ओ डी को ज़बरदस्त समर्थन दिया। समाज के उदार योगदान से, एफ ओ डी, नजफगढ़ नई दिल्ली में दिव्यांग व्यक्तियों के लिए उन्नति नामक एक बहुउद्देशीय पुनर्वास केंद्र का निर्माण कर रहा है।

> "इसे भगवान की इच्छा कहें या हमारी नियति, जब भी हमारे पास धन की कमी होती है, तो अप्रत्याशित क्षेत्रों से मदद मिलती है।"

एफ ओ डी की यात्रा चमत्कारी रही है। अपने स्वयं के खर्चों को वहन करने के लिए पर्याप्त न होने से लेकर इतना खुश रहने और परिवार का आगे बढ़ने तक, राजिंदर जी ने साबित कर दिया है कि सपने देखने की कोई सीमा नहीं है। उनके जैसे लोग वास्तव में प्रेरणादायक हैं। मुझे आशा है कि उनके परिवार की प्रार्थना अनुत्तरित नहीं होंगी।

> "मेरा मानना है कि परिवार किसी भी व्यक्ति के लिए सबसे अच्छा पुनर्वास केंद्र है। इतने लंबे समय तक एक अस्पताल में काम करने के बाद, मुझे पता है कि परिवार की निस्वार्थ देखभाल की तुलना में अस्पताल में भुगतान की गई देखभाल अर्थहीन है।"

जिन लोगों ने उनकी हत्या की साजिश रची थी, वे सभी मर चुके हैं, लेकिन राजेंद्र जी सिर्फ दो गोलियों से नहीं, बल्कि अपने परिवार का विस्तार करने के लिए अट्ठाईस साल तक शांति से जीवित रहे।

> "यह भगवान का निर्णय है। जब मैं अपने आस-पास लोगों को अपने सपने पूरे करते हुए देखता हूँ तो मुझे खुशी होती है। भगवान ने मुझे कई जन्मों की ज़िम्मेदारी दी है। उन्हें पूरा करने से पहले वह मुझे नहीं बुलाएंगे।"

राजेंद्र जी ने मुझे मेरे जीवन का सबसे महत्वपूर्ण सबक सिखाया है। उन्होंने मुझे सिखाया है कि खुशी सिर्फ अपने लिए जीने में नहीं बल्कि अपनी सीमाओं के बावजूद दुनिया में बदलाव लाने में मिलती है।

मुझे राजिंदर सर द्वारा लिखित इंडियन जर्नल ऑफ ऑक्यूपेशनल थेरेपी में एक पेपर मिला। यह क्वाड्रीप्लेजिया के फायदों के बारे में बात करता है, कैसे उसने उन्हें अपने शुभचिंतकों का दायरा बढ़ाने में मदद की है, जूते खरीदने की उनकी ज़रूरतों को कम किया है और उन्हें हर किसी की आँखो का तारा बना दिया है; जीवन के लिए ख़तरनाक चुनौती को एक लाभ के रूप में मानने का एक बहुत ही हल्का लेकिन साहसी प्रयास है।

जैसे ही मैंने बातचीत खत्म की, मैं स्तब्ध हो गई।

मैंने प्रीति को संदेश भेजा, "राजिंदर अंकल एक देवदूत हैं।" यह सच है। यदि आप गतिमान नहीं हैं तो आप कितनी दूर तक जा सकते हैं? राजेंद्र जी हमें सिखाते हैं कि कोई सीमा नहीं है। आपका साहस और इच्छाशक्ति सभी बाधाओं को मात दे सकती है।

यहाँ तक कि जब दुनिया ने आपको नकार दिया है, तब भी आप अपनी आत्मा के कप्तान हैं, अपने भाग्य के स्वामी हैं।

राजिंदर जौहर 1 फरवरी 2018 को स्वर्गीय निवास के लिए रवाना हो गए। अब एफ ओ डी उनकी बेटी प्रीति जौहर द्वारा प्रबंधित किया जाता है।

प्रीति से preeti.johar@familyofdisabled.org. पर संपर्क किया जा सकता है।

विकलांगता और व्यवहार संबंधी बाधाएं

क्या एक माँ को यह याद दिलाने की ज़रूरत है, कि उसका बच्चा देख नहीं सकता। ऐसी माँ के बारे में सोचिए? एक ऐसे पिता के बारे में सोचें जिसका बच्चा चल नहीं सकता।

क्या उसे और अधिक बोझ महसूस करने की ज़रूरत है?

हममें से कितने लोगों ने विकलांग लोगों को सहानुभूति या दया की दृष्टि से नहीं, बल्कि सम्मान की दृष्टि से देखा है? हममें से कितने लोगों ने सड़क पर किसी विकलांग भिखारी को कुछ रुपये दिए हैं और इसे एक महत्वपूर्ण योगदान समझ संतुष्ट महसूस किया है? हमने कितनी बार अपने बच्चों को पड़ोस के किसी दिव्यांग लड़के या लड़की के साथ खेलने के लिए प्रोत्साहित किया है? यह जानते हुए भी कि एक दिव्यांग व्यक्ति तकनीकी रूप से योग्य और सक्षम है, क्या हमने कभी उसकी नौकरी के लिए सिफारिश की है? स्वीकार करना तो दूर, हमने कितनी बार किसी दिव्यांग और गैर-विकलांग व्यक्ति के बीच विवाह के बारे में सोचा है?

बहुत से लोगों को लगता है कि विकलांगता एक अभिशाप है, जो अक्सर हमारे पिछले जन्म के कर्मों से निर्धारित होती है। मैंने लोगों को यह कहते हुए भी सुना है कि विकलांगता ईश्वर की हमें सज़ा देने का एक तरीका है। यह विडंबना ही है कि देश से पोलियो का उन्मूलन हो चुका है। क्या हमारे पिछले कर्म शुद्ध हो गये हैं? या ईश्वर अधिक दयालु हो गए है? लोगों के मन में ईश्वर द्वारा बदला लेने या दंड देने का विचार भी कैसे आ सकता है? यहाँ निश्चित रूप से कुछ तो ग़लत है। पुस्तक के बहुत से पात्रों को सामाजिक कलंक का सामना करना पड़ा था क्योंकि उनके अपने दोस्तों और रिश्तेदारों ने उन्हें छोड़ दिया था, उन्हें बताया गया था कि कैसे उनका जीवन समाप्त हो गया, कैसे वे अपने माता-पिता के लिए बोझ थे, और उन्हें अपने जीवन का उद्देश्य तलाशने से हतोत्साहित किया गया था।

इसका न केवल दिव्यांग लोगों पर बल्कि उनके परिवारों पर भी नकारात्मक प्रभाव पड़ता है।

मैंने चौंकाने वाली घटनाएं पढ़ी हैं जहाँ माता-पिता ने अपने ही बच्चे को सिर्फ इसलिए मार डाला क्योंकि वे एक 'अक्षम' बच्चे के भविष्य को लेकर बहुत डरे हुए थे। मूक-बधिर बच्चियों के साथ दुष्कर्म की घटनाओं ने मेरी आत्मा को झकझोर कर रख दिया है। किताब में एक व्यक्ति, सुरेश को देश के सबसे व्यस्त रेलवे स्टेशनों में से एक पर दिनदहाड़े लूट लिया गया और कोई भी उसकी मदद के लिए आगे नहीं आया। समाज किस हद तक उदासीनता और शैतानी से भर चुका है? क्या इस सब का मूकदर्शक उतना ही दोषी नहीं है जितना कि स्वयं अपराधी दोषी है?

हालाँकि नीतिगत बदलावों से भौतिक बाधाओं को दूर किया जा सकता है, लेकिन जब तक दिव्यांग समुदाय के प्रति लोगों के दृष्टिकोण में बदलाव नहीं होता तब तक कोई बड़ी क्रांति नहीं लाई जा सकती। इसमें किसी सरकारी हस्तक्षेप की आवश्यकता नहीं है, इसे किसी नीतिगत बदलाव की आवश्यकता नहीं है, और इसे किसी तकनीकी प्रगति की आवश्यकता नहीं है। इसे बस थोड़ी सी करुणा, संवेदनशीलता, प्यार और हमारे बीच थोड़ी सी मानवता की ज़रूरत है।

ख़राब सामाजिक विचार प्रक्रिया को बदलने की यात्रा लंबी होगी। हममें से प्रत्येक के भीतर बदलाव की आवश्यकता है। दिव्यांग लोगों को किसी विशेष स्कूल, किसी आरक्षण की आवश्यकता नहीं है। वास्तव में, वे बिना किसी सहानुभूति या विशेष व्यवहार के, हमारे बीच एक समान व्यवहार किए जाने की इच्छा रखते हैं। उन्हें बस दोस्तों और शुभचिंतकों की ज़रूरत है।

शीला शर्मा

यह कहानी है पैरों की!

प्रकृति उन लोगों के लिए सुंदर है जो उसकी खूबसूरती को निहारना चाहते हैं;
जिंदगी उन लोगों के लिए रंगों से भरी है, जो जीना चाहते हैं।
प्यार खूबसूरत है, उनके लिए जिन्होंने इसका अनुभव किया है।
विकलांगता उन लोगों के लिए एक अवसर भी हो सकती है,
जो खुद को इस की जटिलताओं से आज़ाद करते हैं।

अक्सर जैसे-जैसे हम बड़े होते हैं, हमें अपने बचपन की यादें – मिट्टी में खेलना, बारिश में नाचना, दोस्तों के साथ घूमना और अपने माता-पिता द्वारा प्यार और लाड़-प्यार – याद आती हैं। यादें जो हमें मुस्कुराने पर बाध्य कर देती हैं और हमें फिर से बच्चा बनने पर मजबूर कर देती हैं। लेकिन हर किसी को स्वस्थ बचपन पाने का सौभाग्य नहीं मिलता। कुछ लोगों के लिए, उनके माता-पिता के रिश्ते में कलह उनके बचपन की यादों को सताने लगती है। शीला शर्मा का बचपन एक अंधकारमय समय था। उनकी माँ शीला को गोद में लेकर रेलवे ट्रैक पर कूद गई थी। पूरी गति से ट्रेन की चपेट में आने से शीला की मां की मौत हो गई, लेकिन शीला बच गई, भले ही उसका भविष्य अंधकारमय हो गया था। दुर्घटना में उसने अपने दोनों हाथ खो दिए, अपने दोनों हाथ खोने के बाद शीला एक निराशाजनक जीवन जीने लगी। लेकिन जब शीला का परिचय पेंटिंग की दुनिया से हुआ तो ज़िन्दगी फिर से रंगीन हो गई। शीला ने अपने काम के माध्यम से खुद को अभिव्यक्त करना सीखा और अब वह देश के सबसे प्रमुख फुट एंड माउथ कलाकारों में से एक हैं। उनकी जीवन कहानी ऐसी है, जो जीवन से हर तरफ से

त्रस्त है और फिर भी जीने और मुस्कुराने का रास्ता ढूंढ रही है। यह कहानी उनके बाएं पैर की कहानी है, आत्मा की विजय की कहानी है।

शीला का जन्म गोरखपुर में हुआ था और उनका बचपन सबसे कठिन बचपन में से एक था जिसकी कोई कल्पना भी नहीं कर सकता। ऐसे समय में जब दूसरे बच्चे अपने माता-पिता के साथ खुशी-खुशी खेलते थे, शीला अपने माता-पिता को लड़ते-झगड़ते देखती थी। कभी-कभी वे एक-दूसरे को गालियाँ भी देते थे, जिससे शीला को आश्चर्य होता था कि उसके माता पिता ने अपनी शादी क्यों नहीं खत्म कर दी। क्या गरीबी अभिशाप है या यह सब उसके पिता की शराब पीने की आदत के कारण था? शीला को पता नहीं था। वह केवल प्रेम और शांति चाहती थी।

दुर्भाग्यपूर्ण, उस दिन शीला के पिता ने उसकी माँ को फिर से गालियाँ दीं। इस बार इन गालियों और मार-पिटाई से शीला की माँ तंग आ गयी और इसे बर्दाश्त नहीं कर सकीं। उन्हें समझ नहीं आया की वह क्या करे और कहाँ जाये।

निराश होकर, उसने जीने की इच्छा खो दी और गुस्से में आकर उसने फैसला किया कि उसकी परेशानियों का समाधान मौत है। शायद वह अपने बच्चे को दुनिया की दया पर नहीं छोड़ना चाहती थी। शायद उसे डर था कि उसके चले जाने पर शीला का कोई भविष्य नहीं बचेगा। इसलिए उसने अपनी जान लेने से पहले अपनी बेटी को मारने का फैसला किया। उन्होंने तय कर लिया कि उनके साथ-साथ उनकी बेटी को भी दुनिया छोड़नी होगी।

वह अपनी बच्ची को सीने से लगाकर ट्रेन के आगे कूद गई। पलक झपकते ही उसके शरीर के टुकड़े-टुकड़े हो गये। शीला चमत्कारिक ढंग से बच गई लेकिन उसके दोनों हाथ काटने पड़े। उसका भविष्य अंधकार में चला गया। अनाथ, विकलांग और कहीं न जाने के कारण, उस छोटी लड़की का जीवन अंधकारमय लग रहा था।

> "जब मैंने अपनी आँखें खोलीं, तो मैं दर्द में थी। एक बच्चे के रूप में, मैं समझ नहीं पा रही थी कि मेरे आसपास क्या हो रहा है। मैंने अंग-विच्छेदन पर ध्यान दिया लेकिन मुझे लगा कि शायद दवाओं की भारी

> खुराक के कारण मुझे मतिभ्रम हो रहा है। किसी ने मुझे दिल्ली के एक दिव्यांगों के लिए बने बोर्डिंग स्कूल में छोड़ दिया। मैं कभी-कभी सोचती हूँ कि शायद यह मेरे अपने पिता रहे होंगे, मुझे याद नहीं है।"

दर्दनाक यादें उसे परेशान करती थीं। अक्सर वह आधी रात को पसीने से तर होकर उठ जाती थी। जब भी वह रेलवे ट्रैक के सामने आती तो उसे लगता कि उसके पैर जम गए हैं।

> "जैसे-जैसे मैं बड़ी हुई, मैं अब जीना नहीं चाहती थीं। उस घटना की भयावह यादें मुझे हमेशा सताती रहती थीं।"

छोटी सी बच्ची के लिए उसका अस्तित्व ही एक बड़ा प्रश्न चिह्न था। उसने अपनी माँ को खो दिया था और उसके पिता ने उसे छोड़ दिया था। वह बिना हाथों के बड़ी हुई और उसके पास अपने पैरों से अपने सभी दैनिक काम करना सीखने के अलावा कोई रास्ता नहीं था। कपड़े बदलने से लेकर खाना खाने तक शीला को हर काम अपने पैरों से करना पड़ता था। जीवन ने उसे कोई अन्य विकल्प नहीं दिया।

बोर्डिंग स्कूल में एक दिव्यांग कला शिक्षक से अचानक मुलाकात हुई। मुलाकात ने उन्हें चित्रकला की दुनिया से पहली बार परिचित कराया। कलाकार ने शीला को अपने पैर से ब्रश पकड़ने की प्रारंभिक शिक्षा दी।

बचपन में जब शीला अपनी शिक्षिका को पेंटिंग करते देखती थी तो वह रंगों की ओर आकर्षित हो जाती थी। पेंटिंग की दुनिया एक बंधनमुक्त दुनिया थी, जहाँ वह स्वतंत्र रूप से पेंटिंग कर सकती थी और खुद को अभिव्यक्त कर सकती थी। यह एक ऐसी दुनिया थी जो उसे उसकी दर्दनाक यादों से दूर ले गई। यह उनके जीवन की मूक पीड़ाओं को व्यक्त करने का एक माध्यम था। यह नये सिरे से शुरू करने का एक कैनवास था। इस सबने शीला को अपने पैर से पेंटिंग की कला सीखने के लिए अतिरिक्त प्रयास करने के लिए प्रेरित किया।

यह बहुत अभ्यास और कई चुनौतियों के बाद हो पाया। हर बार जब शीला ने अपने पैर से ब्रश पकड़ने की कोशिश की और यह काम नहीं कर पा रही थी, और हर

बार जब वह बारीक रेखाएँ खींचने की कोशिश करती और अंत तक एक स्ट्रोक गलत हो जाता, तो शीला और अधिक प्रयास करने का संकल्प लेती।

> "वह दिन मेरे जीवन का सबसे खुशी का दिन था जिस दिन मैं ब्रश को स्थिर रखने और अपने पैर से एक पेंटिंग पूरी करने में सक्षम हुई।"

उसने बड़े ब्लॉकों को चित्रित करने से शुरुआत की। जल्द ही उसने खुद को बेहतर पेंटिंग बनाने में प्रशिक्षित कर लिया। शीला पेंटिंग करने का बहाना ढूंढती थी और स्कूल में अपने दोस्तों और शिक्षकों को अपनी पेंटिंग उपहार में देती थी। यह उसके जीवन के एक नये चरण की शुरुआत थी। लेकिन जब वह अपनी नई दुनिया में बसने ही लगी थी, तभी जिंदगी ने फिर करवट ले ली। वह जिस बोर्डिंग स्कूल में थी वह अचानक बंद कर दिया गया। शीला को लखनऊ में सरकारी महिला संरक्षण गृह में रखा गया था।

अपने कला शिक्षक से यह अलगाव उनके लिए एक बड़ा झटका था। जब उसे लगा कि उसे खुश होने का कोई कारण मिल गया है, तो सब कुछ खो गया। फिर भी, उसके मन में कुछ करने की आग जल चुकी थी। उसने ठान लिया कि चाहे परिस्थिति कितनी भी बुरी हो जाए, पेंटिंग के लिए खुद को प्रशिक्षित करने की उसकी गहरी इच्छा को दूर नहीं करेगी। किसी भी औपचारिक प्रशिक्षण के लिए पैसे नहीं थे। शीला जानती थी कि यदि वह वास्तव में कुछ हासिल करना चाहती है तो स्व-प्रशिक्षण ही एकमात्र समाधान होगा।

पेंटिंग की दुनिया एक ऐसी जगह थी जहाँ उन्हें अपनी कल्पना के अनुसार चीज़ों को आकार देने, उनमें रंग भरने की आज़ादी थी। चाहे वह दिव्यांग होने का दर्द हो या अनाथ होने का, शीला को लगा कि उसके गहरे दुख उसके ब्रश में घुल गए हैं। इस नए कौशल ने उसे आत्मविश्वासी बना दिया और प्रेरित रखा। पेंटिंग ने उसे आज़ाद कर दिया।

संरक्षण गृह में आने वाले लोगों ने सहानुभूति तो जताई लेकिन कभी उसका हौसला नहीं बढ़ाया। लोगों को फुट पेंटिंग का विचार अजीब लगा और उन्होंने उसे यहाँ

तक कहा कि वह इस तरह से स्थायी तरीके से पेंटिंग करना जारी नहीं रख सकतीं। लोग उसे हतोत्साहित करते थे और कहते थे कि पेंटिंग उसे कहीं नहीं ले जाएगी। लेकिन शीला ने सब कुछ सहते हुए सभी बाधाओं के खिलाफ लड़ाई लड़ी।

> "ज़्यादातर लोग जो ऐसे अनाथालयों में जाते हैं, वहाँ रहने वालों के प्रति सहानुभूतिपूर्ण रवैया रखते हुए आते हैं। वे हमें एक दिन का खाना खिला सकते हैं। लेकिन वे इससे आगे अपनी ज़िम्मेदारियों के बारे में कभी नहीं सोचते। क्या उन्हें हमें समाज की मुख्यधारा के साथ जोड़ने, हमें स्वतंत्र होने में मदद करने में अपनी भूमिका और ज़िम्मेदारी पर ध्यान नहीं देना चाहिए? ऐसे अनाथालयों में बच्चे चॉकलेट की तलाश में नहीं रहते,वे किताबों के इच्छुक होते हैं। वे दूसरों पर निर्भर नहीं रहना चाहते। बल्कि, वे चाहते हैं कि दूसरे लोग उन्हें स्वतंत्र होने में मदद करें।"

ऐसे मौके आते थे जब उसे लगता था कि वह हार मान रही है। उसके जीवन में कोई आशा नज़र नहीं आती थी। उसकी हिम्मत कमज़ोर होने लगती और उसे बेचैनी होने लगती। लेकिन उसकी दृढ़ इच्छाशक्ति और सीखने की प्रतिबद्धता ने उसे सभी चुनौतियों पर विजय पाने में मदद की।

> "अनिवार्य रूप से, मेरे लिए कोई विकल्प नहीं था। मेरी माँ ने आत्महत्या का पाप किया था। मैं इसका अनुसरण नहीं करना चाहती थी। यह मेरी आत्मा की पुकार थी। पेंटिंग मेरी पहचान थी जिसे मैं छोड़ना नहीं चाहती थी।"

शीला ने अपने बाएं पैर को पेंटिंग करने के लिए प्रशिक्षित किया। जैसे-जैसे वह बड़ी हुई, वैसे-वैसे उनकी एक कुशल कलाकार बनने की इच्छा भी बढ़ती गई। उसने लखनऊ आर्ट्स कॉलेज में आवेदन किया।

> "मुझे अभी भी याद है कि मैं आर्ट्स कॉलेज में प्रवेश पाने के लिए कैसे उत्सुक थी। मुझे लगा कि मैं परीक्षा उत्तीर्ण नहीं कर पाऊँगी, फिर भी मैं उसमें शामिल हुई।"

शीला का आत्मविश्वास इतना कम था कि उसने एक सप्ताह तक प्रवेश परिणाम भी नहीं देखा। फिर, एक दिन, जब वह ऐसे ही कॉलेज में दाखिल हुई, तो लोगों ने उसे बधाई देना शुरू कर दिया। तब उसे पता चला कि उसे सिर्फ प्रवेश ही नहीं मिला है बल्कि उसने प्रवेश परीक्षा में टॉप भी किया है। उसकी ख़ुशी का ठिकाना नहीं था।

शीला ललित कला में अपनी रुचि बढ़ाना चाहती थीं। जैसा कि नाम से पता चलता है, ललित कला का व्यवसायीकरण कम होता है और यह कला के मुक्त प्रवाह की अनुमति देता है; जबकि व्यावसायिक कला समाज की व्यावसायिक मांगों के प्रति अधिक अनुकूलित होती है और एक कलाकार को सौंदर्य की दृष्टि से गंभीर रूप से बाधित करती है। लेकिन व्यावसायिक और ललित कला के शिक्षकों के बीच झगड़े ने उन्हें व्यावसायिक कला अपनाने के लिए मजबूर कर दिया। शायद शिक्षक उसकी दिव्यांगता का व्यवसायीकरण करना चाहते थे।

उस समय तक, शीला ने पेंटिंग की तकनीकी बारीकियों के बारे में कभी चिंता नहीं की थी। उन्होंने तकनीकी विवरणों में खो जाने की बजाय अपने दिल से अधिक पेंटिंग की। इस प्रकार, हालाँकि उसने व्यावसायिक कला में डिग्री प्राप्त की, लेकिन उसने कभी भी खुद को वास्तव में इसमें डूबा हुआ नहीं पाया। शीला के लिए यह एक नई दुविधा थी और इसने और अधिक भ्रम और आत्म संदेह पैदा कर दिया।

अपनी शिक्षा पूरी होने के बाद, वह नियमित रूप से ललित कला अकादमी, लखनऊ में अपने चित्रों का प्रदर्शन करने गईं। उनकी पेंटिंग को तुरंत पहचान मिली और उन्होंने बहुत ही कम समय में कला के क्षेत्र में एक मशहूर नाम कमाया।

शीला अपनी पेंटिंग के माध्यम से नारीत्व की खुशियों के साथ-साथ चुनौतियों को भी जीवंत करती हैं। उनका अधिकांश कार्य इसी विषय पर केंद्रित है। उनकी पेंटिंग उनकी यात्रा - उनके दर्द और संघर्ष का प्रतिबिंब हैं। शीला बंधनों से मुक्त होकर प्रकृति को उसकी वास्तविक सुंदरता में भी चित्रित करती है। पक्षियों की पेंटिंग विशेष

रूप से उसके दिल के करीब हैं क्योंकि वे उसकी स्वतंत्रता का प्रतीक हैं। मासूमियत से चित्रित, उनकी आकृतियाँ अक्सर दिव्यता की भावनाएँ उत्पन्न करती हैं।

पिछले पंद्रह वर्षों में, शीला की पेंटिंग को देश भर की कई प्रतिष्ठित कला दीर्घाओं और प्रदर्शनियों में जगह मिली है। कई सांस्कृतिक पुरस्कारों के अलावा, शीला को उनके जज़्बे के लिए किसी और से नहीं बल्कि मेनका गांधी से राष्ट्रीय पुरस्कार भी मिला है।

शीला की शादी 2005 में हुई। उनकी शादी की कहानी भी बहुत ही प्रेरणादायक है। उनके पति सुधीर एक मूर्तिकार हैं और दोनों में कला के प्रति एक समान जुनून है। वे दोनों लखनऊ आर्ट्स कॉलेज में मिले और गहरी दोस्ती हो गई। शीला के उत्साह और इच्छाशक्ति से सुधीर प्रभावित हुए। जब वह महिला गृह में उससे मिलने गए, तो जिस तरह से वह अपने पैरों से अपना सारा काम कर रही थी, उसने उनका दिल छू लिया। दोनों के बीच प्यार और सम्मान की परस्पर भावना विकसित हुई, लेकिन दोनों इसे व्यक्त करने से बहुत डरते थे। आखिरकार, शीला ने प्रस्ताव रखा और सुधीर ने सहर्ष स्वीकार कर लिया। सुधीर को इस तथाकथित 'असमान' रिश्ते पर अपनी माँ की प्रतिक्रिया का डर था और उसने लगभग एक साल तक अपनी माँ को उनकी शादी के बारे में नहीं बताया। एक स्थानीय समाचार पत्र ने इस जोड़े पर एक कहानी छापी। लेकिन इसके विपरीत और उसके डर से विपरीत, सुधीर की माँ को अपने बेटे की पसंद पर गर्व था और उसने शीला का खुले दिल से स्वागत किया। उनका मिलन एक-दूसरे की प्रतिभा के प्रति गहरे प्यार और सम्मान को झलकाता है।

> "हमारे सामने कई चुनौतीपूर्ण क्षण आए लेकिन हमारे प्यार ने हमें इससे परे उबरने में मदद की। विशेष रूप से मेरी सास मेरे लिए शक्ति का स्तंभ रही हैं। उनके प्यार ने मुझे एक माँ का प्यार दिया है और हाल के दिनों में वह मेरी सबसे बड़ी ताकत रही है।"

सुधीर के प्यार ने उसे शीला की दिव्यांगता के परे एक आदर्श जीवन साथी खोजने का रास्ता दिखाया। इस दुनिया में जहाँ हम पत्नियों को दहेज के लिए प्रताड़ित

किए जाने के बारे में पढ़ते हैं, वहाँ सुधीर और शीला का प्यार प्रेरणादायक है।

दंपति के दो बच्चे हैं और वे सौहार्दपूर्ण जीवन जी रहे हैं।

> "मुझे लगता है कि मेरा जीवन पूर्ण हो गया है। अपने माता-पिता द्वारा त्याग दिए जाने के बाद, मैं अपने बच्चों पर ढेर सारा प्यार बरसाना चाहती हूँ। मैं और मेरे पति उनके लिए एक खुशहाल जीवन सुनिश्चित करना चाहते हैं - एक ऐसा जीवन जहाँ बचपन खिले।"

शीला अपनी माँ के साथ मर सकती थी, लेकिन उसकी किस्मत में तो जीना लिखा था। शीला भिक्षावृत्ति का शिकार हो सकती थीं लेकिन उनकी किस्मत में पेंटिंग करना लिखा था। शीला अकेली हो सकती थी लेकिन उसकी किस्मत में परिवार लिखा था। भीड़ में कुछ न दिखने से लेकर इस मुकाम तक जहाँ वह न केवल स्वतंत्र हैं बल्कि एक प्रसिद्ध कलाकार भी हैं, शीला ने एक लंबा सफर तय किया है। उनकी प्रतिबद्धता, दृढ़ संकल्प, हासिल करने की इच्छा और लड़ने की भावना ने शीला को असंभव को हासिल करने में मदद की है। शीला ने साबित कर दिया है कि आप जो भी चाहते हैं उसमें कोई बाधा नहीं है। यह आपका जुनून ही है जो आपको आगे ले जाता है।

शीला से sheela.artist@gmail.com पर संपर्क किया जा सकता है।

विकलांगता और विवाह

अक्सर कहा जाता है कि शादियाँ स्वर्ग में तय होती हैं। अक्सर लड़कियाँ चमकते कवच वाले शूरवीर का सपना देखती हैं और लड़के अपनी राजकुमारी का सपना देखते हैं। माता-पिता भी अपने बच्चों के लिए एक अच्छे जीवनसाथी का सपना देखते हैं। क्या दिव्यांग होने पर ये सपने और उम्मीदें बदल जाती हैं? क्या दृष्टिबाधित होना आपको पूर्ण दृष्टि वाले किसी व्यक्ति के लिए अनुपयुक्त बनाता है? क्या दो बधिर लोग शादी करके खुशी से रह सकते हैं? क्या होगा अगर आपकी शादी हो जाए और फिर आप या आपका साथी अशक्त हो जाए?

इस तरह के प्रश्न बहुत व्यक्तिगत हैं। लेकिन जितना अधिक मैंने इस पुस्तक में उल्लेखित लोगों से बात की और जितना अधिक वे मुझसे खुले, मैंने उनसे कुछ संवेदनशील प्रश्न पूछने की स्वतंत्रता ली। मैं जॉर्ज से मिली जो दृष्टिबाधित थे लेकिन उसकी पत्नी दृष्टिबाधित नहीं थी। यह जोड़ा दो दशकों से अधिक समय से खुशहाल शादीशुदा ज़िन्दगी बिता रहा है। मैं श्री मुरली से मिली जिनकी पत्नी भी बधिर थी लेकिन उनके बीच बिल्कुल स्वस्थ संबंध थे। शीला का पति उसकी आत्मा की सुंदरता के लिए उससे प्यार करता था। आज उनकी शादी को लगभग एक दशक हो गया है और वे बाहरी खूबसूरती से परे एक-दूसरे के पूरक हैं।

मेरी मुलाक़ात एक ऐसी लड़की से हुई जो आनुवंशिक रूप से अक्षम थी। वह अक्सर मुझे बताती थी कि कैसे वह किसी ऐसे व्यक्ति से शादी करना चाहती थी जो दिव्यांग न हो। उनका दृष्टिकोण यह था कि यदि वे दोनों पीड़ित होंगे, तो उनकी देखभाल कौन करेगा और अंततः वे दोनों कई बार अस्पताल के चक्कर लगाकर निराश जीवन व्यतीत करेंगे। और फिर भी, क्रूर तथ्य यह था कि गैर-विकलांग पुरुष अक्सर उसका फायदा उठाते थे। आखिरकार, नियति के अनुसार, उसे एक ऐसे लड़के से प्यार

हो गया जो उसके जैसी ही दिव्यांगता वाला था। और सच तो यह है कि वे दोनों एक-दूसरे की ज़रूरतों की अधिक सराहना करते हैं और किसी भी अन्य लड़के या लड़की की तुलना में एक-दूसरे को अधिक हद तक समझते हैं। उन्होंने हाल ही में एक साथ रहने का एक साल पूरा किया है और आगे भी ऐसा ही रहने की उम्मीद रखते हैं।

मैं एक ऐसी लड़की से भी मिली जो पोलियो से पीड़ित थी और उसने एक ऐसे लड़के से शादी की थी जिसने उसके सामने अपने प्यार का प्रस्ताव रखा था। जबकि उस लड़के ने खुद ही अपने प्यार का विश्वास दिलाया, शादी के केवल दस दिन बाद, उसे उस रिश्ते के व्यावहारिक निहितार्थ का एहसास हुआ। अंतिम परिणाम लड़की के लिए दुर्व्यवहार, पीड़ा और पछतावे का जीवन था।

मेरी मुलाकात नीरू से हुई जो अपनी मर्ज़ी से अविवाहित है। क्योंकि उसे लगता है कि अगर उसे बिस्तर से व्हीलचेयर तक ले जाने के लिए भी दो देखभाल करने वालों की ज़रूरत है, तो शादी का कोई मतलब नहीं है। वह शादी करने की बजाय अपना जीवन अपने दोस्तों के साथ बिताना पसंद करती हैं।

इनमें से कोई भी विकल्प पूर्ण अर्थों में गलत या सही नहीं है। विवाह और रिश्ते व्यक्तिगत पसंद का मामला है और इसे उसी पर छोड़ दिया जाना चाहिए। लेकिन एक सबक जो ऐसे सभी मामलों में आम है, वह यह है कि यदि आप किसी दिव्यांग व्यक्ति से शादी कर रहे हैं, चाहे आप स्वयं दिव्यांग हों या नहीं, आपको उस व्यक्ति की ज़रूरतों और सीमाओं की सराहना करने की ज़रूरत है, ताकि बाद में जीवन केवल दर्द, वेदना, और हताशा से न भर जाए। हर किसी को यह याद रखना होगा कि रिश्ते किसी दिव्यांग व्यक्ति के भेदभाव और वर्गीकरण से परे, सफल और सुंदर होते हैं।

जय छनियारा

हँसकर अपनी सारी चिंताएं दूर कर दें

आज की ईर्ष्या और प्रतिस्पर्धा की दुनिया में;
हँसी महंगी है और मिलना काफी कठिन है।
हालाँकि हँसना मेरा मिशन है और दुनिया के लिए उपहार है;
हँसना मेरी प्रार्थना है।

हममें से अधिकांश लोग महसूस करते हैं कि जीवन तनाव, संघर्ष और प्रतिस्पर्धा से भरा है। इस सफर में हम कम ही मुस्कुराते हैं। हममें से केवल कुछ ही लोग बिना किसी हिचकिचाहट के दिल खोलकर हंसते हैं। हम वह काम एक हास्य अभिनेता पर छोड़ते हैं। वर्षों पहले, फिल्म 'मेरा नाम जोकर' में एक जोकर के जीवन को दर्शाया गया था। इसमें दिखाया गया कि कैसे, अपने जीवन में परेशानियों के बावजूद, जोकर ने लोगों को हँसाया। वर्षों बाद, जब कॉमेडी शो टेलीविजन पर धूम मचाने लगे, तो एक बच्चा घरेलू नाम बन गया। एक लड़का जो सेरेब्रल पाल्सी से पीड़ित है और व्हीलचेयर पर है, वह दुनिया को उनकी सभी चिंताओं को भूलकर ज़ोर से हँसने पर मजबूर कर रहा है। जय का जीवन एक रोज़मर्रा का संघर्ष है। बीस साल की उम्र में, जय ने बीस से अधिक ऑपरेशन करवाए हैं और अपने जीवन का प्रमुख समय अस्पतालों में बिताया है।

अपना सारा दर्द छुपाने के लिए जय को बधाई क्योंकि वह लोगों को मुस्कुराने और उनकी चिंताओं को भूलाने के लिए तैयार है। जैसा कि वे कहते हैं, "हँसी सबसे अच्छी दवा है।"

जब मैंने पहली बार जय को किताब के बारे में बताया, तो उनका पहला सवाल था, "क्या इस किताब से दिव्यांग लोगों को कोई फायदा होगा?"

यह सुनकर कि ऐसा होगा, जय बिना किसी और प्रश्न के तुरंत साक्षात्कार देने के लिए सहमत हो गए; एक इशारा जो उसकी आत्मा की पवित्रता के बारे में बहुत कुछ बताता है।

अक्टूबर 1993 में, राजकोट गुजरात में दीपक और हीना छनियारा ने जुड़वां बच्चों को जन्म दिया।

जय छनियारा उनमें से एक थे। समय से पहले जन्मे जुड़वा बच्चे पैदा होते समय रोए नहीं। अगले ही दिन जुड़वा बच्चों में से एक की मृत्यु हो गई। कई दिनों तक मौत से जूझने के बाद दूसरा बच गया। इस प्रकार उनके माता-पिता ने बच्चे का नाम रखा, 'जय' (जिसका अर्थ है 'जीत')।

पूरे एक साल तक जय के माता-पिता यह नहीं समझ पाए कि उनका बच्चा चीज़ों पर पकड़ क्यों नहीं बना पाता। उसका दिमाग पूरी तरह विकसित नहीं हुआ था। जय को सेरेब्रल पाल्सी से पीड़ित पाया गया। कई फिजियोथेरेपी सत्रों से गुज़रने के बावजूद भी, जय चल नहीं पाता था और अक्सर गिर जाता था। फिजियोथेरेपी सेशंस छोटे बच्चे के लिए दर्दनाक थे और जब कोई परिणाम नहीं मिला तो जल्द ही बंद कर दिया गया।

इस बीच, उनके माता-पिता ने उन्हें पास के एक स्कूल में दाखिला दिला दिया, लेकिन स्कूल ने जय की देखभाल की ज़िम्मेदारी नहीं ली। उनके स्कूल के अधिकारियों ने इस बात पर ज़ोर दिया कि उनके माता-पिता में से एक को हमेशा स्कूल में उनके साथ रहना चाहिए, ऐसा न हो कि कुछ हो जाए। बड़े होने पर जय की हालत खराब हो गई। जल्द ही वह चलने में असमर्थ हो गए और उनकी शिक्षा बंद कर दी गई।

कई डॉक्टरों से परामर्श लिया गया, मंदिरों के दर्शन किये गए। लेकिन कुछ भी असर करता नज़र नहीं आया। परिवार उम्मीद खो रहा था। जय के माता-पिता के लिए यह सबसे दर्दनाक समय था। जय के पिता एक सरकारी कर्मचारी थे और उन्हें बहुत कम वेतन मिलता था। जय के इलाज का ज़्यादातर खर्चा क़र्ज़ लेकर उठाया गया। आर्थिक और भावनात्मक रूप से, परिवार की मुश्किलें बढ़ रही थी।

जब जय छह साल का था, तो उसकी मांसपेशियों में विकसित ऐंठन को दूर करने के लिए उसके दोनों पैरों की सर्जरी करानी पड़ी। ऑपरेशन के बाद, शरीर को आराम के लिए जय घर पर था ,परन्तु जय को दर्द हो रहा था। उनका हौसला बढ़ाते हुए उनके बड़े भाई ने उन्हें चुटकुलों का एक ऑडियो कैसेट उपहार में दिया। बाद में शाम को जब जय के दोस्त उससे मिलने आए, तो जय ने उन्हें पूरा कैसेट सुनाया।

"यह साइड ए है। अब साइड बी सुनें!"

उसके आस-पास हर कोई मंत्रमुग्ध था। एक छह साल का बच्चा केवल एक बार सुनने के बाद पूरे ऑडियो कैसेट को कैसे याद कर सकता है? पहली बार, परिवार को एहसास हुआ कि उनका बच्चा कितना प्रतिभाशाली था। वह उनकी क्षमता की पहली झलक थी।

जय को जीवन में एक नया जुनून मिल गया था। कॉमेडी को उनका उद्धारकर्ता, उनकी दवा बनना था।

"अगर मुझे जीवित रहना है, तो मुझे अपना दर्द हँसकर दूर करना होगा और दूसरों को हँसाना होगा।"

जब भी कोई उसके स्वास्थ्य के बारे में पूछने और 'रोगी' से मिलने के लिए घर आता था, जय यह सुनिश्चित करता था कि वह व्यक्ति दया के साथ नहीं बल्कि चेहरे पर मुस्कान के साथ बाहर जाए। उन्होंने पारिवारिक समारोहों के दौरान मिमिक्री एक्ट करना शुरू कर दिया। जहां पहले जय एक ऐसा बच्चा था जिस पर सब दया करते थे और जिसे लोग टाल देते थे; अब जय पड़ोस में लोकप्रिय हो गया था। जय का पहला औपचारिक कॉमेडी शो नवरात्रि के दौरान एक सामुदायिक उत्सव में था, जहाँ पूरे समुदाय ने उनकी सराहना की थी।

जल्द ही जय पूरे गुजराती समुदाय में लोकप्रिय हो गए। मौखिक रेफरल से उन्हें कई और स्थानीय शो मिले। जय ने एक क्षेत्रीय चैनल ईटीवी गुजरात पर एक कॉमेडी शो के लिए ऑडिशन दिया। उस चैनल पर उनकी उपस्थिति ने उन्हें गुजरात में एक

घरेलू नाम बना दिया। उसके माता-पिता केवल इस बात से खुश थे कि जय व्यस्त था और उसका ध्यान अपने दर्द से हट गया था। उन्होंने उसे प्रोत्साहित किया, वह जो कुछ अपनी पसंद का करना चाहता है, करे। दरअसल वह जहाँ भी जाना और प्रस्तुति देना चाहते थे, उनकी माँ उनके साथ होती थीं।

2004 में, जय ग्यारह साल की उम्र में, अपने इलाज के लिए मुंबई गए। किस्मत से उन्हें 'कोई भी आओ - हंसा के दिखाओ' नामक एक प्रतियोगिता के बारे में पता चला। प्रतियोगिता का प्रसारण सहारा वन चॅनेल पर किया गया। उस समय जय को हिंदी बहुत अच्छी नहीं आती थी। इसके अलावा, सभी आयु समूहों और देश के विभिन्न हिस्सों से 750 से अधिक प्रतिभागी शामिल थे। लेकिन जय ने चुनौती स्वीकार करने का फैसला किया।

> "लोग मुझे देखेंगे और मेरी क्षमताओं पर सवाल उठाएंगे। उनकी नकारात्मक टिप्पणियों से निराश होने के बजाय, मैं अपने प्रयासों में और भी दृढ़ हो गया।"

जय ने केवल दो दिनों में न केवल अपनी हिंदी में सुधार किया, बल्कि प्रतियोगिता भी जीत ली। उन्हें पचास हज़ार रुपये इनाम के साथ-साथ अपने परिवार के साथ हॉलीवुड यात्रा का भी मौका मिला, इस बात ने उसके उत्साह को और भी अधिक बढ़ा दिया। जब शो प्रसारित हुआ, तो उनकी प्रतिभा को प्रसिद्ध भारतीय टीवी कलाकार श्री शेखर सुमन ने देखा। बाद में, जब शेखर सुमन को द ग्रेट इंडियन लाफ्टर चैलेंज में जज बनने के लिए आमंत्रित किया गया, तो उन्होंने जय को शो में प्रदर्शन करने के लिए आमंत्रित किया। इस शो के बाद, जय छनियारा राष्ट्रीय स्तर पर लोकप्रिय हो गए।

राष्ट्रीय टेलीविजन पर जय के पहले प्रदर्शन ने कई लोगों की आंखें नम कर दीं। उनके प्रदर्शन के बाद, शेखर सुमन ने टिप्पणी की, "वह व्हीलचेयर पर नहीं बैठे हैं। यह एक वसीयत वाली कुर्सी है।"

जय की परफॉर्मेंस ने कई दिल जीते। तब से, जय विभिन्न राष्ट्रीय और अंतर्राष्ट्रीय शो में प्रदर्शन कर रहे हैं। जय ने दूसरों को बोलते हुए सुनकर ही हिंदी और अंग्रेजी

सीखी है। उन्होंने कोई औपचारिक शिक्षा नहीं ली। उनके चुटकुलों ने उन्हें देश में एक घरेलू नाम बना दिया है। लेकिन इन सबके पीछे एक ऐसा शख्स है जो ज़िंदगी में बीस से ज्यादा सर्जिकल ऑपरेशन करा चुका है। उसके शरीर में ऐंठन होने लगती है और हाथ-पैर मुड़ जाते हैं। ऐसा कोई सप्ताह नहीं जाता जब उन्हें फिजियोथेरेपी के लिए न जाना पड़ता हो।

उनका जीवन या तो कॉमेडी शो करते हुए या अस्पतालों में बीता है। लेकिन एक प्रसिद्ध कहावत है, "क्या आप एक हास्यकार बनना चाहते हैं? आपके आँसू कहाँ हैं?" जय ने दूसरों के जीवन से दर्द दूर करने का संकल्प लिया है। यही उनके जीवन का उद्देश्य बन गया है।

जय के पिता की आँखों में एक चमक है और वह गर्व से कहते हैं:

> "हमारा पूरा परिवार उनका समर्थन करता है। आज हमारा पूरा परिवार दुनिया भर में जाना जाता है और सम्मानित है, इसके लिए जय को धन्यवाद।"

फिर भी जय अभी बच्चा ही है। उनका शरीर कमज़ोर है और वह अक्सर बीमार रहता है। अक्सर वह तेज आवाजों से डर जाते हैं। कई बार लोग उन पर हंसते हैं। कई बार ऐसा भी होता है जब डर उन्हें जकड़ लेता है। कई बार वह घबरा जाते हैं और कई बार वह भूल जाते हैं, जो कुछ उन्होंने सीखा है। लेकिन उन्होंने कभी हार नहीं मानी, न ही उनके परिवार ने मानी है।

जय हँसी की दवा के माध्यम से दुनिया के दुखों को मिटाने के मिशन पर हैं। वह लोगों की दया नहीं चाहते; उन्होंने अपने लिए सम्मान अर्जित किया है। उन्हें लगता है कि अपनी तकलीफों के बारे में बात करना उन्हें और भी असुरक्षित बना देता है। वह कहते हैं,

> "जीने का मतलब मैंने मोहब्बत में पा लिया,
> जिसका भी गम हुआ उसे अपना लिया,

> आप रो कर भी गम को हल्का न कर सके,
> मैंने हँसी की आड़ में हर गम को छुपा लिया”

जय को लगता है कि अगर लोग दिल खोलकर हँसना सीख लें तो दुनिया को एक बेहतर जगह बनाया जा सकता है। “कोई भी बुरा नहीं हो सकता अगर वह दिल खुलकर हँस सके।”

जय की जगह कोई भी भगवान से शिकायत करेगा। लेकिन जय को भगवान में बहुत आस्था है और उन्होंने अपनी आवाज़ में कई भजन रिकॉर्ड किए हैं।

जय कहते हैं,

> “जिसने ये कायनात बनाई है उस पर भरोसा नहीं करेंगे तो किस पर करेंगे?“

आखिरकार लाखों आशीर्वाद और भगवान में उनका विश्वास फल देने लगा है। 2012 में, जय की इलाहाबाद में एक और बड़ी सर्जरी हुई। सात महीने के पुनर्वास और गहन देखभाल के बाद, जय ने लाठी के सहारे चलना शुरू कर दिया है।

हंसी की राह पर जय की यात्रा ने उन्हें दुनिया भर में 1500 से अधिक शो और 25 से अधिक टीवी शो में उपस्थिति दी है। उन्हें सरकारी निकायों, क्लबों और संघों, मीडिया और मनोरंजन उद्योग द्वारा कई प्रतिष्ठित पुरस्कारों से भी सम्मानित किया गया है। उनके रचनात्मक कौशल की कई प्रतिष्ठित हस्तियों ने सराहना की है। एक बार जय की मुलाकात सचिन तेंदुलकर से एक होटल में हुई। बैठक के बाद, सचिन ने कहा, “उन्हें चुनौती नहीं दी गई है; वह सभी चुनौतियों के लिए तैयार हैं।”

आमिर खान ने दुनिया में जय के योगदान का खूबसूरती से वर्णन किया जब उन्होंने कहा, “खुशी ही एकमात्र ऐसी चीज है जो एक व्यक्ति दूसरों को दे सकता है, भले ही उसके पास वह न हो। और आप भी वही कर रहे हैं।”

वह मुस्कुराते हुए कहते हैं, “मेरे पिता एक सरकारी कर्मचारी थे। मेरे भारी मेडिकल खर्चों के कारण, हमारे परिवार के लिए पैसा एक बाधा बन गया है। इसलिए जब भी मैं कोई पुरस्कार जीतता हूँ तो मुझे खुशी होती है, महीने के लिए कुछ अतिरिक्त

बचत हो जाती है। पुरस्कार मिलना मेरे लिए बहुत मददगार है, लेकिन मेरा सबसे बड़ा इनाम वह सराहना है जो मुझे हर किसी से मिलती है, खासकर दूसरों के चेहरों पर मुस्कुराहट से।"

जय ने दिव्यांग लोगों की मदद के लिए एक समर्पित ट्रस्ट बनाया है और उनकी आय का 50 प्रतिशत इस ट्रस्ट में जाता है। इन फंडों से, जय दिव्यांग लोगों को सहायता और उपकरण दान करता है। वह अपने जैसे अन्य लोगों को उनकी विकलांगताओं से ऊपर उठने के लिए प्रोत्साहित करना चाहते हैं। वह उनके लिए एक संदेश के साथ बातचीत समाप्त करते हैं।

"मंज़िल का रास्ता ऐसे तय हो गया है,
के अब पर्वत को भी मुझसे भय हो गया है,
पैदा होते ही जिन हाथों पर पराजय लिखा गया था,
वो घिस -घिस कर 'जय' हो गया है।

"मेरे दृढ़ संकल्प ने पहाड़ों को हिला दिया है। मेरे भाग्य में हार अब सफलता में बदल रही है।"

जय से laughwithjay@gmail.com पर संपर्क किया जा सकता है।

दिव्या अरोड़ा

बस इतनी सी गुज़ारिश ...

सोने के दिल वाली मासूम लड़की;
अपने सपनों की दुनिया और कल्पनाओं में जी रही है।
चट्टान पर खड़े होकर, वह सूर्यास्त देखती है;
अपने सपनों के लड़के का इंतज़ार कर रही है।

मैं फिल्म गुजारिश में ऋतिक रोशन की विकलांगता की दिल दहला देने वाली भूमिका से चकित थी, लेकिन मैंने कभी नहीं सोचा था कि ऋतिक को एक शानदार प्रदर्शन देने के लिए किस तरह के प्रशिक्षण से गुज़रना पड़ा होगा। मैंने कभी उस व्यक्ति के बारे में नहीं सोचा था जो ऋतिक के बेहतरीन प्रदर्शन के पीछे होगा।

फिर मेरी मुलाकात एक ज़िंदादिल युवा महिला दिव्या से हुई, जो न सिर्फ फिल्म के लिए ऋतिक की ट्रेनर थी, बल्कि उनके लिए एक जीवंत प्रेरणा भी थी। एक बाल कलाकार जिसे बॉलीवुड ने चुना था, उसकी नियति उसे बचपन से ही फिल्म उद्योग में खींच ले गई, हालाँकि यह बच्ची अपने पैरों पर खड़ी नहीं हो सकती थी।

दिव्या जन्म से ही सेरेब्रल पाल्सी से पीड़ित हैं। लेकिन इस रोग ने उन्हें बॉलीवुड की चहेती बनने से नहीं रोका है। एक अभिनेता से लेकर एक पटकथा लेखिका होने तक, पड़ोस की एक लड़की से लेकर मिस इंडिया रनर अप (विशेष श्रेणी में) तक, यह लड़की ऊर्जा का भंडार है।

उनकी खूबसूरत आँखे और उनकी मुस्कुराहट आपको मुस्कुराने पर मजबूर कर देगी। उनकी सुन्दर आँखों में छिपे उनके सपनों और मासूमियत किसी से भी छिपे नहीं

रह सकते। यह कहानी है उस दिव्या की जिसने सम्मान और प्रशंसा के योग्य जीवन जीने के रास्ते में आने वाली सभी बाधाओं को पार किया है। यह कहानी है दिव्या की जीवन जीने की गुज़ारिश की।

दिव्या के जन्म के खूबसूरत पलों के वक़्त,दिव्या की माँ को इस बात का अंदाज़ा नहीं था कि उनकी बेटी बड़ी होकर सेरेब्रल पाल्सी की मरीज बन जाएगी; एक ऐसी बीमारी जिसके कारण उन्हें जीवन भर व्हीलचेयर पर रहना पड़ेगा।

जब दिव्या दो साल की उम्र में भी चल नहीं पा रही थी, तब पहली बार उसके माता-पिता ने डॉक्टरों से सलाह ली, जिन्होंने कुछ फिज़ियोथेरेपी सत्रों के बाद उनके मामले को अखिल भारतीय आयुर्विज्ञान संस्थान (एम्स) में भेज दिया। एम्स में डॉक्टरों ने सबसे पहले उनकी विकलांगता का निदान किया।

किसी भी अन्य माता-पिता की तरह, दिव्या के माता-पिता भी अपने बच्चे को पहला कदम उठाते हुए देखना चाहते थे। लेकिन दिव्या चलने की कोशिश ही नहीं करती थी। उनके माता-पिता उनके पैरों को साइकिल के पेडल से बांध देते थे, इस उम्मीद में कि शायद दिव्या कुछ प्रयास करेगी। लेकिन वह गिर जाती। लोग उन्हें विभिन्न दवाओं, उपचारों और यहाँ तक कि पूजा की सलाह देते। दिव्या के माता-पिता चमत्कार की उम्मीद में ये सब करने की कोशिश करते। डॉक्टर ने उन्हें बताया कि दिव्या के लिए फिज़ियोथेरेपी सत्र को प्रतिदिन उनके भोजन के समान मानना होगा। उसके माता -पिता मंदिर जाना भूल सकते थे, लेकिन उसके थेरेपी के सत्र को कभी नहीं छोड़ते थे। वे जानते थे कि अगर उन्होंने सत्र को नियम नहीं बनाया तो दिव्या की हालत और खराब हो जाएगी।

यह सिर्फ दिव्या की चिकित्सीय स्थिति नहीं थी जिससे उसके माता-पिता को निपटना पड़ा। दिल्ली में, जहाँ बहुत सारे 'अच्छे' स्कूल हैं, वहाँ रहने के बावजूद उनके माता-पिता को उन्हें स्कूल में दाखिला दिलाने में कठिनाई हुई। कोई भी 'बड़ा' स्कूल उन्हें स्वीकार करने को तैयार नहीं था। अंत में, उन्होंने अनिच्छा से दिव्या को अपने इलाके के एक स्कूल में दाखिला दिलाया। स्कूल में सुविधाओं के मामले में कहने को ज़्यादा कुछ नहीं था लेकिन दिव्या के माता-पिता के पास कोई दूसरा विकल्प नहीं था।

तमाम बाधाओं के बावजूद, उनके माता-पिता ने दिव्या के लिए एक खुशहाल बचपन सुनिश्चित किया। दिव्या अपने बचपन को अद्भुत और सकारात्मक बताती हैं।

> "मैं बहुत हँसमुख बच्ची थी। सबसे अच्छी बात यह थी कि घर पर मेरे साथ कभी भी अलग तरह का व्यवहार नहीं किया जाता था। मुझे पढ़ाई करने का बहुत शौक था, और मै हमेशा किताबों में डूबी रहती थी।"

दिव्या का बॉलीवुड में पहला कदम तब हुआ जब दिव्या को जैकी श्रॉफ की फिल्म के लिए बाल कलाकार के रूप में चुना गया। फिल्म का नाम था, 'शिवा का इन्साफ'। एक गाने के लिए क्रू को छोटे बच्चों की जरूरत थी। दिव्या की माँ को अच्छी तरह याद है कि कैसे जैकी श्रॉफ खुद दिव्या को व्हीलचेयर से उठाकर शूटिंग तक ले गए थे। दस दिनों तक शूटिंग चलती रही। दस दिनों के बाद, यूनिट के एक सदस्य ने उन्हें बताया कि कैसे उनकी बेटी में एक स्टार बनने के सभी गुण हैं और उन्हें दिव्या को मुंबई लाने की सलाह दी, जहाँ वह उसे एक बाल कलाकार के रूप में लॉन्च करेंगे। जब दिव्या की माँ ने कोई दिलचस्पी नहीं दिखाई तो यूनिट सदस्य ने टिप्पणी की,

> "ये लड़की हमारे लिए ही बनी है, आप देखिएगा।"

भले ही दिव्या की माँ यह बात जल्दी ही भूल गई, यह बात दिव्या के दिल में बस गई और वह इसे कभी नहीं भूली। वर्षों बाद, दिव्या वास्तव में भारतीय फिल्म उद्योग में एक जाना पहचाना नाम बन गईं।

जब दिव्या की बहन का जन्म हुआ तो दिव्या ने संकल्प लिया कि उनकी बहन को कभी भी उनकी वजह से भेदभाव का सामना नहीं करना पड़ेगा। उनकी माँ उसकी बहन को भी उसी स्कूल में दाखिला दिलाना चाहती थीं। लेकिन दिव्या को पता था कि उनकी बहन के लिए वह स्कूल उपयुक्त नहीं था क्योंकि स्कूल में ज़्यादा सुविधाएँ नहीं थीं। इसलिए उन्होंने अपनी माँ से उसे बेहतर स्कूल में दाखिला दिलाने के लिए कहा। जब स्कूल अधिकारियों को इस बात का पता चला, तो उन्हें लगा कि उनका अपमान

किया गया है। उन्होंने दिव्या को स्कूल से निकाल दिया। पूरे मामले की विडंबना यह थी कि स्कूल प्रिंसिपल खुद पोलियोग्रस्त थी। फिर वह इतनी उदासीन कैसे हो सकती थी?

दिव्या को स्पास्टिक सोसाइटी द्वारा संचालित एक स्कूल में प्रवेश मिला, जो न्यूरो-मस्कुलर विकारों वाले लोगों के कल्याण के लिए समर्पित एक गैर सरकारी संगठन है। लेकिन वह एक विशेष स्कूल में पढ़कर कभी खुश नहीं थी।

> "हमें विशेष स्कूलों की ज़रूरत नहीं है। वास्तव में, यदि सब कुछ आपको दे दिया जाए तो आप प्रगति करना बंद कर देते हैं। हमें बस उन्हीं स्कूलों में कुछ विशेष ढांचागत सहायता की आवश्यकता है जहाँ अन्य बच्चे जाते हैं। हमें अपनी ही दुनिया में अलग-थलग नहीं रहना। अन्यथा हम कभी भी एक ही समाज का अभिन्न अंग कैसे बन पाएंगे?"

इसी स्कूल में दिव्या की मुलाकात शिक्षिका सुश्री बीरा मित्रा से हुई, जो उनकी आदर्श और प्रेरणा स्रोत (मॉडल) बनी रही हैं। जब दूसरों को उनकी क्षमता नहीं दिखी तो उन्होंने दिव्या पर बहुत भरोसा दिखाया।

"उसने मुझसे कहा, 'दिव्या, तुम मुझे निराश नहीं करोगी।' आज भी, मैं जीवन में जो कुछ भी करती हूँ, मैं हमेशा खुद से कहती हूँ कि मैं उन्हें निराश नहीं कर सकती। उनके एक वाक्य से प्रेरित होकर मैं हर चीज़ में अपना सौ प्रतिशत देती हूं।"

दिव्या अभी भी अपने शिक्षक के संपर्क में हैं और सभी महत्वपूर्ण अवसरों पर उनका आशीर्वाद लेने के लिए उन्हें बुलाती हैं। उनका वास्तव में एक अद्भुत छात्र-शिक्षक बंधन है।

अपनी दसवीं कक्षा के बाद दिव्या ने स्पास्टिक स्कूल छोड़ दिया और दूरस्थ शिक्षा के माध्यम से पढ़ाई शुरू कर दी। लेकिन उन्होंने अपना ध्यान कभी नहीं खोया और हमेशा अपने लिए ऊँचे लक्ष्य निर्धारित किए। दिव्या दिल्ली विश्वविद्यालय के सर्वश्रेष्ठ कॉलेज में प्रवेश लेना चाहती थी और इसके लिए उन्होंने अपने सभी प्रयास किए। उनका समर्पण और उनकी दृढ़ता अंततः सफल हुई।

दिव्या को नई दिल्ली के लेडी श्रीराम कॉलेज में दाखिला मिल गया। यह कॉलेज दुनिया भर में प्रसिद्ध है और इसे किसी परिचय की आवश्यकता नहीं है। उन्होंने पेरिस से समाजशास्त्र, विश्व सिनेमा में डबल एम ए और फ्रेंच भाषा का पाठ्यक्रम पूरा किया। जब उनसे पूछा गया कि उन्होंने यह सब कैसे किया, तो वह सरलता से कहती है;

"जैसा कि हर कोई करता है।"

दिव्या सकारात्मक दृष्टिकोण और आशावाद का पुंज हैं। उन्होंने बचपन में ही तय कर लिया था कि वह एक सामान्य व्यक्ति की तरह जीना चाहती हैं। दिव्या कभी खुद पर दया नहीं करेगी और न ही किसी और को ऐसा करने देगी।

एल एस आर कॉलेज ने दिव्या को हर तरह के सभी सम्भव सुख-सुविधाएं देने के लिए समर्थन दिया। संकाय (फैकल्टी), प्रशासन, दिव्या की मित्र मंडली, हर कोई उसके काम को आसान बनाने तथा उसके सहायक बनने के लिए तैयार थे। यहां तक की उसे हमेशा अपने साथ एक हेल्पर रखने की अनुमति भी दी।

"मैं एक उच्च विचारों वाला दंभी एल एस आरियन हूँ और मुझे अपने कॉलेज के बारे में शेखी बघारना अच्छा लगता है।"

बचपन में यूनिट मेंबर ने जो बात उनकी माँ को बताई थी, वह दिव्या के मन में घर करी हुई थी। लेकिन वह शर्मीली थी और मंच से डरती थी। यहाँ तक कि स्पास्टिक सोसाइटी स्कूल असेंबली में भी वह कभी मंच पर प्रदर्शन नहीं कर सकीं। दिव्या एक एक्टर बनना चाहती थीं लेकिन उन्हें नहीं पता था कि स्टेज के डर पर काबू कैसे पाया जाए। एल एस आर में ही दिव्या को अपनी असली क्षमता का पता चला। उन्होंने खुद को एक स्ट्रीट थिएटर ग्रुप से जोड़ लिया जहाँ उन्होंने दिल्ली के कुछ बेहतरीन अभिनेताओं के साथ काम किया। अपने नाटकों के माध्यम से उन्होंने विभिन्न सामाजिक मुद्दों पर काम किया। उनके नाटक सामाजिक रूप से ज़िम्मेदार होने और विभिन्न सामाजिक बुराइयों के बारे में जागरूकता फैलाने के बारे में थे। वह हमेशा अपने हर काम में एक उद्देश्य ढूंढने की कोशिश करती थी।

एक शर्मीली लड़की से राष्ट्रीय पुरस्कार विजेता (दिव्या ने एक अभिनेता, लेखक और निर्देशक के रूप में मनोरंजन के लिए राष्ट्रपति पुरस्कार जीता है) तक का सफर दिव्या के लिए रोमांचक रहा है।

इसी बीच दिव्या ने फिल्म समीक्षा लिखना भी शुरू कर दिया। जब फिल्म ब्लैक रिलीज़ हुई, तो दिव्या को अंधेपन की अवधारणा के पूरे उपचार से नफरत हुई और उन्होंने संजय लीला भंसाली को फिल्म के बारे में अपनी चिंताओं और आपत्तियों को व्यक्त करते हुए लिखा। जिस तरह से पात्रों ने छोटी लड़की के साथ व्यवहार किया वह उनकी सोच के बिल्कुल विपरीत था। तब तक अपने नाटकों के कारण वह एक सामाजिक कार्यकर्ता के रूप में जानी जाने लगी थीं। संजय ने उनके विचारों की सराहना की और उनकी चिंताओं को दूर करने के लिए दिव्या से मुलाकात की। बैठक चार घंटे तक चली और वहाँ से वे संपर्क में रहे।

दिव्या को बड़ा ब्रेक तब मिला जब संजय लीला भंसाली ने गुज़ारिश बनाने का फैसला किया और दिव्या को ऋतिक रोशन को प्रशिक्षित करने के लिए बुलाया गया। तब से दिव्या ने अपने जीवन के सफर में पीछे मुड़कर नहीं देखा।

> "हालाँकि मेरा जन्म दिल्ली में हुआ था, लेकिन मुंबई मेरी 'अंतिम मंज़िल' है। मैं समुद्र की बाहों में मरने की आशा करती हूँ।"

उनके माता-पिता स्पष्ट रूप से अपनी बेटी के लिए चिंतित थे। पहले तो वे अनिच्छुक थे लेकिन उनकी बेटी के दृढ़ संकल्प ने उनके रुख को नरम कर दिया। प्रारंभ में, दिव्या स्पास्टिक सोसाइटी के एक गेस्ट हाउस में रुकी और इससे उनके माता-पिता की चिंता कम हो गई। बाद में, जब उन्हें अंततः समझ में आया कि दिव्या लंबे समय के लिए मुंबई चली गईं, तो उनके माता-पिता ने उन्हें मुंबई में एक किराए के फ्लैट में बसा दिया। दिल्ली से, दिव्या की फुल टाइम नौकरानी उसके साथ रहने चली गई। वह हमेशा से दिव्या की ज़िन्दगी का अहम हिस्सा रही हैं।

> "वह मेरे हाथ हैं, मेरी ताकत हैं। वह भी मुझे पूरे दिल और आत्मा से प्यार करती है। वह मेरे लिए परिवार की सदस्य हैं।"

दिव्या खुद को ग्लोबल सिटिज़न कहती हैं। उनके पिता अपने काम के सिलसिले से अक्सर यूरोप, यूके, यूएस और पेरिस की यात्रा करते थे। दिव्या छह भाषाएँ - हिंदी, अंग्रेजी, फ्रेंच, जापानी, नेपाली और थोड़ी सी मराठी बोल सकती हैं। वह वाइन की पारखी हैं और फ्रेंच वाइन का लुत्फ़ उठाना पसंद करती हैं।

"इन सभी देशों में दिव्यांगों के लिए बहुत सारी सुविधाएं थीं। लेकिन जब हम भारत आते थे, तो मैं देखती थी कि हमारा देश दिव्यांग लोगों की ज़रूरतों के प्रति किस तरह उदासीन था। यहाँ लोग असंवेदनशील हैं। जब तक यह आपके परिवार के किसी सदस्य के साथ न हो, आप इसकी परवाह नहीं करते।"

अपनी अन्य उपलब्धियों की सूची में, दिव्या भारतीय सांस्कृतिक संबंध परिषद की एक पैनल सदस्य हैं। वह 'अहेड' नाम से अपना एन जी ओ चलाती हैं जो सामाजिक मुद्दों पर जागरूकता पैदा करने पर काम कर रहा है। अहेड ने विभिन्न सामाजिक मुद्दों पर पच्चीस से अधिक नाटकों का निर्देशन किया है। उनके विदेशी नाटक 'द मेलोडी ऑफ लव' का रूपांतरण पचास से अधिक बार प्रदर्शित किया गया है।

हमने अक्सर गैर-विकलांग लोगों को उनकी उपलब्धियों के लिए दिव्यांग लोगों को सम्मानित करते हुए सुना है। लेकिन पहली बार, दिव्या ने गैर-विकलांग लोगों को सम्मानित करने के लिए 'बाउंडलेस 2012' नामक एक अद्वितीय कार्यक्रम का आयोजन किया, जिन्होंने अपने योगदान के माध्यम से दिव्यांगों के समुदाय में सकारात्मक बदलाव लाया।

वर्तमान में, दिव्या मुंबई में सिनेयुग एंटरटेनमेंट प्राइवेट लिमिटेड में क्रिएटिव एसोसिएट हैं, इस पूर्णकालिक नौकरी ने उनकी जन्मजात रचनात्मकता को आउटलेट प्रदान किया है और एक युवा स्वतंत्र महिला के रूप में स्वतंत्रता के पंख दिए हैं। मनोरंजन और बॉलीवुड के क्षेत्र में अपने पूरे अनुभव के साथ, दिव्या ने एक करीबी दोस्त के साथ मिलकर एक होम प्रोडक्शन हाउस सिनेडिक्ट्स भी लॉन्च किया है। दिव्या अपनी पहली स्वतंत्र बॉलीवुड रोमांटिक कॉमेडी फीचर फिल्म "प्यार एक्चुअली" पेश कर चुकी हैं। दिव्या हमेशा बड़े काम करती हैं और इसलिए एक बार फिर यह फिल्म व्हीलचेयर पर बैठे फिल्म निर्माता द्वारा लिखित, निर्देशित और बनाई जाने वाली दुनिया

की पहली फीचर फिल्म होगी। वह कई बॉलीवुड सुपरस्टार्स के साथ भी अभिनय करती नजर आएंगी। व्यावसायिक दृष्टिकोण के अलावा, फिल्म उन विशेष प्रतिभाओं को भी अवसर प्रदान करेगी जिन्हें कुछ या अधिकांश 'सामान्य' लोग दिव्यांगों के समुदाय में सकारात्मक बदलाव लाने की आशा से अयोग्य मानते हैं।

हाल ही में, एक अनूठे आयोजन में, भारत ने अपनी पहली अद्वितीय सौंदर्य प्रतियोगिता - मिस व्हीलचेयर इंडिया की मेज़बानी की। इसकी कल्पना व्हीलचेयर पर आकांक्षी सुंदरियों को फैशन, टेलीविजन आदि के क्षेत्र में कदम रखने के लिए एक मंच प्रदान करने के लिए की गई थी। कहने की ज़रूरत नहीं है, हमारी अपनी दिव्या ने न केवल भाग लिया, बल्कि इस कार्यक्रम की पहली रनर अप भी रही।

जब जजों में से एक ने दिव्या से पूछा कि अगर उसके पास जीने के लिए केवल एक सप्ताह बचे तो वह क्या करेगी, दिव्या का जवाब था,

> "मैं कुछ ऐसा करूंगी जो मेरे जैसे अन्य लोगों को अपने खोल (shells) से बाहर आने और ऊंची उड़ान भरने के लिए प्रेरित करेगा।"

दिव्या को लगता है कि मिस इंडिया रनर-अप चुना जाना एक बड़ी ज़िम्मेदारी है। खिताब जीतने के बाद वह एक कोने में बैठकर उसकी महिमा का आनंद लेना नहीं चाहतीं, बल्कि बाहर जाकर दुनिया जीतना चाहती हैं। जीवन में उनका मिशन अगले स्तर के लिए प्रयास करते रहना है। जैसा वह कहती हैं,

> "इन सभी उपलब्धियों के बाद, मुझे लगता है कि मैं इस बड़े ब्रह्मांड में कुछ करने लायक हूँ।"

तुम निश्चित रूप से हो, दिव्या!

जब मैं दिव्या से पूछती हूँ कि उनकी भविष्य की योजनाएं क्या हैं तो वह थोड़ा चिंतित हो जाती हैं। कुछ देर रुक कर वह कहती हैं,

"मुझे भी ज़िन्दगी से वही उम्मीदें हैं जो तुम्हें हैं दिशा। मैं भी वही भावनाएँ महसूस करती हूँ जो हर लड़की करती है। मुझे किसी खास की बांहों में सूर्यास्त देखने का आनंद लेना अच्छा लगेगा। यश जी ने एक बार कहा था, 'हर किसी के लिए कोई

न कोई होता है।' देर-सवेर मैं उस से मिलूंगी और फिर, हर लड़की की तरह, मुझे भी प्यार हो जाएगा।''

दिव्या की मुस्कान मुझे आशान्वित करती है। मुझे उम्मीद है कि वह जल्द ही अपने साथी से मिलेगी। मैं उनकी व्यावसायिक और व्यक्तिगत सफलता की कामना करती हूँ। सबसे बढ़कर, मैं हाथ जोड़कर इस युवा महिला के स्वस्थ जीवन के लिए भगवान से प्रार्थना करती हूँ, जिसकी भावना और आकर्षण अजेय है।

दिव्या से divya.1406@gmail.com पर संपर्क किया जा सकता है।

विकलांगता और मनोरंजन

बेरोज़गारी, गरीबी और व्यवहार संबंधी मुद्दों पर तमाम चर्चाओं के बीच, मनोरंजन एक मामूली बात लग सकती है जिसकी इस पुस्तक में चर्चा की जाए। फिर भी, यह भी एक तथ्य है कि मनुष्य दिन में 24 घंटे काम नहीं कर सकता है और वह अपना काफी समय टेलीविजन देखने, किताबें पढ़ने, खेल का आनंद लेने और ऐसी अन्य गतिविधियों में बिताता है। हलाँकि, यह सब आप और मेरे जैसे लोगों द्वारा बहुत हल्के में लिया जाता है, जब दिव्यांग लोगों की बात आती है, तो ऐसी चीजें विलासिता लगती हैं।

एक दृष्टिबाधित व्यक्ति टेलीविजन धारावाहिक का आनंद कैसे ले पाएगा, जब वह पात्रों की दृश्य भावनाओं के माध्यम से कही गई बातों की सराहना नहीं कर सकता? वह उन्हीं किताबों, अखबारों और पत्रिकाओं को कैसे पढ़ सकता है जिन्हें हम पढ़ते हैं? ऑडियो पुस्तकें एक वरदान हैं, लेकिन सामर्थ्य और उपलब्धता का प्रश्न अभी भी बना हुआ है। शाहरुख खान अभिनीत हिंदी फिल्म 'माई नेम इज खान' दृष्टिबाधित लोगों के लिए बनाई गई पहली फिल्म थी। इसमें स्क्रीन पर क्या हो रहा था, विभिन्न भावनाओं और यहाँ तक कि विशेष पृष्ठभूमि सेट और रंगों का गहराई से कथन किया गया। देश के सभी बड़े थिएटर और प्रोडक्शन हाउस को ऐसे प्रयास करने चाहिए।

एक श्रवण-बाधित व्यक्ति शो के संवादों का आदान-प्रदान नहीं सुन सकता है। हर शो में उप-शीर्षक क्यों नहीं हो सकते ताकि बधिर समुदाय भी बैठकर शो का आनंद ले सके?

जब खेल की बात आती है, तो जॉर्ज की ब्लाइंड क्रिकेट की अवधारणा और प्रकाश, विनोद और मेजर सिंह की चमत्कारी उपलब्धियों ने मुझे यह सोचने पर मजबूर कर दिया है कि कैसे और क्यों मैंने पहले कभी भी खेल को दिव्यांगता से नहीं जोड़ा था। इन लोगों ने खेलों के प्रति मेरा नज़रिया बदल दिया है। उन्होंने साबित कर दिया

है कि सही बुनियादी ढांचे की ज़रूरत है। और फिर, आकाश ही सीमा है। आज मैं ऐसे अनेक पुरुषों और महिलाओं को जानती हूँ जिन्होंने पैरालंपिक में देश का नाम रोशन किया है; केवल इतना कि उन्हें मुख्यधारा के मीडिया में कभी उल्लेख नहीं मिलता। यह दुखद है कि दिव्यांग लोगों को भी इस बात की जानकारी नहीं है कि पैरालंपिक नाम की कोई चीज़ राष्ट्रीय और अंतरराष्ट्रीय स्तर पर मौजूद है। हमारे देश में दिव्यांग लोगों के लिए खेल को बढ़ावा देने के बजाय बुनियादी ढांचे में कटौती कैसे की जाती है, इस पर प्रकाश के खुलासे चौंकाने वाले हैं और इस पर खेल मंत्रालय को तत्काल ध्यान देने की आवश्यकता है।

यहाँ तक कि शॉपिंग मॉल, रेस्तरां, पार्किंग स्थान और पार्क जैसे अन्य सार्वजनिक स्थानों को, और वहाँ काम करने वाले लोगों की दिव्यांगता और सक्षमता के प्रति संवेदनशील बनाने की आवश्यकता है।

यह सब न केवल भारत को सामाजिक और आर्थिक लाभ देगा बल्कि इसे दुनिया के सर्वश्रेष्ठ पर्यटक देशों में से एक बना देगा। एक शुरुआत हो चुकी है। आइए, दिव्यांगों के जीवन को और अधिक खुशहाल बनाएं।

प्रकाश नादर

आज़ाद विली

बैसाखियों से बंधा हुआ;
जल ने मुझे मुक्त कर दिया।
यह तब था जब मैंने अपनी सीमाएं त्याग दीं;
कि मैं सच में स्वतंत्र हुआ।

70 के दशक में, जागरूकता की कमी और टीकाकरण की अनुपलब्धता के कारण कई लोगों की चलने-फिरने की क्षमता ख़त्म हो गई। पोलियो एक मूक हत्यारा बन गया था। ऐसे कई दुर्भाग्यशाली बच्चों में प्रकाश नाम का एक बच्चा भी था जिसके माता-पिता उसे पोलियो का टीका लगवाना भूल गए। यह सामान्य गलती उनके नन्हे-मुन्नों के लिए विनाशकारी साबित हुई। पोलियोग्रस्त प्रकाश सामाजिक कलंक बन गया। युवा प्रकाश ने खुद को अकेला पाया और अपने घर के पीछे बहते जलाशय से दोस्ती कर ली। अरब सागर में बहने वाला गंदा गटर का पानी उनका सबसे अच्छा दोस्त बन गया। एक सच्चे दोस्त की तरह,आत्मविश्वास और गौरव-जैसे गुण, उपहार में दिए जो कोई और नहीं दे सका। पैंतीस साल बाद, आज़ाद परिंदे की तरह अपनी व्हीलचेयर और बैसाखी से आज़ाद हो गए और अपने दोस्त के सामने आत्मसमर्पण कर दिया। तैराकी के इतिहास में खुले पानी में सबसे लंबा स्विमथॉन करने और एक विश्व रिकॉर्ड बनाने में प्रकाश का नाम आता है। इन्होने अल्प संसाधनों और समर्थन की कमी के बावजूद अपना स्थान बनाया है। उनकी कहानी एक महत्वपूर्ण सबक है:

कैसे खेलों का उपयोग दिव्यांगों के उत्थान और उन्हें नए पंख देने के लिए किया जा सकता है।

केवल दस वर्षों में कई राष्ट्रीय और अंतरराष्ट्रीय खेल प्रतियोगिताओं में व्यक्तिगत रूप से एक सौ बीस से अधिक पदक जीतना कोई सामान्य उपलब्धि नहीं है। जो बात इस उपलब्धि को और भी उत्कृष्ट बनाती है वह यह है कि यह एक ऐसे व्यक्ति की उपलब्धि है जिसे अगर हम सड़कों पर देखते तो हममें से कई लोग उसके प्रति सहानुभूति रखते हैं। यह पैंतीस वर्षीय पोलियो पीड़ित व्यक्ति प्रकाश नादर की कहानी है।

प्रकाश अपने माता-पिता की सबसे छोटी संतान थे, और छोटे होने के नाते, किसी ने यह उम्मीद भी नहीं की थी कि प्रकाश के माता-पिता इतने अनुभवी होते हुए भी अपने नवजात शिशु को पोलियो की खुराक नहीं दिलवाएंगे। लेकिन जागरूकता की कमी ने उन्हें लापरवाह बना दिया। उन्हें नहीं पता था कि यह उनके बच्चे के भविष्य पर कैसा असर डालने वाला है।

डेढ़ वर्ष की आयु में प्रकाश को बहुत तेज़ बुखार हो गया और उसके पैर निष्क्रिय हो गये। उन्हें पास के एक अस्पताल में ले जाया गया जहाँ डॉक्टरों ने उन्हें पोलियो से पीड़ित बताया। उनके पिता एक जनरल स्टोर चलाते थे। तीन अन्य बच्चों की देखभाल की ज़िम्मेदारी के कारण, प्रकाश की विकलांगता न केवल उनके परिवार के लिए भावनात्मक रूप से दर्दनाक थी, बल्कि एक बड़ा वित्तीय बोझ भी थी।

उनके माता-पिता ने उन्हें दिव्यांग बच्चों के एक स्कूल में दाखिला दिलाया। इसके बाद प्रकाश का अगले नौ साल तक इलाज चला। इलाज के बाद भी वह बैसाखी के सहारे ही चल पाते थे। अस्पतालों में बार-बार जाने के कारण प्रकाश पढ़ाई में पिछड़ गए। दर्द और आत्म-दया से अभिभूत होकर, पढ़ाई उसके जीवन में आखिरी चीज़ थी। लेकिन प्रकाश की पढ़ाई में रुचि की कमी की भरपाई खेल में उनकी रुचि से हो गई।

प्रकाश का घर मुंबई के वर्ली में था, जो अरब सागर के बहुत करीब था। जब भी उन्हें समय मिलता तो वह अपने घर के पीछे समुद्र के पास जाकर बैठ जाते। वह घंटों घंटों बैठे रहते और खुले पानी को देखते रहते। वह लोगों को खुले पानी में स्वतंत्र रूप से तैरते हुए देखते थे। आज़ादी की चाहत ने उनमें पानी के प्रति प्रेम पैदा कर दिया। प्रकाश ने तैराकी सीखने का निश्चय किया।

जब उन्होंने पहली बार अपने परिवार के साथ तैराकी की इच्छा साझा की, तो वे चिढ़ गए और तनावग्रस्त हो गए। जो लड़का चल भी नहीं सकता, उसमें ऐसी बेतुकी दिलचस्पी कैसे पैदा हो सकती है? इसके अलावा, उस क्षेत्र में पानी ने कई लोगों की जान ले ली थी। प्रकाश एक पेशेवर तैराकी प्रशिक्षक की फीस का भुगतान भी नहीं कर सकता था। उसके माता-पिता ने उसकी सुरक्षा के प्रति अपनी चिंताओं को उचित ठहराया और उसे मना कर दिया। लेकिन तब प्रकाश बच्चा ही था। वह जल के साथ अपनी नई मित्रता को कैसे त्याग सकता था?

सेल्वा कुमार उसका दोस्त था, जो प्रकाश को पानी के और करीब ले आया। तैरना पूरी तरह से शरीर और सांस पर नियंत्रण पर निर्भर होता है। प्रकाश अपने पैर नहीं हिला सकते थे इसलिए वह अपने हाथों से तैरने लगे। उन्होंने फ्रीस्टाइल और बैकस्ट्रोक भी सीखा। जल्द ही उन्हें यह एहसास हुआ कि चलने में असमर्थता के बावजूद, वह पानी में स्वतंत्र रूप से तैर सकते हैं। जल में रहने से वह मुक्त हो गए।

प्रकाश के स्व-प्रशिक्षण ने उन्हें अपने दोस्तों के बीच लोकप्रिय बना दिया। उन्होंने स्कूल में तैराकी की कई प्रतियोगिताएं जीतनी शुरू कर दीं। ऐसे ही एक आयोजन के दौरान प्रकाश की मुलाकात प्रसिद्ध राजाराम घाग से हुई, जो इंग्लिश चैनल तैरकर पार करने वाले दुनिया के दूसरे दिव्यांग व्यक्ति थे। प्रकाश उस समय लगभग तेरह वर्ष के थे। राजाराम प्रकाश के लिए एक आदर्श बन गए। इन सभी वर्षों में, उन्हें हमेशा लगता था कि उसका जीवन किसी काम का नहीं है। लेकिन राजाराम से मिलने से उनका नज़रिया बदल गया और उन्हें काफी सकारात्मक ऊर्जा मिली। प्रकाश को भी लगने लगा कि वह भी ज़िंदगी में कुछ सार्थक कर सकते हैं। तैराकी से उन्हें स्वीकृति मिली। प्रकाश को एहसास हुआ कि अगर उन्हें अपनी पहचान बनानी है तो यह खेल के माध्यम से ही होगा। उन्होंने अपनी विकलांगता से परे अपनी क्षमताओं पर ध्यान देना शुरू किया।

लेकिन जैसा कि कहा जाता है, जिस दिन आपको एहसास हो जाता है कि आप क्या करना चाहते हैं, ज़िन्दगी आपको रास्ता दिखाने से पहले आपके दृढ़ संकल्प की परीक्षा लेना शुरू कर देती है।

जिस विशेष विद्यालय में वह पढ़ रहे थे, वहाँ केवल चौथी कक्षा तक ही पढ़ाया जाता था। प्रकाश को अब आगे पढ़ने के लिए एक दूसरे स्कूल में जाना था। उनके पहले स्कूल में प्रत्येक कक्षा में बीस से भी कम बच्चे थे। प्रत्येक छात्र की पढ़ाई पर विशेष ध्यान दिया जाता था। लेकिन नए स्कूल में एक कक्षा में सौ से अधिक छात्र थे और उन सब में केवल प्रकाश ही एकमात्र दिव्यांग छात्र था। उसे अचानक खोया हुआ महसूस हुआ। खेलों में उनकी रुचि और भागीदारी ख़त्म हो गई थी। स्कूल ने किसी भी तरह से कोई विशेष सुविधा, सहायता या प्रोत्साहन नहीं दिया।

प्रकाश ने स्कूल समय के बाद तैराकी का अभ्यास जारी रखा। स्कूल में नये माहौल का सामना न कर पाने के कारण अंततः प्रकाश ने पढ़ाई छोड़ दी।

प्रकाश को पता था कि जीवन में अब केवल एक मात्र तैराकी ही है जो उसे आगे ले जा सकता है। उन्होंने सक्रिय रूप से ऐसी प्रतियोगिताओं की तलाश शुरू कर दी जिनमें शारीरिक रूप से विकलांग लोग भाग ले सकें। लेकिन इनकी संख्या कम थी। प्रकाश ने खुद को तैराकी तक ही सीमित न रखने का फैसला किया, बल्कि अन्य खेलों में भी महारत हासिल करने की कोशिश की। उन्होंने बैडमिंटन, लॉन टेनिस और वेट लिफ्टिंग जैसे कई अन्य खेलों में भाग लेना शुरू कर दिया। प्रत्येक कार्यक्रम में जिसमें उन्होंने भाग लिया, उन्हें दोस्तों का एक और नेटवर्क बनाने और बड़े प्लेटफार्मों पर समान प्रतियोगिताओं के बारे में जानने में मदद हुई।

1997 में प्रकाश ने अपनी पहली राष्ट्रीय स्तर की एथलेटिक्स चैंपियनशिप में भाग लिया और स्वर्ण पदक जीता। इससे उनका आत्मविश्वास बहुत बढ़ गया।

ग्वालियर में एक राष्ट्रीय तैराकी प्रतियोगिता में, प्रकाश ने बिना किसी औपचारिक कोचिंग के रजत पदक जीता। यहीं पर एक डॉक्टर की नज़र उन पर पड़ी जो प्रकाश की इच्छाशक्ति और साहस से प्रभावित हुए। डॉक्टर, प्रकाश की मदद करने के लिए सहमत हो गए और उनके घर के पास एक स्विमिंग पूल में अभ्यास करने के लिए पास की व्यवस्था की। प्रकाश की खुशी का ठिकाना न रहा।

ऐसी ही एक अन्य प्रतियोगिता में, उन पर बालासाहेब गाडगे की नजर पड़ी, जो अब सहायक पुलिस आयुक्त हैं। गाडगे ने वर्ली में पुलिस शिविर में प्रकाश के तैराकी

प्रशिक्षण के लिए भुगतान करने की पेशकश की। उचित प्रशिक्षण के साथ, प्रकाश ने कई राष्ट्रीय प्रतियोगिताएं जीतीं और उन्हें दिव्यांग वर्ग में सर्वश्रेष्ठ भारतीय तैराक चुना गया।

इस बीच, प्रकाश का विवाह सत्या से हुआ। उनके दो बच्चों हुए – एक बेटा हरिहरण और एक बेटी वार्शिनी।

> "मेरे बच्चों सहित मेरा परिवार मेरा सबसे बड़ा समर्थन रहा है। उनके जन्म के बाद मेरे कंधों पर जिम्मेदारियों का बोझ बढ़ गया है और मैं चाहता हूँ कि मेरे बच्चे भी अन्य बच्चों की तरह अपने पिता पर गर्व करें।"

2002 में प्रकाश को एशियाई खेलों में देश का प्रतिनिधित्व करने के लिए चुना गया था।

वह अपना सर्वश्रेष्ठ प्रदर्शन करने के लिए दृढ़ संकल्पित होकर वहाँ गए। लेकिन जब उनकी मुलाकात दूसरे देशों के खिलाड़ियों से हुई तो हकीकत ने उन्हें बहुत प्रभावित किया। विश्व स्तर पर, दिव्यांग खिलाड़ियों को उनके संबंधित खेल मंत्रालयों से ज़बरदस्त समर्थन मिलता है। चाहे प्रशिक्षण सुविधाएं हों, चिकित्सा या वित्तीय सहायता, देश अपने खिलाड़ियों के लिए खेल पर ध्यान केंद्रित करना और अपने देश का नाम रोशन करना आसान बनाते हैं।

> "भारत में, सक्षम खिलाड़ियों को भी उतना समर्थन नहीं मिलता है; दिव्यांग खिलाड़ियों को तो छोड़ ही दीजिए। भारतीय खिलाड़ियों में बहुत दृढ़ इच्छाशक्ति है जो उन्हें आगे बढ़ने में मदद करती है।"

प्रकाश एशियाई खेलों में पदक नहीं जीत सके। लेकिन वह खेल के हित में, विशेषकर देश में दिव्यांग लोगों के लिए काम करने के लिए अधिक दृढ़ दृष्टिकोण के साथ वापस आए। खेलों ने उनके जीवन को बदल दिया था और उनके प्रति समाज का नज़रिया भी बदल दिया था। प्रकाश अपने जैसे अन्य लोगों को आगे बढ़ने में मदद करना चाहते थे।

प्रकाश ने कहा:

> "मैं सरकार को बताना चाहता हूँ कि खिलाड़ी को खेलों के बाद नहीं, बल्कि उस के पहले आर्थिक मदद मिलनी चाहिए। वह पैसा तैयारियों में मदद करेगा और हमें खेलों में अपना सर्वश्रेष्ठ देने में सक्षम बनाएगा।"

इस समय, मेरे मन में एक प्रासंगिक प्रश्न आता है। खेल के क्षेत्र में नीति निर्धारण निर्णयों में दिव्यांग लोगों को शामिल क्यों नहीं किया जाता? उनके होने से ही तो वास्तविक कठिनाइयां सामने आयेंगी और व्यावहारिक समाधान निकल पाएंगे।

एशियाई खेलों के बाद, प्रकाश कई सामाजिक गतिविधियों में शामिल हो गए, जिससे अन्य दिव्यांग लोगों को खेल के क्षेत्र में उनके सपनों को पूरा करने में मदद मिली। उन्होंने दिव्यांगता के प्रति लोगों में जागरूकता बढ़ाने की कोशिश करते हुए कन्याकुमारी से कश्मीर तक एक मोटर साइकिल रैली में भाग लिया। उन्होंने कई गैर सरकारी संगठनों के साथ काम किया और दिव्यांग लोगों के लिए कई चिकित्सा शिविरों का आयोजन किया। प्रकाश ने अब तक साठ से अधिक बार रक्तदान किया है। यहाँ तक कि उन्होंने अपने जनरल स्टोर में चार शारीरिक रूप से अक्षम लोगों को भी काम पर रखा।

प्रकाश लंबे समय से खेल के इतिहास में कुछ अभूतपूर्व करना चाहते थे। इस पर गहन और दृढ़ विचार करने के बाद, उन्होंने अरब सागर की बयालीस किलोमीटर की दूरी तैरकर पार करने का फैसला किया। प्रकाश को उनके प्रयास में एक प्रमुख कांग्रेस नेता के बेटे और महाराष्ट्र राज्य में गरीबों के लिए एक गैर सरकारी संगठन स्वाभिमान संगठन के नेता नितेश राणे का समर्थन प्राप्त था। राणे ने आयकर आयुक्त वी महालिंगम के साथ मिलकर प्रकाश को अपने सपने को हासिल करने के लिए कठोर प्रशिक्षण से गुज़रने में मदद की।

यह कार्य कठिन था। पहले किसी ने इसका प्रयास नहीं किया था क्योंकि इसमें जोखिम बहुत था। लेकिन प्रकाश ने पानी से डरना बंद कर दिया था और उससे दोस्ती

कर ली थी। इसलिए उन्होंने इस चुनौतीपूर्ण कार्य के लिए मानसिक और शारीरिक रूप से तैयारी शुरू कर दी। उन्हें शेखर दामोदर सुर्वे द्वारा प्रशिक्षित किया गया था। प्रकाश को न केवल समर्थक मिले बल्कि विरोध करने वाले भी मिले। कई लोगों ने उनसे कहा कि वह अपनी जिंदगी से खेल रहे हैं। लेकिन प्रकाश के दिमाग में सिर्फ एक ही बात थी – रिकॉर्ड बनाना। प्रकाश को पता था कि उनका रिकॉर्ड अन्य दिव्यांग खिलाड़ियों को पहचान दिलाने में मदद कर सकता है और उनके लिए नए रास्ते खोल सकता है।

महीनों की प्रैक्टिस के बाद प्रकाश ने स्विमथॉन के लिए 8 मार्च का दिन चुना। इसे अंतरराष्ट्रीय महिला दिवस के रूप में मनाया जाता है और वह समाज की महिलाओं, विशेषकर अपनी माँ को श्रद्धांजलि देना चाहते थे।

> "विशेषकर समाज के एक निश्चित वर्ग की महिलाओं को बड़ी चुनौतियों का सामना करना पड़ता है। एक तरह से, वे हमारे जैसे लोगों की तरह ही विकलांग हो जाती है। अपने प्रयास से, मैं उन्हें उन बाधाओं को तोड़ने का साहस देना चाहता था।"

8 मार्च 2013 की दोपहर को प्रकाश ने अपने परिवार, दोस्तों, शुभचिंतकों और मीडिया की मौजूदगी में गेटवे ऑफ इंडिया से पानी में प्रवेश किया। दो नावें उसके पीछे चल रही थीं, उसके अभियान को रिकॉर्ड कर रही थीं और उनका समर्थन कर रही थीं। उनका कोच एक नाव में था। अगले अठारह घंटे प्रकाश लगातार तैरते रहे। वह अरब सागर में रायगढ़ में अपने गंतव्य रेवास पहुंचे और बिना रुके, अगले दिन सुबह 6 बजे तैरकर गेटवे ऑफ इंडिया पर वापस आ गए।

प्रकाश ने एक विश्व रिकॉर्ड बनाया था और उनका नाम लिम्का बुक ऑफ रिकॉर्ड्स में दर्ज किया गया था!

> "यह समय अत्यंत भयावह था। यह पहली बार था जब मैं रात भर पानी में रहा था। अपना रिकॉर्ड पूरा करने के लिए मुझे बड़ी मछलियों और ज्वारीय लहरों से लड़ना पड़ा। वास्तव में, जब मैं बाहर आया तो मुझे विश्वास ही नहीं हुआ कि मैंने रिकॉर्ड बना लिया है। मैं खुशी में रोया।"

राष्ट्रीय और अंतरराष्ट्रीय मीडिया ने इस असंभव उपलब्धि को कवर किया। प्रकाश ने खेल के इतिहास में अपना नाम दर्ज करा लिया था। उस क्षण प्रकाश को अपने जीवन का अर्थ मिल गया। उस समय, किसी ने भी उनकी ओर नहीं देखा। उस वक्त उनके चारों ओर की आंखें सहानुभूति से नहीं, बल्कि गर्व से भरी थीं। उस समय प्रकाश ने दिव्यांगों के प्रति समाज का नज़रिया बदल दिया था। उस क्षण, प्रकाश स्वतंत्र था!

> "मैं यह साबित करना चाहता हूँ कि हर व्यक्ति अपनी सीमाओं से बाहर निकल सकता है।"

ऐसी असंभव उपलब्धियों के बावजूद, प्रकाश का संघर्ष जारी है। भारत सरकार ने प्रकाश को नई ऊँचाइयाँ छूने में कुछ ख़ास मदद नहीं की है। अख़बारों और मान्यता सेमिनारों में कुछ कवरेज के अलावा, ऐसा लगता है कि वे आसानी से उसे भूल गए हैं।

मैं दिल से चाहती हूँ कि नीति निर्माता प्रकाश जैसे लोगों की मदद के लिए जागें, जो अपनी कड़ी मेहनत और अपराजेय भावना के माध्यम से अपनी दुनिया के अंधेरे को रोशन करते हैं।

प्रकाश से prashmnadar76@gmail.com पर संपर्क किया जा सकता है।

मेजर डी पी सिंह

भाग डी पी, भाग!

ऐसा कहा जाता है कि जीवन में हर चीज़ का एक उद्देश्य होता है;
यहाँ तक कि कठिन क्षण और प्रतिकूल परिस्थितियों का भी।
मैं यहाँ जीवन की चुनौतियों पर विचार करने के लिए नहीं हूँ;
मैं उन्हें अवसरों के रूप में मानूँगा।

कारगिल युद्ध ने उन्हें लगभग मृत्यु के द्वार तक पंहुचा दिया था। उनके शरीर में पचास छर्रे लगे थे और वज़न मात्र 28 किलोग्राम तक उतर आया था। यहाँ तक की उन्हें मृत घोषित कर दिया गया था। यह सचमुच एक चमत्कार है कि मेजर डी पी सिंह आज अपने कृत्रिम अंग के सहारे मीलों दौड़ पा रहे हैं। मृत्यु के निकट के अनुभव ने इस व्यक्ति को और अधिक निडर बना दिया है। अचानक शारीरिक रूप से अक्षम होने से लेकर अन्य दिव्यांग लोगों को चुनौती देने वाले बनने तक, उनके भीतर के योद्धा ने न केवल उन्हें जीवित रखा है, बल्कि उनकी अपनी शारीरिक सीमाओं को भी चुनौती दी है। उनकी कहानी एक मिशन – जीवन में एक उद्देश्य – खोजने के बारे में है। यह कहानी एक सच्चे भारतीय सैनिक की है।

देवेंद्र पाल सिंह के पिता सीमा सड़क संगठन में काम करते थे और उनकी स्थानांतरणीय (ट्रांसफर) नौकरी थी। डी पी ने अपने बचपन के शुरुआती साल अपने दादा-दादी के साथ रुड़की में बिताए। अपने दादा-दादी के साथ रहने और गुरुद्वारे के निकट रहने का युवा मन पर गहरा प्रभाव पड़ा। उनके घर के पास के गुरुद्वारे में 'गुरु ग्रंथ साहिब' का पाठ आसान भाषा और समझने योग्य तरीके से किया जाता था।

इससे उनके मन में सिख धर्म के प्रति गहरा विश्वास पैदा हुआ। एक छोटे बच्चे के रूप में, डी पी ने सिख धर्म के पवित्र मूल्यों को गहराई से आत्मसात किया: बलिदान के मूल्य, देश को स्वयं से पहले रखना, शहादत और वैराग्य के मूल्य। यहाँ तक कि उन्होंने जो फिल्में देखीं, उनमें भी उन्होंने सचेत रूप से यह देखने की कोशिश की कि नायक के चरित्र में कौन से गुण हैं ताकि वह उनमें से कुछ को अपने अंदर समाहित कर सकें। उन्होंने आर्मी बेस कैंप के करीब एक केंद्रीय विद्यालय में पढ़ाई की और इस विद्यालय का रखरखाव भी भारतीय सेना द्वारा किया जाता था। इसलिए, इसमें कोई आश्चर्य की बात नहीं थी कि डी पी सिंह भारतीय सेना में शामिल होने के सपने के साथ बड़े हुए।

रूड़की जैसी जगह में, जहाँ बच्चे केवल आई आई टी इंजीनियरिंग में प्रवेश पाने की तैयारी में सुबह शाम तन्मयता से जुटे रहते है, डीपी ने फॉर्म ही नहीं भरा। हरी वर्दी पहनना उनके जीवन का मिशन बन गया। उनका परिवार अपने बच्चे की महत्वाकांक्षा और सपने का समर्थन करता था और उस पर ऐसा कुछ करने के लिए दबाव नहीं डालता था जो वह नहीं चाहते थे।

जब डी पी ने बारहवीं कक्षा के बाद एन डी ए परीक्षा उत्तीर्ण नहीं की, तो वह निराश हो गए। लेकिन हार महसूस नहीं की। सेना में प्रवेश के लिए अगला विकल्प ग्रेजुएट स्तर की पढ़ाई के बाद सीडीएस (संयुक्त रक्षा सेवा) परीक्षा का प्रयास करना था। उन्हें ग्रेजुएशन के लिए एक स्ट्रीम चुननी थी। डी पी ने अपनी कमियों को चुनौती देने का फैसला किया और एक ऐसी स्ट्रीम चुनी जिसमें वह कमज़ोर थे - अकाउंट्स। उन्होंने बैंक भर्ती परीक्षा उत्तीर्ण की और पत्राचार के माध्यम से ग्रेजुएट की पढ़ाई की और पार्ट टाइम नौकरी करना शुरू कर दिया। भारतीय सेना में शामिल होने का उनका सपना उनके दिमाग में हमेशा बना रहा।

ग्रेजुएट की पढ़ाई पूरी करने के बाद, डी पी ने सी डी एस परीक्षा दी और चयनित हो गए। बड़े गर्व के साथ, वह वर्ष 1995 में भारतीय सैन्य अकादमी (आई एम ए) में शामिल हुए। डेढ़ साल के लंबे प्रशिक्षण के बाद, दिसंबर 1997 में डी पी को औपचारिक रूप से भारतीय सेना में नियुक्त किया गया। यह एक ऐसा अवसर होता

है जब भारत के राष्ट्रपति सेना प्रशिक्षण के सफल समापन पर अधिकारी रैंक प्रदान करते है।

वह बहुत उत्साहित हुए जब उन्हें इन्फेंट्री डिवीज़न की डोगरा रेजिमेंट में शामिल किया गया। थल सेना उनका पहला प्यार था। वह अपना प्रशिक्षण पूरा करके बटालियन में शामिल ही हुए थे कि उसी समय कारगिल युद्ध ने पूरे देश को हिलाकर रख दिया। उन्हें अट्ठाईस लोगों की अपनी टीम का नेतृत्व करने के लिए सीधे युद्ध के मैदान में भेजा गया था। ऑपरेशन विजय पूरे ज़ोरों पर था।

उस समय अपने विचारों के बारे में बोलते हुए डी पी कहते हैं:

> "हर सैनिक के लिए, अपने देश के लिए लड़ना और मरना एक सपना होता है। सेना आपको मातृभूमि के लिए बलिदान देने में गर्व महसूस करने के लिए प्रशिक्षित करती है। एक व्यक्ति के रूप में हम सभी जानते हैं कि युद्ध निरर्थक होते हैं और इनका कोई अच्छा परिणाम नहीं होता। लेकिन एक सैनिक होने के नाते अपनी मातृभूमि की रक्षा करना हमारा कर्तव्य है। हमें दुश्मन को मारना होगा नहीं तो वे हमें मार डालेंगे। सैनिक अपनी जान जोखिम में डालने से हिचकिचाते नहीं हैं। एक सैनिक के लिए यह उसका कर्तव्य है, उसका काम है। कोई भी दो बार नहीं सोचता और कोई पछताता नहीं है।"

डी पी के लिए नियति की अपनी योजनाएं थीं। 15 जुलाई 1999 का दिन मेजर की यादों में अंकित है। अड़तालीस घंटों की शांति के बाद, मेजर डी पी की चौकी पर फिर से हमला हुआ। इससे पहले कि वह कुछ समझ पाते, एक बम उनके बगल में गिरा और सैकड़ों छर्रों में बिखर गया। उन के शरीर में पचास छर्रे आर-पार हो गए। एक सेकंड के भीतर ही उनके शरीर के छोटे-छोटे छिद्रों से खून बहने लगा। उनका बहुत खून बह रहा था और उन्हें नदी पार चिकित्सा शिविर में ले जाया गया जहाँ उन्हें प्राथमिक उपचार दिया गया। यहाँ तक कि नज़दीकी अस्पताल भी इतना नज़दीक नहीं था और टीम को पहुँचने में ढाई घंटे लग गए। आगमन पर डी पी को मृत घोषित कर

दिया गया। एक वीर सैनिक की कहानी यहीं ख़त्म हो सकती थी...

लेकिन जैसा कि एक पुरानी कहावत है, "जाको राखे साईयाँ मार सके न कोई।"

यह भगवान की ही इच्छा रही होगी कि एक वरिष्ठ एनेस्थेटिक बिना प्लान के हॉस्पिटल का दौरा करने पहुँचे हुए थे। उन्होंने अपनी कोशिश से डी पी को बचा लिया। डी पी दो दिन तक कोमा में थे। गैंग्रीन (जो की जीवन के लिए खतरा हो सकती है) ने उनके पैर के अंगूठे में संक्रमण कर लिया था। यह स्थिति तब उत्पन्न होती है जब शरीर के टिश्यू (ऊतकों) का कोई बड़ा हिस्सा निर्जीव हो जाता है।

डी पी को उधमपुर के एक बड़े अस्पताल में ले जाया गया। जब डी पी को होश आया और उन्होंने अपने पैर को देखा, तो उन्हें तुरंत पता चल गया कि पैर काटने के अलावा कोई विकल्प नहीं है। संक्रमण तेज़ी से फैल रहा था और अगर जल्द ही उनका पैर नहीं काटा जाता तो संक्रमण उनके पूरे शरीर में फैल जाता।

> "डॉक्टर के बताने से पहले ही मुझे अंग-विच्छेदन के बारे में पता था। तीसरे दिन, जब उन्होंने मेरा बैंड-एड खोला, तो मैंने देखा कि मेरे पैर के उस हिस्से में कुछ भी नहीं बचा था। डॉक्टर मुझे अपरिहार्य (इनएविटेबल) बताने में झिझक रहे थे। जब उन्होंने मुझे अंग-विच्छेदन के बारे में बताया, तो मैंने उनसे बिना किसी झिझक के आगे बढ़ने और ऑपरेशन करने के लिए कहा। मैं इसके बारे में नकारात्मक नहीं था। यहाँ तक कि मेरी पहली प्रतिक्रिया भी इनकार की नहीं बल्कि इसे ईश्वर की इच्छा मानकर स्वीकार करने की थी। मैंने मन में सोचा कि शारीरिक रूप से अक्षम व्यक्ति का जीवन जीना एक नई चुनौती होगी।
>
> "अस्पताल के आई सी यू में लेटे हुए और खतरनाक रूप से बीमार घोषित किए जाने पर, मुझे अस्पताल के बेडसाइड टेबल पर एक चैटिंग व्हील (जप चक्र) (बौद्ध धर्म में सकारात्मकता का प्रतीक) मिला। मैं जानता था कि यह महज संयोग से नहीं था, इसे वहाँ रखा

गया था। यह मुझे बुराई से बचाने के लिए था। यह मुझे भगवान का संदेश देने के लिए वहाँ था।"

डी पी का पैर काट दिया गया और उन्हें ऑब्जरवेशन में रखा गया। लेकिन लगातार 104-105 डिग्री का तेज़ बुखार और लगातार उल्टियां होने से डॉक्टर चिंतित हो गए। जल्द ही उन्हें दिल्ली ले जाया गया जहाँ क्षतिग्रस्त आंत के हिस्से को हटाने के लिए उनके पेट का दूसरा ऑपरेशन किया गया।

कई सर्जरी के बाद डी पी अंततः बैसाखी की मदद से खड़े होने में सक्षम हो गए। सेना के डॉक्टरों ने उनके मामले को पुणे के एक कृत्रिम अंग केंद्र में रेफर कर दिया। जब वह पुणे पहुँचे तो डॉक्टर यह जानकर हैरान रह गए कि डी पी ने ट्रेन से यात्रा की थी। उनकी चिकित्सीय स्थिति वाले लोगों को हमेशा हवाई मार्ग से ले जाया जाता था।

डॉक्टरों को बड़ी निराशा हुई। डी पी का वजन केवल 28 किलोग्राम था! यह स्पष्ट हो गया कि अभी डी पी इतने फिट नहीं हैं कि उन्हें कृत्रिम अंग लगाया जा सके। कृत्रिम अंग लगाने से पहले उन्हें करीब एक साल तक अस्पताल में रहना पड़ा। इस एक वर्ष के दौरान, वह कई अन्य सैनिकों के साथ थे जो युद्ध में गंभीर रूप से घायल हो गए थे।

"हमने एक-दूसरे को ऐसा महसूस नहीं होने दिया कि हम किसी अस्पताल में हैं। हमने ऐसा व्यवहार किया मानो हम छुट्टियों पर दोस्त हों, साथ रह रहे हों, स्वस्थ हो रहे हों, आराम कर रहे हों और आनंद ले रहे हों। सेना अपने सैनिकों का अच्छे से ख्याल रखती है।"

पुणे पहुँचने के बमुश्किल दो दिन बाद, डी पी ने अपने माता-पिता से घर वापस जाने के लिए कहा। उन्होंने उन्हें आश्वासन दिया कि वह अपना अच्छे से ख्याल रखेंगे। वह नहीं चाहते थे कि वे अस्पताल में उनके साथ रहें और अकर्मण्य रहें।

"अकर्मण्यता उनके लिए मानसिक तनाव का कारण बनता। कोमा से होश में आने के पहले दिन भी मुझे शांत देखना उनके लिए आश्वस्त करने वाला था।"

उनका साहस और लड़ने की भावना सचमुच ज़बरदस्त है। इस शख्स के शरीर में 50 छर्रे घुस गए थे और अब भी उसके शरीर में हैं। मृत्यु को परास्त करने की उनकी कहानी किसी चमत्कार से कम नहीं थी, उनके सामने बैठ कर उनसे यह कहानी सुन कर मैं अवाक् रह गयी। पहली बार मुझे निडरता का मतलब समझ में आया। शरीर के किसी अंग का नाम बताइए और डी पी आपको बता सकते है कि इसमें कौन सी चिकित्सीय समस्याएं हो सकती हैं। वह दिन-ब-दिन इन समस्याओं से लड़ते रहते हैं और फिर भी वह इन्हें कभी अपने ऊपर हावी नहीं होने देते। कभी-कभी छर्रे शरीर में होने के कारण डी पी को भयानक दर्द महसूस होता है। लेकिन जिस तरह से उन्होंने यह सब स्वीकार किया है उससे मुझे आश्चर्य होता है कि वह कितने मज़बूत इंसान हैं। उन्होंने अपने हौसले का रहस्य साझा करते हुए यह बताया:

> "आप सोच रहे होंगे कि मैं कैसे बच गया और मैं कैसे चलता और दौड़ता हूँ। मेरे दोस्त, मानव शरीर एक खूबसूरत चीज़ है। मन को ही शरीर पर नियंत्रण रखना चाहिए। लेकिन जब हम बीमार पड़ते हैं या रोगी हो जाते हैं तो हमारा शरीर ही हमारे दिमाग पर हावी हो जाता है। यह मेरी धार्मिक परवरिश और सेना प्रशिक्षण का एक संयोजन है जिसने मुझे आगे बढ़ने में मदद की है। अन्यथा मैं शायद एक और युद्ध-घायल भूला हुआ सैनिक होता।"

अस्पताल से बाहर निकलने के तुरंत बाद, डी पी डेढ़ साल के लिए पुणे में तैनात रहे। इस बात का मलाल रहा कि उन्हें दोबारा पैदल सेना में पोस्टिंग नहीं मिलेगी और वे केवल प्रशासनिक कार्यों तक ही सीमित रहेंगे।

डी पी को नए सिरे से जीवन शुरू करना पड़ा। एक बच्चे की तरह उन्हें कृत्रिम अंग पर संतुलन बनाना और बिना सहारे के चलना सीखना पड़ा। उन्हें अपने वज़न पर नियंत्रण रखने की आदत डालनी पड़ी। एक किलो की ऊंच नीच भी उनके कृत्रिम अंग को ढीला या विपरीत कर देती थी। डॉक्टरों द्वारा सावधानियों की एक सूची सौंपने के बावजूद, डी पी ने अपनी इच्छाशक्ति की बात सुनने और जीवन को हमेशा की तरह

पटरी पर लाने का फैसला किया। यह उनकी इच्छा शक्ति ही थी की जब मेडिकल साइंस ने उन्हें मृत घोषित कर दिया था, वह अपना जीवन वापस पा सके थे। डी पी नए अवसरों को उजागर करने के लिए स्वयं को चुनौती देना चाहते थे। वह इसे बहुत सुंदर शब्दों में कहते हैं:

> "उन लोगों को धन्यवाद जिन्होंने मेरी आलोचना की और मेरी क्षमता पर संदेह किया, इससे मुझमें लड़ने और सुधार करने की भावना विकसित हुई है। चिकित्सा विज्ञान को धन्यवाद जिसने मुझे मृत घोषित कर दिया; भगवान पर मेरा विश्वास और मजबूत हो गया है।"

साल 2000 में डी पी की शादी हुई और 2002 में उन्हें एक बेटा हुआ। उनकी पत्नी और बेटा भी उनके जैसा ही सकारात्मक दृष्टिकोण रखते हैं।

सेना में खेल उनकी दिनचर्या का अहम हिस्सा था। डी पी फिर से खेलों में शामिल होने लगे। शुरुआत में संशय में रहने वाले डी पी ने गोल्फ से शुरुआत की और जल्द ही स्क्वैश भी खेलने लग गए। खेल के प्रति अपने प्रेम के बारे में बोलते हुए, डी पी कहते हैं:

> "खेल का एक घंटा जीवन के कुछ बेहतरीन सबक सिखा सकता है - टीम भावना, नेतृत्व और जीत की भावना।"

2005 में, सेना ने कारगिल युद्ध के नायकों और शहीदों की याद में कारगिल से कन्याकुमारी तक एक कार रैली का आयोजन किया। डी पी ने उस में भाग लिया और उस रैली से खेलों के प्रति उनमें तुरंत जुनून पैदा हो गया। इस रैली में उनकी उत्साहपूर्ण भागीदारी के बावजूद, डी पी को बाद की रैलियों में उन्हें प्रायोजित करने के लिए कोई प्रायोजक नहीं मिला। उनसे मिलने वाले अधिकांश लोगों को लगा कि वह इतनी लंबी दूरी तक गाड़ी चलाने में असमर्थ हैं। यह डीपी के लिए बहुत बड़ा झटका था। बार-बार खुद को साबित करने के बावजूद डी पी को कोई समर्थन नहीं मिला। वे जानते थे कि दुनिया के सामने अपनी क्षमताओं को साबित करने के लिए उन्हें कुछ उल्लेखनीय रूप से अलग करना होगा।

अक्टूबर 2009 के महीने में डी पी ने एयरटेल दिल्ली हाफ मैराथन के बारे में अखबार में एक विज्ञापन देखा। मैराथन चालीस दिन दूर थी। उन्होंने तुरंत अवसर देखा

और इसके लिए नामांकन कर लिया। अगली सुबह, डी पी ने अपना जॉगिंग सूट पहना, सड़क पर निकले और सामान्य रूप से चलते हुए शुरुआत की।

वह करीब 2 किलोमीटर तक पैदल चले। लेकिन मैराथन के लिए तैयारी करना कहना जितना आसान था, करना उतना आसान नहीं।

डी पी को कृत्रिम अंग के सहारे दौड़ना नहीं आता था। वह दौड़ने की सहनशीलता और धैर्य खो चुके थे। जब वह तेज़ या लंबे समय तक दौड़ते थे, तो उनके कृत्रिम अंग उनका साथ नहीं दे रहे थे और खून बहने लगता था। उनके पेट की दो बार लैपरोटोमी हुई थी और यह सब करना कठिन हो रहा था।

लेकिन डी पी को हारना नहीं था। उन्होंने शोध किया और उन्हें महान धावक टेरी फॉक्स के बारे में पता चला। टेरेंस स्टेनली 'टेरी' फॉक्स एक कनाडाई एथलीट, मानवतावादी और कैंसर अनुसंधान कार्यकर्ता थे। 1980 में, उनका एक पैर काट दिया गया था और फिर भी उन्होंने कैंसर अनुसंधान के लिए धन और जागरूकता बढ़ाने के लिए पूरे कनाडा में दौड़ शुरू की थी। हालाँकि उनके कैंसर के प्रसार ने अंततः उन्हें 143 दिनों और 5,373 किलोमीटर (3,339 मील) के बाद अपनी खोज समाप्त करने के लिए मजबूर किया, और अंततः उन्हें अपनी जान गंवानी पड़ी, लेकिन उनके प्रयासों के परिणामस्वरूप दुनिया भर में एक स्थायी विरासत मिली।

> "मैंने दौड़ने की हॉप/स्किप शैली आज़माई, जहाँ आप अच्छे पैर पर दो बार कूदते हैं और फिर कृत्रिम पैर से एक कदम बढ़ते और यही श्रृंखला फिर दोहराते हैं। इससे मेरी गति थोड़ी तेज़ हो गई। मेरे अपने पैर को एक यांत्रिक पैर के साथ दौड़ना सीखना पड़ा जो उसके लिए बिल्कुल अलग था और मेरे मस्तिष्क को प्रशिक्षित करने के लिए बहुत अभ्यास की आवश्यकता पड़ी।"

अगले बीस दिनों में अपने अभ्यास सेशन (सत्र) में, डी पी एक दिन में अधिकतम नौ किलोमीटर तक दौड़ने लग गए थे। हाफ मैराथन के दिन उन्हें इक्कीस किलोमीटर दौड़ना था। संदेह भरी निगाहों ने उनका स्वागत किया। कई बार उन्हें लगा

की यह उनसे और नहीं हो पायेगा। उनकी जगह किसी के लिए भी हार मानना सबसे आसान विकल्प होता, लेकिन सेना में मेजर रहे डी पी के लिए नहीं। जब वे दौड़ रहे थे तो उनका मुकाबला किसी और से नहीं, बल्कि खुद से था।

उन्होंने 3 घंटे 40 मिनट में दौड़ पूरी की। फिनिश लाइन को छूना उनके जीवन के सबसे सुखद क्षणों में से एक था। डी पी ने मुस्कुराते हुए, उस दिन के सबसे अनमोल पलों में से एक को साझा करते हुए यह कहा,

> "जब मैं राजपथ पार कर रहा था, व्हीलचेयर पर बैठे एक दर्शक ने मेरी ओर देखा और मुस्कुराया। मुझे ऐसा लगा मानो मैंने अपनी दौड़ से उस व्यक्ति को प्रेरित किया हो। घायल होने के बाद मुझे अपना पहला विचार याद आया। शायद भगवान मेरे माध्यम से शारीरिक रूप से अक्षम लोगों को संदेश भेजना चाहते थे; दृढ़ संकल्प का संदेश, साहस का संदेश, दृढ़ता का संदेश। ऐसा लगा मानो उस एक पल में मुझे अपने अस्तित्व का उद्देश्य मिल गया हो।"

शारीरिक रूप से विकलांग होने के बावजूद हाफ मैराथन दौड़ने वाले पहले भारतीय होने के कारण मेजर डी पी सिंह का नाम लिम्का बुक ऑफ रिकॉर्ड्स में दर्ज किया गया था।

वर्ष 2011 में सेना ने उन्हें दौड़ने के लिए एक विशेष ब्लेड दिया। कार्बन फाइबर की कई परतों से बना, प्रत्येक परत मानव बाल की तुलना में पतली, ब्लेड एक विशेष उपकरण है जो पहनने वाले के कदमों से गतिज ऊर्जा को संभावित ऊर्जा के रूप में संग्रहित करता है। स्प्रिंग की तरह, यह पहनने वाले को दौड़ने और कूदने में सक्षम बनाता है। इसका उपयोग दुनिया भर के एथलीटों द्वारा अक्सर किया जाता रहा है क्योंकि इसकी यांत्रिकी किसी भी अन्य धावक के समान ही तेज़ दौड़ने में सक्षम बनाती है। ब्लेड पर दौड़ना डीपी के लिए एक नई चुनौती थी क्योंकि उन्हें कृत्रिम अंग पर दौड़ना छोड़कर नए ब्लेड पर दौड़ना सीखना था।

तब से, मेजर को कोई रोक नहीं सका है। वह दस से अधिक हाफ मैराथन दौड़ चुके हैं। हर बार जब वह दौड़ते हैं, तो वह अपनी टाइमिंग में सुधार करने का लक्ष्य रखते हैं और हर बार वह अपनी सीमाओं पर विजय प्राप्त करते हैं। अपने ही रिकॉर्ड को पंद्रह मिनट से बेहतर करते हैं। उनका वर्तमान समय दो घंटे दस मिनट है।

उन्होंने ये सब काफी अभ्यास के बाद हासिल किया है। मेजर हर दिन सुबह ४ बजे उठ कर, ३ घंटे अभ्यास करने के नियम का निश्चित रूप से पालन करते हैं। ऐसे मौके आए हैं जब उनका शरीर विरोध करता है और वह कई दिनों तक दर्द में रहते हैं। ऐसे मौके आए जब डॉक्टर ने उन्हें आराम करने की सलाह दी थी लेकिन फिर भी मेजर ने अपने दौड़ के अभ्यास को नहीं छोड़ा। वे जानते थे कि यदि वह ऐसा नहीं करेंगे, तो यह अन्य शारीरिक रूप से अक्षम धावकों को हतोत्साहित कर देंगे जो समय के साथ उनके साथ जुड़ गए हैं।

मेजर डी पी सिंह को उम्मीद है कि वे जल्द ही पूर्ण मैराथन में दौड़ सकेंगे। कुछ साल पहले, भारत में डी पी जैसा कोई नहीं था, लेकिन आज, देश में करीब पंद्रह ऐसे एथलीट दौड़ रहे हैं, और वह सभी डी पी के साहस और कभी न हारने वाले जज़्बे से प्रेरित हैं।

अन्य लोगों की तो बात ही छोड़िए, देश के दिव्यांग लोगों को भी ऐसे खेल समारोह की जानकारी नहीं होती जिनका आयोजन विशेष रूप से विकलांग लोगों के लिए होता है। डी पी का प्रयास अधिक से अधिक विकलांग लोगों में जागरूकता पैदा करना और उनमें आत्मविश्वास पैदा करना है ताकि वे खेलों में शामिल होकर अपनी संघर्ष से लड़ने के भावना जागृत कर सके।

डी पी वर्तमान में एक निजी बैंक में मैनेजर के पद पर कार्यरत हैं। उन्होंने 'द चैलेंजिंग ओन्स' नामक अपने समूह के माध्यम से एक सोशल मीडिया अभियान शुरू किया है। यह समूह शारीरिक रूप से अक्षम लोगों और उनके परिवारों के लिए एक सहायक समूह के रूप में काम करता है। इसका उद्देश्य जागरूकता फैलाना, विकलांग बच्चों के माता-पिता को प्रेरित करना, उनमें सकारात्मक दृष्टिकोण विकसित करना और खेल के माध्यम से नेतृत्व की गुणवत्ता को उभारना है। जब भी कोई शारीरिक रूप से

विकलांग व्यक्ति प्रत्यक्ष रूप से अपने कृत्रिम अंग के साथ सड़क पे दौड़ते हुए दिखता है, उसे देख कर और लोग भी एक नयी शुरुआत करने के लिए प्रेरित होते हैं।

डीपी का कहना है कि आखिरकार यह एक विकलांग व्यक्ति के विचार ही हैं जो वास्तव में उसके भाग्य का निर्धारण कर सकते हैं। जब वह कहते हैं, तो वह एक बहुत ही सरल और फिर भी एक शक्तिशाली उदाहरण देते हैं,

> "कृत्रिम अंग की सबसे बड़ी चुनौतियों में से एक पसीना है। जब आपको पसीना आता है, तो कृत्रिम सॉकेट पसीने को फँसा लेते हैं। इससे अवशिष्ट अंग के चारों ओर हवा का बहाव थम जाता है, जिससे की बैक्टीरिया को उत्पन्न होने में सहायता मिलती है। बैक्टीरियल और फंगल संक्रमण से त्वचा में जलन या खरोचें आ सकती हैं और अंततः त्वचा ख़राब भी हो सकती है।"
>
> "अब मुंबई या चेन्नई में रहने वाले एक व्यक्ति की कल्पना करें। वहाँ का मौसम ऐसा है कि कोई भी पसीना निकलने से बच नहीं सकता। तो कोई क्या करें? क्या कोई अपने गृहनगर से यूँ ही भाग जाए? या अपने अवशिष्ठ अंग का ठीक से देखभाल करके स्थिति को अपने अनुकूल बनाए?
>
> "शारीरिक रूप से अक्षम होते हुए भी अपने सकारात्मक दृष्टिकोण से जीवन की कठिनाइयों पर विजय पाई जा सकती है।"

डी पी ने निम्नलिखित शब्दों के साथ बातचीत समाप्त की,

> "जीवन में हर चीज़ का एक उद्देश्य होता है। कभी-कभी उत्तर तुरंत आ जाते हैं; कभी-कभी उन्हें थोड़ा अधिक समय लग जाता है। सबसे कठिन समय ईश्वर का हमें सिखाने, मार्गदर्शन देने का तरीका है। ईश्वर सबसे महान शिक्षक हैं और मैं उनका विनम्र शिष्य हूँ। मैं प्रार्थना करता हूँ कि वह अपने शिष्य को तब तक न छोड़ें जब तक वह उसे परिपूर्ण और शुद्ध न बना दें।"

मेजर डी पी सिंह से इस ईमेल आईडी पर संपर्क किया जा सकता है। major.dp.singh@gmail.com.

समापन टिप्पणी

ऐसे और भी कई लोग हैं जिनकी कहानियाँ मैं किताब में शामिल करना पसंद करूंगी। संक्षिप्तता के लिए, मैं नहीं कर सकी।

फिर भी, उनके नाम यहाँ विशेष उल्लेख के पात्र हैं।

1. भारत की एक पैर वाली नर्तकी शुभ कौर घुम्मन की कहानी ने लाखों दिलों को छू लिया है। उसकी आंखें जीवन के प्रति उसके अटूट जुनून के बारे में बहुत कुछ कहती हैं। उसकी मुस्कान एक सर्वोत्कृष्ट भारतीय लड़की के कई सपनों को संजोती है।
2. 1965 के भारत-पाक युद्ध में मेजर एच पी एस अहलूवालिया को गोली लगी थी। दो साल तक संघर्ष करने के बाद, उन्हें एहसास हुआ कि देश में पर्याप्त चिकित्सा सुविधाओं की कमी है और उन्होंने नई दिल्ली में इंडियन स्पाइनल इंजरीज़ सेंटर की स्थापना की। आज, इंडियन स्पाइनल इंजरीज़ सेंटर दुनिया के सर्वश्रेष्ठ स्वास्थ्य सेवा संस्थान में से एक है।
3. राष्ट्रीय स्तर की पूर्व वॉलीबॉल खिलाड़ी अरुणिमा सिन्हा को चोरों ने चलती ट्रेन से धक्का दे दिया, जब उन्होंने कथित तौर पर उनसे लड़ने की कोशिश की क्योंकि वे उनका पर्स चुराने की कोशिश कर रहे थे। दो साल बाद, वह माउंट एवरेस्ट पर चढ़ने वाली पहली दिव्यांग महिला बनीं। उन्होंने साबित कर दिया कि एक दिव्यांग व्यक्ति दया का पात्र नहीं है।
4. मालथी कृष्णमूर्ति होल्ला भारत की एक अंतरराष्ट्रीय पैरा-एथलीट हैं। एक गरीब परिवार में जन्मी मालथी जब मात्र एक वर्ष की थीं, तब भयंकर बुखार ने उनके पूरे शरीर को निष्क्रिय कर दिया था। दो साल से अधिक समय तक बिजली के झटके के उपचार से नन्ही मलाथी की हालत में सुधार हुआ।

उसके ऊपरी शरीर में ताकत आ गई, लेकिन उसका निचला शरीर पूरी तरह से कमज़ोर रहा। उन कठिनाइयों और उथल-पुथल के बावजूद, मालथी ने अपने दर्द को भूलने के लिए खेल को सर्वोत्तम वैकल्पिक चिकित्सा के रूप में चुना और आधुनिक भारत की सबसे प्रेरणादायक खेल हस्तियों में से एक बन गईं। अपनी झोली में तीन सौ से अधिक पदकों के साथ, मालथी को प्रतिष्ठित अर्जुन और पद्म श्री पुरस्कार से सम्मानित किया गया था। मालथी विभिन्न दिव्यांग बच्चों को मथरू फाउंडेशन में आश्रय देती है - एक धर्मार्थ ट्रस्ट जिसकी स्थापना उन्होंने अपने दोस्तों के साथ की थी।

उपरोक्त लोगों की तरह और भी कई ऐसी दिव्यात्माएं हैं, जिनकी कहानियों से मेरे रोंगटे खड़े हो जाते हैं। इस पुस्तक को लिखने की मेरी यात्रा मेरे जीवन का सबसे विनम्र अनुभव रही है। जब से मैं इन पुरुषों और महिलाओं से मिली हूँ, मेरे शब्दकोष में 'संभव', 'निर्भयता', 'आशा', 'विश्वास', 'आत्म-विश्वास' और 'जीवन' जैसे शब्दों के अर्थ बदल गए हैं। उनकी लड़ने की भावना, साहस, दृढ़ संकल्प, आशावाद और सबसे बढ़कर, अपनी उपलब्धियों के प्रति सम्मान और अपने भाग्य की जिम्मेदारी स्वयं लेना समाज के लिए एक उदाहरण है। ये लोग विकलांग नहीं होते बल्कि हमारी सोच ही इन्हें विकलांग बनाती है। अगर किसी चीज़ को बदलने की ज़रूरत है, तो वह आपकी और हमारी सोच हैं।

पुस्तक लिखे जाने के बाद....

इस पुस्तक में चार ऐसे प्रेरक व्यक्तित्व हैं – श्री संजीव सचदेवा, हृदयेश्वर भाटी, दिव्या अरोड़ा और श्री राजिंदर जौहर जो अब इस दुनिया में नहीं है। उन की जीवन यात्रा समाप्त हो चुकी है। इन दिवंगत आत्माओं के परिवारों के प्रति मैं अपनी संवेदना प्रकट करती हूँ।